- 教育部人文社科重点研究基地——中国西部经济发展中心
- 陕西哲学社会科学重点研究基地——陕西宏观经济与经济增长质量协同创新研究中心
- 国家社科基金重大招标项目“新常态下地方经济增长质量和效益的监测预警系统与政策支持体系构建研究”（15ZDA012）
- 陕西省社科“十三五”重大理论与现实问题研究项目“陕西以供给侧改革促进经济增长研究”（2016ZDA06）

超越数量

质量经济学的范式与标准研究

Beyond Quantity

The Paradigm and Standard of Economics of Quality

任保平　魏婕　郭晗　等｜著

人民出版社

策划编辑:郑海燕
责任编辑:郑海燕　张　燕
封面设计:林芝玉
责任校对:苏小昭

图书在版编目(CIP)数据

超越数量:质量经济学的范式与标准研究/任保平 等 著. —北京:人民出版社,2017.7

ISBN 978 - 7 - 01 - 017799 - 1

Ⅰ.①超…　Ⅱ.①任…　Ⅲ.①质量管理-管理经济学-研究　Ⅳ.①F273.2

中国版本图书馆 CIP 数据核字(2017)第 130977 号

超越数量:质量经济学的范式与标准研究

CHAOYUE SHULIANG:ZHILIANG JINGJIXUE DE FANSHI YU BIAOZHUN YANJIU

任保平　魏 婕　郭 晗 等　著

人民出版社 出版发行

(100706　北京市东城区隆福寺街 99 号)

北京中科印刷有限公司印刷　新华书店经销

2017 年 7 月第 1 版　2017 年 7 月北京第 1 次印刷

开本:710 毫米×1000 毫米 1/16　印张:20.25

字数:321 千字

ISBN 978 - 7 - 01 - 017799 - 1　定价:65.00 元

邮购地址 100706　北京市东城区隆福寺街 99 号

人民东方图书销售中心　电话 (010)65250042　65289539

序　一

新常态的本质是提高经济增长的质量和效益，在中国经济进入新常态的背景下，中国经济增长从“速度时代”转向“质量时代”，这是中国经济发展的一次重大战略转变。“质量时代”所涉及的质量问题是方方面面的，从微观来看，包括产品质量、企业质量、人口质量等方面。从中观来看，包括产业发展质量、工业化质量、城镇化质量和金融发展质量等方面。从宏观来看，包括经济增长质量、国民经济运行质量、经济发展质量等方面。过去经济学研究关注的是数量和速度问题，现在经济学就需要高度关注质量问题，特别是中国经济进入新常态的背景下，质量问题成为新常态下经济发展的主题。既然经济学的研究要关注质量问题，就需要研究有关质量的经济学范式和相关方面的质量标准。

从国际范围来看，从20世纪50年代开始，在研究质量管理问题的过程中就已经开始了质量经济学的研究，形成了早期关于微观质量经济学的研究。在社会主义国家范围内，也从六七十年代开始进行质量经济学的研究，卡马耶夫在研究经济增长质量的过程中，就重点研究了产品质量问题。国内从60年代开始研究产品质量和经济效益，老一代经济学家孙冶方、于光远十分关心和倡导对质量经济理论的研究。20世纪80年代郭克莎出版了《质量经济学概论》，国内关于质量经济学的研究进入到了系统研究阶段。

西北大学经济管理学院院长任保平是我指导的博士后，在南京大学做博士后期间在我指导下从事经济增长质量和新型工业问题的研究，近十年以来他带领团队主攻经济增长质量问题的研究，在经济增长质量研究中取得了丰硕的成果。在《经济研究》《数量经济技术经济研究》《中国工业经济》《经济科学》《经济学家》《当代经济科学》《学术月刊》等核心期刊上发表论文50余篇。每年出版一本《中国经济增长质量报告》，该报告入选教育部哲学社会科学发展报告项目。同时出版了《以质量看待增长：对新中国经济增长质量的评价与反思》《经济增长质量的逻辑》等多本著作，其中《经济增长质量的逻辑》2014年入选国家社科基金成果文库，2016年又获得了“刘诗白经济学奖”。同时在这一领域的研究形成了稳定的研究团队，形成了西北大学理论经济学研究的一个重要方向。

最近几年来，他们的研究从经济增长质量扩展到了质量经济学，形成了这本《超越数量：质量经济学的范式与标准研究》，通读该书稿，认为该书稿有以下特点：第一，对质量经济学的基础理论进行了全面研究。在国内外关于微观质量经济学研究的基础上，把质量经济学研究的范围从微观扩展到了中观和宏观领域，在更大的范围和视野中研究了质量经济学。第二，对质量经济学的理论范式进行了研究。运用政治经济学的理论分析工具，以政治经济学的劳动价值理论为基础研究了质量的经济属性，研究了资源配置与质量的关系、资源利用与质量的关系，数量、质量和效益的关系，质量与使用价值、价值的关系等。并提出了质量经济学研究的18个基本命题。第三，对质量经济学的基本标准进行了研究。提出了质量经济学分析的价值判断，在第三章中主要从整体上研究了质量经济学分析的标准，分别研究了微观、中观和宏观质量经济学的标准。然后又从产品质量、企业质量、人口质量、产业发展质量、城镇化质量、经济增长质量等多个方面研究了具体的质量标准。第四，设计了具体质量评价的指标体系。为了使质量分析能够具体化和可度量，全书依据质量分析的范式和标准，运用统计分析方法分别设计了从产品质量、企业质量、人口质量、产业发展质量、城镇化质量、经济增长质量等多个方面具体的指标体系。

追求质量不仅是中国经济追求的主题，也是世界经济普遍追求的主题。2011年夏季达沃斯论坛在大连召开，关注增长质量，谋求经济可持续、平衡增长成为千余位参会的经济学家、企业界人士热议的话题。2015年夏季达沃斯论坛主题将“稳增长”置于“科技创新”的大背景之下，更加专注经济增长质量问题。在从“速度时代”转向“质量时代”的大战略转变过程中，时代的需要提出了对质量问题研究的需求，《超越数量：质量经济学的范式与标准研究》还有许多方面是需要深入研究的，但是这本书对质量经济学的研究毕竟作出了积极的努力。我一向认为学生的成功就是我的成功，西北大学经济管理学院任保平的经济增长质量团队的研究是在我指导下一步步成长起来的，我期待着他们的研究不断地深入，不断取得更加深入的研究成果。

是以为序。

南京大学经济学教授、博士生导师　洪银兴　谨序

2017 年 3 月

序　二

自2010年以来，中国经济增长率不断下滑，从2010年的10.6%下降到2015年的6.9%。伴随着中国经济增速的下滑，中国进入了以“三期叠加”和“四大红利衰减”为特征的新常态。在新的发展阶段背景下，支撑我国持续发展的主要因素已经由生产要素的大规模扩张转向提高效率、技术进步和创新等因素。同时，传统的发展模式也造成了经济发展中的资源环境代价过大、经济发展不平衡和福利分配不均等深层次矛盾和问题。这一系列问题的解决，都需要将经济发展的主要任务从经济规模扩张转变为提高经济增长的质量和效益。因此，质量成为时代发展的最强音，中国经济必须从“数量时代”走向“质量时代”，追求有质量、有效益的经济发展已经成为人们的普遍共识。

在中国经济逐渐走入“质量时代”的背景下，质量效益型的经济发展模式亟须相应的理论依据。因此，从经济角度对质量进行深入研究已经日趋重要，建立一门质量经济学，也充分显示出其必要性和迫切性。围绕质量经济学的建立，需要解决质量经济学研究的标准和范式问题。特别是从经济理论高度来界定质量的经济意义，探讨各种质量的决定因素，提出质量判断的标准，建立质量评价的指标体系，从而为质量经济学奠定理论基础和分析框架。

西北大学经济管理学院任保平教授及其团队近年来一直专注于质量问题的研究，特别是针对关于经济增长质量的重大理论和现实问题进行了积极探索：界定了经济增长质量的内涵，建立了增长质量的理论分析框架；构建了经济增长质量评价指数，对中国经济增长质量进行系统评价，为准确判断中国经济增长质量提供了现实依据；研究了实现中国宏观经济增长数量、质量和效益的统一路径。任保平教授团队围绕以上系列问题，取得了一系列重要成果，并被国内外多位学者采用，在学界形成了很大的影响。而《超越数量：质量经济学的范式与标准研究》的完成，也标志着任保平教授团队对经济增长质量基本理论的研究进入了一个新阶段，从传统的经济增长质量研究扩展到包括微观质量、中观质量和宏观质量三位一体的质量经济研究，而其对于质量经济学原理、标准和范式的探索，对于中国质量经济学的建立和完善具有重要的理论价值和意义。

《超越数量：质量经济学的范式与标准研究》是在吸收国内外质量经济学研究的基础上，在总结提升任保平教授团队多年从事经济增长质量问题研究实践经验的基础上，经过团队的共同努力而形成。其主要内容包括四篇：第一篇主要研究质量经济学的基本原理和基本理论问题，在此基础上对质量标准进行经济学分析。第二篇到第四篇分别研究微观质量经济学、中观质量经济学和宏观质量经济学的范式与标准。其中每一部分都从概念界定、标准、决定因素、评价指标体系和实现路径几方面展开分析。该书出版之际，我想就书的特点进行一些推介：

(1) 研究了质量经济学的基本原理和理论逻辑，对质量经济学研究的标准与范式构建进行了探索。作为一门经济学分支学科，质量经济学建立的核心和关键在于进行其经济学原理、理论、规律的探讨。因此，本书借鉴政治经济学劳动价值理论、质量管理理论、成本管理理论和投入产出理论的基本原理，总结了质量经济学的理论渊源和质量经济学的理论基础，研究了质量的内涵及其经济属性。研究了资源配置、资源利用与质量的关系，数量、效益和质量的关系，使用价值、价值与质量的关系，成本、收益与质量的关系，技术、管理、创新与质量的关系。在此基础上提出了质量经济分析的基本原理和基本命题，并从每一个质量研究的维度构建了质量的标准与质量经济研究的基本范式。

(2) 构建了质量经济学的分析框架，从微观质量、中观质量和宏观质量三个维度研究了质量经济学的基本内容。质量不仅包括微观角度，也包括中观和宏观角度。有别于质量管理等微观质量研究，质量经济学是关于

“质量”的总体性经济理论问题，而不是具体的技术经济问题。因此，作为一种优劣程度的价值判断，质量本身不仅包括微观的产品质量，而且包括中观的经济运行质量和宏观的经济发展质量。本书通过微观、中观和宏观相结合，构建了三位一体的理论体系。从微观角度研究了产品质量、企业质量、人口质量和环境质量的经济学标准和提升路径。在中观上研究了产业发展质量、工业化质量、城镇化质量、金融发展质量、生活质量的经济学标准和提升路径。在宏观上研究了经济增长质量、国民经济质量、经济发展质量、公共服务质量、对外贸易质量、经济政策质量的经济学标准和提升路径。

(3) 充分采用了多种研究方法，体现了多学科交叉的研究特性，拓展了质量研究的理论视野。质量经济学涉及微观、中观和宏观，而且每一层次又涉及多个领域，因此仅仅采用传统经济学的研究方法会有所局限。而本书则针对质量问题充分采用了多学科交叉的方法。具体而言，本书采用的方法不仅仅包括政治经济学、数理经济学、微观经济学、宏观经济学等经济学理论与方法，也将管理学、统计学、心理学、社会学等多个学科的理论与方法相结合，基于多学科交叉和跨学科的视野中来研究质量的经济问题。

随着中国经济进入新常态，中国以供给侧结构性改革为主线，开始了中国经济的新一轮转型。新一轮转型的核心就是提高经济增长质量和效益，从规模速度型增长转向质量效益型增长。在这样的背景下，《超越数量：质量经济学的范式与标准研究》能够为中国质量发展导向的新一轮转型提供相应的理论依据，为中国进入“质量时代”提供相应的理论和政策导向支撑。从这个意义上而言，该书的出版正当其时。

是以为序。

西北大学校长　郭立宏　谨序

2017 年 3 月

序 三

1978 年改革开放以来，经济的持续高速增长，从年均“两位数”慢慢过渡到 6%—7%的中高速增长，这种减速并非短暂和偶然的现象，将是持续多年的一种状态。在这种增长速度换挡、原有动力衰减为特征的中国“新常态”下，如何适应这种表面的速度变化成为当下中国亟待讨论的重点。增长趋势放缓是我国经济新常态最大的特征，在此过程中增长动力机制发生实质改变，这都会“倒逼”经济结构调整和经济发展方式转变，所以新常态下对经济增长质量的提高和追求将是题中之义，如何从粗放数量型经济增长阶段走向更加精细的质量型增长阶段是新常态下中国经济绕不开的话题。

对于经济增长质量在实践方面的研究，关键在于明晰有关经济增长质量理论层面的问题。教育部“长江学者”、西北大学经济管理学院院长任保平教授的团队长期对中国经济增长质量问题进行了研究，对中国经济增长质量的状态、特征和趋势，经济增长中数量与质量的不一致性以及和增长质量相关的结构失衡、创新、资源环境约束等一系列问题进行了深入的探讨和研究，而他们的研究引起了学界巨大的反响。但这些有关中国实践的研究缺了一块重要的“拼图”，即有关经济增长质量理论层面的深层次讨论，特别是将增长质量扩展到经济学的各个领域，呈现在读者面前的《超越数量：质量经济学的范式与标准研究》是有关这一系列研究最重要的一块“拼图”。

《超越数量：质量经济学的范式与标准研究》一书共分四篇：第一篇是基本原理篇，全面追溯并系统梳理了质量经济学的理论及其渊源，特别是详细说明了质量经济学的基本原理以及质量经济学的基本标准；后续三篇分别是微观、中观和宏观质量经济学，把经济学中涉及的从微观到中观再到宏观方面的“质量”，从内涵界定、标准确定、决定因素和评价指标体系等做了详细的论述和说明。总体来说，我认为该著主要有以下几个方面的特点：

1. 构建的有关质量经济学的前沿范式和标准是该著最大的亮点。《超越数量：质量经济学的范式与标准研究》在首篇对质量经济学的基本原理，特别是质量的内涵、范畴和命题进行了清晰的界定和说明，可以说在过去前人研究的质量经济学的基础上加入新的时代因素和理论进展，并融会贯通，加以整合，构建了新时期有关质量经济学前沿的范式和标准，是目前有关质量经济学研究领域的扛鼎之作。

2. 从微观到中观再到宏观质量的全面性是该著最鲜明的特色。20 世纪 80 年代开始的质量经济学研究关注的多是微观层面，《超越数量：质量经济学的范式与标准研究》整个研究在内容上不仅关注微观层面，更重要的是将质量研究扩展到中观再到宏观，在第二、三、四篇共用了 3 篇内容系统地阐述了产品、企业、人口等微观层面的质量，产业、工业化、城市化等中观层面的质量以及经济增长、国民运行、经济政策等宏观层面的质量，同时每一个层面的质量都对其内涵、评价标准、决定因素、评价指标以及提高路径进行了详细的概括、提炼和升华，成为新时代研究质量经济学涉及的各类问题的蓝本。

3. 理论紧贴实践需要是该著最突出的特点。《超越数量：质量经济学的范式与标准研究》运用经济学的理论与方法给出微观、中观和宏观各个方面的标准，重要在于总结世界各国和中国的经验教训，提出了追求各种不同层面的政策体系和着力点，为目前重视追求质量之路提供了方向和路径。所以该书避免了理论运用空对空的做法，而是将经济学理论的精髓与现实经济问题有机地融合起来。该书对理论正确的把握和创造型应用，对现实路径深刻的分析，可以说是一部理论与实际紧密结合的创新之作。

近些年世界经济增长继续放缓，复苏之路依然崎岖艰辛，在增长困局中各国发展矛盾丛生，各类问题凸显，所以在未来如何更好更高质地发展尤显迫切。新常态下的中国增长动力机制正在悄然发生着变化，资源配置的效率在下降，创新能力不足，环境约束在增强使得传统增长模式走到了尽头，谋求质量型增长成了大势所趋。因此，在此大背景下，重拾“质量经济学”这一长期被忽视的理论经济学核心本质问题，不仅具有重要的现实意义，更是回归理论，重塑范式，更具重要的理论意义。《超越数量：质量经济学的范式与标准研究》的问世正当其时，契合国家发展的需要，相信该著会对新常态下中国经济追求有质量、有效益的发展起到积极的助推作用。

是以为序。

陕西省社会科学院院长　任宗哲　谨序

2017 年 3 月

目　录

第二篇 微观质量经济学的范式与标准

第三篇　中观质量经济学的范式与标准

第四篇 宏观质量经济学的范式与标准

前　言

经济增长质量是我们近年来主攻的一个研究方向，2014 年 5 月，我曾经写过一篇文章《我的经济增长质量观》，对自己的研究进行过一个总结，文中指出“从 1993 年开始发第一篇文章算起，已经从事经济理论研究 20 余年，20 年间在经济学刊物上发文章已经 200 多篇，但是仔细反思起来真正有学术意义的只有 1/3，剩余的 2/3 中，有些是理论宣传或者解读性质的，有些是应景之作。1/3 中真正有学术意义的集中于三个阶段的三个领域：一是 20 世纪 90 年代对社会保障的基础性研究；二是 21 世纪初期关于经济发展成本的研究；三是最近 6 年来对经济增长质量的集中研究。”“而对经济增长质量的研究与经济发展成本是前后衔接的，经济增长质量的研究是在经济发展成本研究基础上的一个研究成果。这个领域是我进入到中年之后，自感有点光彩的研究领域，一是这个领域总体来讲基础理论研究不足，我的研究对现有研究有一点超越；二是通过这个阶段的增长质量问题的研究初步形成了自己的理论体系，当然这还需要继续深化，不断探索。”对经济增长质量的研究开始于在南京大学做博士后，2006 年我入选教育部新世纪优秀人才支持计划，该计划资助的题目为“经济转型时期经济增长质量的提高与和谐发展”，从那时开始我们重点围绕经济增长质量问题进行系统研究。

我们对中国经济增长质量的研究经历了四个阶段：第一，探索阶段：1999—2005 年。我从 1999 年攻读博士学位阶段开始关注经济发展问题，并以此为题完成了著作《低成本经济发展的制度阐释》的撰写。后在南京大学洪银兴老师指导下做博士后研究时又做了一些深化，此时关于经济增长质量研究的雏形逐步形成。第二，起始阶段：2006—2009 年。2006 年我入选教育部新世纪优秀人才支持计划，支持课题为“经济转型时期中国经济增长质量与和谐发展”，以此为起始标志使经济增长质量研究成为我们研究团队近年来主要的研究方向之一。2010 年《以质量看待增长：对新中国经济增长质量的评价与反思》的出版标志着经济增长质量的研究正式起步。第三，深化阶段：2010—2012 年。研究团队相继出版了“中国经济增长质量报告系列（2010、2011、2012）”。在理论方面多篇论文发表在《经济研究》等权威期刊，在实践方面《光明日报》《中国新闻周刊》等媒体就经济增长质量等现实热点问题采访了我，观点、文章陆续被转载、转引，逐渐得到学术界的关注。第四，系统化研究阶段：2012 年到现在。在教育部新世纪优秀人才支持计划结题答辩时，研究成果得到了专家的好评，当时我的老师白永秀教授、西安交通大学经济金融学院的院长冯根福教授建议我在这个领域继续系统推进，当时冯根福教授建议我把一些研究成果往国外冲刺，可以为申报“长江学者”做准备。结题以后，我在继续出版每年一本的《经济增长质量报告》的基础上，开始系统推进对经济增长质量的研究，开始申报经济增长质量方面的项目，加强经济增长质量的基础理论研究，着眼于经济增长质量理论体系的构建。

十多年来我们对经济增长质量的研究取得了一系列的研究成果：（1）围绕这个主题，我们在《经济研究》《数量经济技术经济研究》《中国工业经济》《经济科学》《经济学家》《当代经济科学》《学术月刊》等核心期刊上发表论文 50 余篇，其中《新华文摘》转载 7 篇，人大报刊复印资料全文转载多篇，《光明日报》转载 3 篇，《中国社会科学文摘》转载 1 篇。（2）出版了《以质量看待增长：对新中国经济增长质量的评价与反思》（2010 年版），我指导的博士钞小静出版了《中国转型时期经济增长质量的理论与实证分析》（2010 年版），我和梁炜博士主持翻译了米香的《经济增长的代价》（2011 年版），我和魏婕、郭晗出版了《经济增长质量的理论研究与实践探索》（2012 年版），我和魏婕组织编写《经济增长理论名著导读》（2013 年版），与魏婕、钞小静、师博主持完成了《经济增长理论史》（2014 年版）。（3）相继出版了《中国经济增长质量报告 2010》《中国经济增长质量报告 2011——中国经济增长包容性》《中国经济增长质量报告

2012——中国经济增长质量指数及省区排名》《中国经济增长质量报告2013——结构失衡背景下的经济增长质量》《中国经济增长质量报告2014——创新驱动下的经济增长质量》《中国经济增长质量报告 2015——中国产业与行业增长质量评价》《中国经济增长质量报告 2016——各国经济增长质量及其启示》，形成了关于经济增长质量研究的系列研究报告。（4）进行了经济增长质量基础理论问题的研究。在对中国经济增长质量现实问题研究的基础上，我从 2012 年开始着手进行经济增长质量基础理论的研究，在《经济学动态》《学术月刊》《当代经济研究》上发表了一系列的研究文章，研究和探索经济增长质量的基础理论问题，2013 年开始我把在理论研究基础上形成的成果系统化为一本著作《经济增长质量的逻辑》，2013 年经济增长质量发布会时，与会专家对书稿进行了讨论，会后我又进行了修改，2014 年申报了“国家社科基金成果文库”，获得立项资助，2015 年由人民出版社出版，2015 年 6 月受到国家社科规划办的表彰，2016 年获得了第三届刘诗白经济学奖，2017 年获得了第四届中国出版政府奖提名奖。（5）获得了有关项目的资助。除《经济增长质量的逻辑》获得“国家社科基金成果文库”立项资助外，出版多年的《中国经济增长质量报告》获得教育部哲学社会科学发展报告项目立项资助，《地方经济增长质量监测预警系统与政策支持体系》获得 2015 年国家社科基金第一批重大招标项目立项资助，2014 年入选首批陕西省哲学社会科学英才支持计划，该年也入选了教育部“长江学者”的特聘教授。（6）培养了一批学生。一些博士生和博士后毕业以后，继续深化对经济增长质量方向的研究，发表了一系列的文章，大多数先后都获得了国家社科基金，校内的钞小静、魏婕、师荣蓉、田洪志和刘燕妮，江苏科技大学的汤向俊、中南财经政法大学的马强文、中国劳动关系学院的谢琦近年来都获得了国家社科基金。姚聪莉、朱楠和西安财经学院的刘若江都获得了教育部项目。钞小静入选教育部新世纪优秀人才支持计划和陕西省哲学社会科学英才支持计划。魏婕、郭晗获得孙冶方经济学青年菁英奖学金。（7）形成了稳定的团队。团队由院内教师、我指导的研究生组成。茹少峰教授、高煜教授、师博副教授等，我们都围绕着这个方向进行研究，每周四坚持讨论，举办“经济增长质量论坛”。

我们对经济增长质量的研究主要体现在两个层次上：一是基础理论层

次。在基础理论方面，我们对经济增长质量的内涵、理论框架、基本命题、价值判断、道德基础进行了研究。二是在实践层面上，对中国经济增长质量进行了研究。对中国经济增长中数量与质量的不一致性、中国各地区经济增长质量指数的测度及其排序进行了研究，同时从经济结构、资源环境约束、制度变迁、投资消费结构等方面进行了研究。

在上述研究的基础上，学术界的师长、朋友以及学校的领导、同事建议我，能否进行进一步的提升，扩大视野，形成关于质量经济学分析的一本书或者开出一门课。从那时起我就开始着手搜集资料，思考这一问题。在全国综合大学资本论研究会郑州会议上，我把自己的想法向我的导师洪银兴教授做了汇报，得到了他的肯定。之后，我就积极着手进行大纲的编写，并把初步的大纲发给老师和同事以征求意见，对之进行完善。我从2004年开始招收第一届博士生，到2017年已经13届，毕业的博士大都在高校工作，于是我们商量由毕业和在校的博士生分工撰写。

撰写这本《超越数量：质量经济学的范式与标准研究》的目的有：第一，扩展研究视野。把对经济增长质量的研究扩张到经济学的各个领域，形成关于质量问题的经济学分析。第二，从经济学视角研究和探讨关于质量问题的经济学原理，诸如质量的经济学属性，从资源利用和资源配置角度研究质量的决定因素，从数量、质量和效益的关系以及质量与使用价值、价值的关系等方面研究与质量相关的基本范畴。第三，提出质量分析的经济学标准。从微观上研究产品质量、企业质量、人口质量、环境质量的经济学标准。在中观上研究产业发展质量、工业化质量、城镇化质量、金融发展质量、生活质量的经济学标准。在宏观上，研究经济增长质量、国民经济运行质量、经济发展质量、公共服务质量、对外贸易质量、经济政策质量的经济学标准。第四，建立质量分析评价的指标体系。应用统计学的理论与方法，从微观上研究产品质量、企业质量、人口质量、环境质量的评价指标体系。在中观上研究产业发展质量、工业化质量、城镇化质量、金融发展质量、生活质量的评价指标体系。在宏观上，研究经济增长质量、国民经济运行质量、经济发展质量、公共服务质量、对外贸易质量、经济政策质量的评价指标体系。

关于质量经济学的研究国内从20世纪80年代就已开始，郭克莎的《质量经济学概论》、程抱全的《质量经济学》开启了国内关于质量经济学研究的先河，但是他们的研究主要是微观质量研究，主要探讨的是产品质量的经济学分析，主要针对当时产品质量下降的现实问题而进行的。《超越数量：质量经济学的范式与标准研究》把研究的视野和领域进行了扩展，从微观、宏观和中观各个视角进行全面系统的研究，我们希望本研究能从更加广阔的视野对质量问题进行系统的归纳、梳理和总结。

世界经济已经从数量时代转向质量时代，中国经济也是如此。质量问题从现实来讲越来越重要，中国经济经历了三十多年的数量扩张，开始全面进入到了质量效益时代。但是从理论上来讲，这是一个新的问题。我们在不断地进行探索，也期待着学术界的批评和激励。

任保平

2017 年 4 月于西北大学新村

导 论

质量问题是经济社会发展的战略问题，是衡量一个国家和地区核心竞争力的显著标志。近年来质量对经济社会发展的影响和作用，引起了政府高层和经济学界的高度关注。质量经济学的地位已显得日趋重要，尤其是强调在我国经济发展中走质量效益型道路的今天，迅速建立和完善质量经济学，更显示出其迫切性。这不仅仅表现在质量经济学将为我国走质量效益型道路提供重要的理论依据。随着中国经济从数量时代向质量时代的转变，质量问题成为研究的热点问题。这就需要从经济理论的高度来界定质量的经济意义，探讨各种质量的决定因素，提出质量判断的标准，建立质量评价的指标体系。更进一步来讲需要建立一门质量经济学。本章主要探讨质量经济学的研究对象、研究方法、研究内容和体系框架。

第一节 质量经济学的研究对象

质量经济学是20世纪50年代随着质量管理重要性日益显现而形成的。这一时期美国经济学家从产品质量与经济的相互关系角度研究了质量经济学的基本问题。60年代苏联经济学家也从经济学角度研究产品质量问题，研究了产品质量与价值、价格和使用价值的关系。20世纪70年代日本经济学家从产品质量与企业经济效益角度把质量经济学向前推进了一大步。

由于质量经济学初步兴起，关于质量经济学的研究对象尚且没有统一的认识，目前学术界的观点有以下几种：

第一种观点认为质量经济学研究的范围包括全面质量管理研究的范围，质量经济学的内涵是质量经济规律和质量经济问题，它的外延有各种部门、各种行业的质量经济学，它的研究范围还包括各种质量管理方法，还涉及人才质量管理和知识产品质量等问题[①]。

第二种观点认为质量经济学是一门研究质量问题在社会经济发展中的地位和作用、质量范畴所反映的社会经济关系，以及提高质量的社会经济条件的学科（郭克莎，1992）[②]。

第三种观点认为质量经济学是“一门从经济和经济学的角度对质量问题进行系统研究的新兴经济学科”，“是从经济的角度研究质量所必须遵循的规律，确定质量与经济的最佳结合，以取得最大的经济效益，促进国民经济的发展”。[③]

第四种观点认为质量经济学是研究质量的经济性的一门学科。它的任务是描述和解释企业共同存在的经济现象和问题，探求质量对企业经济的影响规律，运用这些规律为提高企业的经济效益服务。它的最显著特点是在研究中强调质量的经济性，即强调质量与企业经济之间关系的研究，强调质量与经济效益的有机结合，既要保证产品满足使用要求，又要保证满足既定的经济目标，即追求“质量的经济水平”。[④]

第五种观点认为质量经济学，是一门专门研究质量与经济效益内在联系和数量关系的学问或学科，是一门从经济和经济效益的角度，通过对质量和质量管理进行经济分析、经济比较和经济效益评价，以确保用最少的人力、物力和财力，生产出尽可能多的质优价廉产品，创造尽可能大的质量经济效益的新兴交叉学科。[⑤]

上述关于质量经济学研究对象的界定，主要是从微观角度或者质量管理的角度来界定质量经济学的研究对象，我们认为质量经济学不仅包括微观角度，而且包括中观和宏观角度。上述界定仅仅只涉及微观分析，而没有涉及

① 程抱全：《质量经济学》，中国科学普及出版社 1984 年版，第 80 页。

② 郭克莎：《质量经济学概论》，广东人民出版社 1992 年版，第 60 页。

③ 银路：《质量经济学概述》，《电子质量》1995 年第 4 期，第 22—25 页。

④ 王兵才：《论质量经济学问题的研究框架》，《工业技术经济》1991 年第 8 期，第 30—32 页。

⑤ 何晓晴：《质量经济学、质量经济性与质量经济辨析》，《企业家天地》2007 年第 7 期，第 233—234 页。

中观和宏观的质量分析。质量经济学研究对象的界定需要从微观、宏观和中观几个角度，从总体和综合角度来研究质量。从这一认识出发，我们认为质量经济学的研究对象是：运用经济学的理论与方法在研究质量经济属性的基础上，从整体和综合角度，研究微观、中观和宏观质量问题的基本规律和决定因素，为微观经济活动、中观经济运行和宏观经济发展（增长）提供价值判断的经济学科。

这种界定包含了一种含义：（1）质量的经济属性是质量经济学的研究出发点，通过分析质量与经济之间的关系，探求成本最低、效益最高的经济性质量水平。（2）质量经济学的内涵广阔，不仅包括微观的产品质量，而且包括宏观的经济发展质量，同时包括中观的经济运行质量。（3）质量经济学属于规范经济学。研究目的是为了给质量型经济提供价值判断和标准。

第二节　质量经济学的研究方法

质量经济学涉及许多学科知识，包括管理学、经济学、统计学、数理经济学、心理学、社会学等，研究方法具有多科性和综合性的特点。总体来看，质量经济学的研究方法有：

一、科学抽象法

科学抽象法是从现象到本质，从具体到抽象，这是研究问题的方法。在占有大量的具体材料的基础上，运用抽象思维能力，去粗取精，去伪存真，由此及彼，由表及里，抽象出提高质量内在本质的必然联系，提示出质量的经济规律性。质量经济学运用科学抽象法主要研究质量与价值、价格、使用价值的关系以及质量规律等。

二、规范分析的方法

规范分析是以一定的价值判断为基础，提出某些分析处理经济问题的标准，树立经济理论的前提，作为制定经济政策的依据，并研究如何才能符合这些标准。规范分析是质量经济学的核心分析方法，因为质量分析是事后分析，要评价经济发展或者经济运行某一方面的质量问题，就需要建立起相应的质量标准和质量评价的价值判断。

三、现代经济学的方法

运用微观经济学研究质量的需求、供给与均衡，质量替代，质量弹性等。运用宏观经济学研究质量与国民收入、经济增长、经济发展的关系等。运用投入产出经济学的方法，研究质量状况对国民经济各部门的影响和制约等。

四、数理经济学的方法

运用数理经济学的方法建立质量效用函数，建立各种质量经济模型，研究质量水平的最优化水平的决定、质量经济效益的优化等。

五、统计学的方法

运用统计学的方法，在各种质量界定及其影响因素分析的基础上，建立各种质量评价的指标体系，研究质量经济效益的计算、质量与技术进步的关系、质量与国民经济核算等。

第三节　质量经济学的研究内容

关于质量经济学的研究内容学术界也没有统一的定论，形成了不同的认识。

第一种观点来自苏联学者德米特里谢缅诺维奇于 1972 年出版的《产品质量经济学》一书，他认为质量经济学的研究内容主要包括：（1）产品质量的经济本质；（2）产品质量的经济价值；（3）产品质量的计划；（4）产品质量的目标管理；（5）产标管理（产品质量的构成要素）；（6）生产过程中的质量控制；（7）新产品的价格；（8）质量成本、利润；（9）产品质量的检验；（10）质量的检验评比、情报及信息反馈等。

第二种观点认为质量经济学的研究内容包括五大部分：经济学中的质量和质量规律、微观质量经济分析、宏观质量经济分析、质量经济效益、质量的经济调控政策等①。

① 银路：《质量经济学概述》，《电子质量》1995 年第 4 期，第 22—25 页。

第三种观点体现在郭克莎的《质量经济学概论》中，这本书作为我国第一本从经济理论的角度系统研究质量问题的经济学著作，它正确地抓住了质量的社会属性作经济理论分析，建立了质量经济学理论体系。他认为质量经济学的研究内容由三大部分组成①：一是质量范畴的基本理论问题，分析质量范畴所反映的社会经济关系，包括质量范畴的经济学含义和两重性，社会需要与社会质量的关系，质量与使用价值、价值和价格的关系，质量供求与价格变动的关系等。二是产品质量与经济增长、发展的关系，探索产品质量问题在国民经济增长和发展中的地位和作用，包括产品质量与经济增长的模式，产品质量与资源配置、结构变动、经济效益等。三是提高产品质量的社会经济条件，探索社会主义条件下质量问题存在的原因及其提高途径，包括市场机制、宏观调控、社会环境与产品质量等问题。

第四种观点是程抱全的《质量经济学》，他以马克思主义哲学和政治经济学的基本原理作为指导思想和理论基础，内容包括三部分：第一，全面质量管理，包括资本主义全面质量管理的全部内容。第二，全过程质量管理，包括产品从生产到消费一系列过程的质量管理。第三，全员质量管理，不仅企业全体成员都参加质量管理，而且全社会所有的消费者，都向企业反馈质量信息，参与质量管理。

第四节 质量经济学的体系框架

学术界现有关于质量经济学框架的研究，有两种思路：一种思路是依据西方经济学的均衡理论，从质量需求、质量供给、质量均衡价格再到质量的成本、收益和弹性，质量的测度和估计方法来构建质量经济学的框架②。另外一种思路是进行质量的微观分析，主要研究产品质量问题。沿着从理论到应用的思路来构建质量经济学的框架。在质量经济学理论的研究中，主要研究了质量的性质、特点及影响因素，质量和企业经济的关系，企业的经济质量水平的概念及理论确定。在质量经济学的应用研究方面，应用研究的任务

① 郭克莎：《质量经济学概论》，广东人民出版社 1992 年版，第 75 页。

② 钟真、雷丰善、刘同山：《质量经济学的一般性框架构建》，《软科学》2013 年第 1 期，第 69—73 页。

是在理论研究的基础上，运用经济分析原理和方法对具体的质量经济问题进行分析研究，要计算质量经济效益，预测质量经济前景，进行质量经济的决策，其内容从最初识别到最后满足用户需要和期望为止的各个阶段，即从产品开发设计到销售及售后服务的全过程①。

我们在借鉴学术界已有研究的基础上，依据质量经济学现有的研究成果，我们认为质量经济学的理论体系包括四篇：

第一篇主要研究质量经济学的基本原理和基本理论问题。质量经济学的理论基础，包括质量经济学的理论渊源、质量经济学的理论基础。质量经济学的基本原理，包括质量的内涵与外延，质量的决定因素。与质量相关的基本范畴，包括数量、质量和效益的关系，质量与使用价值、价值的关系。质量标准的经济学分析，包括微观的质量标准、中观的质量标准、宏观的质量标准。

第二篇主要研究微观质量经济学。内容包括产品质量的经济学分析、企业质量的经济学分析、人口质量的经济学分析、环境质量的经济学分析。每一部分都从概念界定、标准、决定因素、评价指标体系和实现路径几个方面展开分析。

第三篇是中观质量经济学分析。内容包括产业发展质量的经济学分析、工业化质量的经济学分析、城镇化质量的经济学分析、金融发展质量的经济学分析、生活质量的经济学分析。

第四篇是宏观质量经济学分析。内容包括经济增长质量的经济学分析、国民经济运行质量的经济学分析、经济发展质量的经济学分析、公共服务质量的经济学分析、对外贸易质量的经济学分析、经济政策质量的经济学分析。

第五节　本书的特色

本书是在吸收国内外质量经济学研究的基础上，在总结提升我们团队多年从事经济增长质量问题研究实践经验基础上，经过团队的共同努力而形成

① 王兵才：《论质量经济学问题的研究框架》，《工业技术经济》1991 年第 8 期，第 30—32 页。

的。概括起来讲，本书的特色体现在：

一、重视对质量经济学理论与案例的逻辑探讨

作为一门经济学分支学科，其核心和关键在于进行其经济学原理、理论、规律的探讨。本书借鉴政治经济学、现代微观和宏观经济学、管理学和会计学的基本原理，对质量经济学的基本原理进行探讨。总结了质量经济学的理论渊源、质量经济学的理论基础，研究了质量的内涵，质量的经济属性，资源配置与质量、资源利用与质量，数量、质量和效益的关系，质量与使用价值、价值的关系等。

二、对质量经济学的范式和标准的研究

本书的书名为《超越数量：质量经济学的范式与标准研究》，表明本书的主旨在于用经济学的理论与方法确立宏观、微观和中观各个方面的标准，并建立相应的评价指标体系。例如，微观方面的产品质量，首先分析产品质量的内涵、产品质量的决定因素，进一步给出产品质量的标准、评价指标体系以及提高工业化质量的路径。在宏观方面的工业化质量方面，首先分析工业化质量的内涵、工业化质量的决定因素，形成工业化质量的分析范式，接着给出工业化质量的标准、评价体系以及提高工业化质量的路径。

三、宏观、微观和中观相结合

通过宏观、微观和中观相结合，构建了三位一体的理论体系。从世界范围来看，质量经济学首先是从微观开始的，20 世纪 60 年代以来，由于企业管理中出现了严重的产品质量问题，为了提高企业的产品质量，进一步提高企业的经济效益，形成了早期的微观质量经济学。随着经济规模的扩大，技术进步、环境问题的显现，经济社会发展的成本不断提高，宏观质量问题逐渐引起了经济学家的注意，质量经济学又开始从微观转向了宏观，促进了宏观质量经济学的日益兴起。本书认为一个完整的质量经济学不仅包括微观质量经济学、宏观质量经济学，而且还应该包括中观质量经济学。

四、多学科交叉

质量经济学涉及宏观、微观和中观，而且每一层次又涉及多个领域，因此本书采用多学科交叉的方法来研究质量问题，在研究方法上采用了多学科交叉的理论与方法。把管理学、经济学、统计学、数理经济学、心理学、社会学等多学科的理论与方法相结合，在多学科交叉和跨学科的视野中来研究质量的经济问题。

第一篇

基本原理篇

第　一　章

质量经济学的理论基础

质量经济学不是无源之水、无本之木，它的产生有其理论渊源和理论依据。从20世纪50年代开始，国际上就开始了对质量经济学的理论研究。而国内主要是从80年代开始的。本章主要从国际和国内两个方面来研究质量经济学的理论渊源和理论依据。

第一节　质量经济学的理论渊源

一、国际上质量经济学的理论渊源

从国际上来看，质量经济学兴起于20世纪50年代，在质量管理的基础上，形成了最初的质量经济学。从国际范围来看，质量经济学的发展主要经历了三个阶段：

1. 第一阶段：微观质量经济学

质量经济性的思想起源于20世纪50年代初。美国质量管理大师朱兰（Juran）在其所著的《质量控制手册》中首次提出了质量经济性（economics of quality）概念。但是，他的思想在当时并没有受到足够的重视。随着竞争加剧，企业界逐步认识到产品成本的重要性，开始围绕着质量成本展开质量经济学的初步研究，探讨通过产品的质量符合性成本和非符合性成本之间的平衡来降低质量总成本。

通过建立质量成本模型解释了符合性质量水平与质量成本的关系，对生产过程的质量策划和控制具有重要意义。根据质量总成本曲线，可以将产品质量水平划分为三个区域：质量适宜区、质量改进区和质量至善区。通过不同区域的特征，来探讨降低成本、提高质量的路径，据此质量改进成为提高企业效益的基本路径。

这一时期的研究主要是微观质量研究，主要研究产品质量与产品成本的关系，即出现了质量成本的概念，美国著名质量管理专家朱兰、费根鲍姆以及刘易斯等人都曾对质量成本的研究作出过重要贡献。如朱兰在《质量控制手册》《质量计划与分析》，费根鲍姆在《全面质量管理》等专著中，都对质量成本作过比较系统的研究和论述，这些研究都奠定了质量经济学的理论基础。

20世纪60年代，随着苏联社会主义经济建设的不断推进，产品质量问题的出现使一些经济学家开始从经济和经济学的角度研究产品质量问题，先后出版了不少专著、论文和论文集，专著如勃·安德烈耶夫的《提高产品质量的经济意义》（1968年），格扎依科夫和利罗曼诺夫的《质量水平与产品价格》（1970年），李沃夫的《产品质量经济学》（1972年），阿·瓦维洛夫的《社会主义生产效果和产品质量》（1975年）等；论文集如《提高产品质量的经济问题》（1966年），《产品质量的经济问题》（1968年）等；论文如费斯切尔利科夫的《提高产品质量的经济问题》等。这些著作和论文运用马克思主义经济理论，论述了产品质量与价值、使用价值、价格等经济范畴的相互关系以及作为经济范畴的产品质量等理论问题，对于系统研究质量与经济、经济效益的内在联系具有一定的推动作用。

20世纪70年代，日本学者干住镇雄、水野纪一、高风林合作出版了《质量管理的经济计算》一书，把研究产品质量与企业经济利益相互关系的工作向前推进了一大步。该书从经济和技术的角度，重点研究与产品质量有关的企业生产组织问题及其经济性分析，提出了进行质量经济分析和评价质量管理经济性的一些基本思路和原则。

2. 宏观质量问题的进一步兴起

20世纪80年代以来，随着社会化大生产的进一步发展，宏观经济运行中的质量问题开始出现，引起了对宏观质量问题的进一步研究。从这一时期开始，质量经济学在宏观质量问题上研究了以下问题：

第一，经济增长质量问题。经济增长数量与质量是同一个问题的两个方面，但是迄今为止的主流增长理论重视对经济增长数量的研究，而忽视对经济增长质量的探讨。亚诺什·科尔奈指出“翻阅一下关于经济增长理论的浩瀚文献，我们发现，到处都在用宽泛的数量指标来描述增长过程，而发展过程的质量方面几乎完全被忽略了”①。于是从 20 世纪 70 年代开始，经济学家开始重视经济增长质量的研究，展开了对宏观质量经济学的研究。

苏联经济学家卡马耶夫于 1977 年出版《经济增长的速度和质量》。他对经济增长的理解是：“物质生产资源变化过程的总和，以及由此而增加了产品的数量和提高了产品的质量，通常被称为这一社会经济结构的经济增长”②。

世界银行的托马斯 2000 年在剑桥大学出版社出版了《增长的质量》，托马斯认为经济增长的质量“作为发展的必要补充，构成了经济增长过程中的关键内容，如分配的机会，环境的可持续性的全球风险管理和治理结构”。在对增长质量重要性的解释中，他认为“正像人们纳入食物的质量而不是数量，影响人们的健康一样，是增长的方式和分布而不是它的速度，对减低贫困和提高生活质量有根本的影响。数量并不一定代表质量”③。

多恩布什与费希尔的《宏观经济学》认为经济增长过程“是生产要素积累和资源利用的改进或要素生产率增加的结果”④。生产要素积累强调数量增长，资源利用的改进或要素生产率增加强调经济增长的质量。

第二，投入—产出视角的质量经济学研究。由于质量经济性包含质量成本和质量收益两个方面，从 20 世纪 90 年代起，人们开始反思质量投资的效果。质量经济理论研究的重心开始转向对质量投入和产出关系的研究。1990 年，国际标准化机构开始起草关于质量经济性的国际标准，并于 1998 年颁

① ［匈］亚诺什·科尔奈：《突进与和谐的增长》，潘佐红、黄卫平译，经济科学出版社 1988 年版，第 2、25 页。

② ［苏］卡马耶夫：《经济增长的速度和质量》，陈华山、左东官译，湖北人民出版社 1983 年版，第 35 页。

③ Ashok Dhareshwar, Kauf, Mansoor Dailami, etc., *The Quality of Growth*, New York: Oxford University Press, 2000, p. 220.

④ ［美］多恩布什、［英］费希尔：《宏观经济学》，王志伟译，中国人民大学出版社 1997 年版，第 239 页。

布了《ISO10014：质量管理—财务与经济效益实现指南》。该指南把质量经济性定义为组织内部的所有管理活动，致力于平衡质量成本和价值的关系，确保组织竞争能力和获利能力。但是质量成本理论的局限性在于没能将质量投入和产出联系起来。与其他投资相同，任何质量改进活动也具有投资性，而质量成本仅仅反映项目的投入，却没有反映其产出和效益。为使质量经济性研究更加系统、实用，有必要将质量投入与产出联系起来，既考虑质量成本与产品质量的关系，又研究产品质量与市场竞争力和企业效益的关系。

第三，基于知识的质量经济学研究。随着知识经济的到来，知识正在成为组织获取和保持竞争优势的最重要资源。在质量管理中，企业的知识数量和结构对质量起着决定性作用。随着知识经济时代的到来，人们开始探索形成质量竞争力的内在因素。学习、获取知识、改进质量与市场绩效之间的关系成为质量经济性研究的新热点。这方面的研究强调知识对质量的决定作用，通过学习和积累知识来持续改进质量，获取企业竞争优势和长期利益。基于知识的质量经济学研究知识、质量和经济性三者之间的关系①，这一基本思想与知识经济的特点和质量管理的最新进展十分吻合，是质量经济理论发展的重要方向。

第四，基于演化经济学的质量型经济政策研究。演化经济学质量型的经济政策不同于新自由主义所强调的数量型经济政策，如价格管理、投资或储蓄政策、减税或增税、利息率的调整、货币量的供给等。许多经济危机也不能通过数量型政策治愈，它必须通过复杂的质量型政策如制度改革或系统转变来解决。数量上的问题大多都与结构性因素有着诸多因果关系方面的联系，现实中的经济现象，尤其是中国这样面临着大规模制度变迁问题的国家，更多的是制度和技术的创新、结构的变革与转换的问题，进而发挥各种行为主体的创造力。演化经济学的企业理论、网络经济和国家创新体系等方面的研究则是“质”的经济政策的重要组成部分。

二、国内质量经济学的理论渊源

国内对质量经济学的研究主要始于20世纪60年代，在中国社会主义经

① 张卓：《质量经济学发展评述》，《外国经济与管理》2004年第9期，第35—39页。

济建设中，围绕着产品质量和经济效益的关系，展开了质量经济学的研究。从 60 年代开始，质量经济学的研究经历了以下几个阶段：

1. 第一阶段：20 世纪 60 年代对产品质量和经济效益的研究

我国著名经济学家孙冶方同志生前十分关心和倡导对质量经济理论的研究，为建立质量经济学这一学科进行了不懈努力。曾经提出成立质量经济学院和质量经济研究所，在有关院校开设质量经济学方面的课程。我国著名经济学家于光远早在 1959 年就发表了题为“经济效果与产品质量”的署名文章，论述了产品质量与经济效益的相互关系，在其著作《论社会主义生产中的经济效果》中也专门讨论了产品质量与经济效益的关系，在他倡议和指导下编写出版的《通俗实用经济效果学》一书中，还具体讨论了提高产品质量的经济效果的计算问题。

2. 第二阶段：20 世纪 80、90 年代对微观质量经济学进行比较系统的研究

改革开放以来，围绕着提高产品质量、促进经济效益的提高，国内关于质量经济学的研究比较系统地开展起来。学术界发表了一系列有价值的研究成果，出版了一些系统性的研究专著。代表性的有程抱全 1985 年出版的《质量经济学》，这是国内第一本比较系统地运用马克思主义经济理论研究质量问题的专著，书中提出了“质量经济规律”这个新的理论观点，提示全社会要遵照质量经济规律办事。提出了质量价格的新理论，论述了决定产品价格高低的四大要素。提出了会计质量管理的新理论和新方法，把质量管理工作推向了不同的科学领域和工作范围，发展了质量管理的方法。与此同时，石培忠、谢承义 1987 年出版的《质量经济分析》，从经济学的角度对质量问题进行了分析和研究。银路 1990 年出版的《最经济的质量管理》，银路、刘卫 1992 年出版的《质量经济效益分析》等①，从质量管理的角度研究了企业提高经济效益的途径。

这一时期比较系统的研究专著是郭克莎的《质量经济学概论》（1992 年版），该书从经济理论的角度系统研究质量问题，它正确地抓住了质量的社会属性作为经济理论分析的起点，建立了质量经济学理论体系。在我国学术

① 银路：《质量经济学概述》，《电子质量》1995 年第 4 期，第 22—25 页。

界首次提出了质量两重性理论，区分了质量的物质性与社会性，建立了绝对质量与相对质量范畴，揭示了两者的内在联系及其作用特点。揭示了人们的经济需要由数量需要向质量需要发展的趋势，运用质量两重性理论，在系统分析各种成本的基础上，提出了相对质量影响价值的新论点。独创性地提出了质量需求与质量供给范畴，系统地揭示了两者的变动趋势曲线、供求弹性，为供求理论增添了新内容。

尽管这一时期学术界发表了大量的论文，出版了系统性的研究专著，但是这一时期国内质量经济学的研究主要集中于微观质量经济学的研究，主要研究产品质量和经济效益的关系，为企业的质量管理、提高企业经济效益服务。

3. 第三阶段：进入21世纪以来宏观质量经济学的进一步发展

进入21世纪，随着国际国内环境问题、收入分配问题、技术进步问题、效率问题的提出，学术界开始广泛关注质量经济学，而且质量经济学的研究开始从微观研究转向宏观研究，质量经济学研究进入到了多元化的宏观质量经济学研究阶段，具体表现在：

第一，对经济增长质量问题的系统研究。党的十六届五中全会提出了“国民经济又好又快地发展”，其中快是速度，好就是强调质量。围绕“国民经济又好又快地发展”，经济学界对中国经济增长质量进行了研究，吴敬琏、厉以宁、卫兴华、刘树成、洪银兴、刘伟等一大批经济学家呼吁提高经济增长质量，转变经济增长方式，促进国民经济又好又快地发展。对经济增长质量的研究体现在以下方面：

一是对经济增长质量内涵的研究。王玉梅、胡宝光（2004）将经济增长质量的内涵归纳为六个方面，分别是经济增长的持续稳定性、经济增长效率、经济结构的优化、产品质量、资源环境情况和人民生活水平。[①] 赵英才、张纯洪、刘海英（2006）从均衡和可持续发展理论出发，认为经济增长质量的理论内涵应该从三个层次界定：首先，经济增长质量内涵体现了经济系统的投入产出效率；其次，经济增长质量内涵体现了最终产品或服务的

① 王玉梅、胡宝光：《论经济增长质量之内涵》，《市场论坛》2004年第5期，第24—25页。

质量；再次，经济增长质量的内涵体现了环境和生存质量。[①] 陈海良把经济增长质量界定为“经济增长质量是指一定时期内同一国或一个地区在实现产品质量和服务总量增长的活动的优劣程度”[②]。吴敬琏（2010）从政府垄断、政绩考核机制和财税制度三个方面分析了制约经济增长质量提高的因素。各级政府对重要资源的配置权力、以 GDP 的增长作为考核各级政府政绩的主要标志、税收以增值税为主共同形成了提高经济增长质量的体制性障碍[③]。

二是对影响经济增长质量因素的研究。影响经济增长质量的因素是多方面的，刘亚建（2002）论述了影响我国经济增长质量的生产力因素，认为科技竞争力对经济增长质量至关重要，而促使科技竞争力增长的基础则在教育。目前中国的教育投入太低，影响了经济增长质量的提高。刘海英、赵英才、张纯洪（2004）分析了中国的人力资本对经济增长质量的影响，认为以技术进步为依托的经济增长不仅是高质量的，而且是可持续的，人力资本积累是经济增长的最重要的因素之一，是高质量经济增长循环的基点。[④] 人力资本由知识、技能的累积构成，知识、技能在经济系统内的分配状态体现了人力资本的“均化”水平。借鉴基尼系数理论量化了人力资本“均化”指标，对人力资本与经济增长质量的关系进行了实证研究。肖红叶认为经济增长是一个高度综合的统计指标，它的影响因素很多，“既有经济因素，也有社会因素和制度因素，同时还受自然环境和经济政策的影响”[⑤]。杜方利认为，实现向质量型经济增长方式的转变不仅取决于与科技进步和教育等直接相关的因素，而且取决于经济体制是否灵活有效，是否具有充分的市场竞争机制；全要素生产率与宏观经济政策具有密切关系。因此，即使生产的技术水平较高，如果经济政策失当，经济增长也可能是低效益的；相反，在生产技术水平较低的阶段，如果经济政策有利于发挥生产要素的优势，经济增

① 赵英才、张纯洪、刘海英：《转轨以来中国经济增长质量的综合评价研究》，《吉林大学社会科学学报》2006 年第 5 期，第 27—35 页。

② 陈海良：《论经济增长质量的内涵》，《中国统计》2008 年第 8 期，第 56—57 页。

③ 吴敬琏：《转变经济发展方式需破除体制障碍》，《IT 时代周刊》2011 年第 13 期，第 18 页。

④ 刘海英、赵英才、张纯洪：《人力资本“均化”与中国经济增长质量关系研究》，《管理世界》2004 年第 11 期，第 15—21 页。

⑤ 肖红叶：《经济增长质量的显示性判断》，《南开经济研究》1999 年第 3 期，第 7 页。

长也可具有较高效益；鉴于向质量型经济增长方式转变受多方因素制约，因而它是一个渐进前行，而且往往是波动起伏的过程。在这里，人们的主观努力在于积极创造条件，加速这一转变进程，并避免因政策失误而导致反复或倒退。[①]

三是对经济增长质量测度和评价的研究。在界定经济增长质量内涵的基础上，与现有研究中两种观点相对应，形成了两种测度思路：全要素生产率与综合评价指标体系（郭庆旺、贾俊雪，2005；肖红叶、李腊生，1998；彭德芬，2002；赵英才、张纯洪、刘海英，2006）。

在经济增长质量研究方面，西北大学团队集中研究经济增长质量（任保平、茹少峰、钞小静、师博、魏婕、郭晗、李娟伟等），出版了《以质量看待增长：对新中国经济增长质量的评价与反思》（2010），主持翻译了米香的《经济增长的代价》（2011）。同时在《经济研究》《数量经济与技术经济》《中国工业经济》《经济科学》《经济学家》《当代经济科学》《学术月刊》等核心期刊上发表论文50余篇，其中《新华文摘》转载7篇，人大报刊复印资料全文转载多篇，《光明日报》转载2篇，《中国社会科学文摘》转载1篇。相继出版了《中国经济增长质量报告2010》《中国经济增长质量报告2011——中国经济增长包容性》《中国经济增长质量报告2012——中国经济增长质量指数及省区排名》《中国经济增长质量报告2013——结构失衡背景下的经济增长质量》《中国经济增长质量报告2014——创新驱动下的经济增长质量》。出版了《经济增长理论史》（2013）《经济增长质量的逻辑》（国家社科成果文库，2015），形成了关于经济增长质量研究的系列丛书。

第二，对宏观发展质量问题的研究。武汉大学建立了宏观质量研究院，出版了《宏观质量研究》杂志，程虹研究了宏观经济增长质量如何建立起微观基础，以及为什么微观产品质量是实现宏观经济增长质量的基础[②]，提出了宏观经济增长质量的一般理论。叶初升从发展角度研究了经济增长质量，他从发展理念出发将经济增长质量界定为经济增长过程中所蕴含的发展

① 杜方利：《质量型经济增长的因素分析》，《经济学动态》1997年第1期，第73—76页。

② 程虹、李丹丹：《一个关于宏观经济增长质量的一般理论》，《武汉大学学报》2014年第5期，第79—86页。

质变即可行能力的提升，提出了经济增长质量的分析模型[①]。谭崇台先生研究了影响宏观经济发展质量的要素，他认为经济发展的要素是构建经济发展质量的微观基础，他从发展经济学理论的角度分析影响经济发展质量的要素[②]。主要从人口、资源与环境、资本积累、技术进步和对外贸易等要素方面，以及人口增长和可持续发展、资本形成理论、技术进步对发达国家与发展中国家的不同贡献、世界分工和贸易体系的理论角度等方面总结和分析了经典的发展经济学理论对经济发展质量的研究。

第二节　质量经济学的理论基础

质量经济学涉及许多学科知识，包括政治经济学、管理学、会计学、统计学、数理经济学、心理学、社会学等。因此，其理论基础包括：

一、政治经济学的劳动价值理论

由于质量经济性是指用尽可能少的劳动消耗和劳动占有，提供满足用户需要的产品质量，以获得尽可能多收益的特征。因而质量问题必然涉及价值和使用价值的关系问题，质量经济学必然要以劳动价值理论为理论基础。马克思主义经典作家们在创立劳动价值理论时，抽象掉了产品质量的差异，采用了中等质量水平这一概念。例如，马克思在《资本论》第三卷论述价值的转化形式时所注意的是“生产部门相同种类相同，质量也接近相同的商品”[③]。这种抽象只是一种暂时的抽象，主要是为了更好地突出《资本论》是要揭示资本主义社会运动规律这一最终目的。尽管如此，马克思对产品质量的经济性也作过十分精辟的论述。例如，马克思曾指出：“产品的使用价值不是通过产品量的提高而是通过产品质的提高而提高的”。[④]

---

① 叶初升、李慧：《以发展看经济增长质量：概念、测度方法与实证分析》，《经济理论与经济管理》2014 年第 12 期，第 17—34 页。

② 谭崇台：《影响宏观经济发展质量的要素》，《宏观质量研究》2014 年第 1 期，第 1—10 页。

③ 马克思：《资本论》第 3 卷，人民出版社 1978 年版，第 201 页。

④ 马克思、恩格斯：《马克思恩格斯全集》第 46 卷，人民出版社 1978 年版，第 416 页。

二、质量管理理论

全面质量管理是指一个组织以质量为中心，以全员参与为基础，目的在于通过顾客满意和本组织所有成员及社会受益而达到长期成功的管理途径。全面质量管理的概念最早见于1961年美国通用电气公司质量经理菲根堡姆出版的《全面质量管理》一书，他指出："全面质量管理是为了能够在最经济的水平上并考虑到充分满足顾客需求的条件下进行市场研究、设计、生产和服务，把企业各部门的研制质量、维持质量和提高质量的活动构成一体的有效体系。"这一理论的思想内容包括：（1）全面质量管理理论认为影响产品质量的因素可以划分为两大类：一是技术方面的，即机器、材料和工艺；二是人方面的，即操作者、班组长和公司的其他人员。在这两类因素中，人的因素重要得多。（2）质量管理的基本原理适用于任何制造过程，由于企业行业、规模的不同，方法的使用上略有不同，但基本原理仍然是相同的。方法上的差别可概括为：在大量生产中，质量管理的重点在产品，在单件小批生产中，重点在控制工序。（3）建立质量体系是开展质量管理工作的一种最有效的方法与手段，质量成本是衡量和优化全面质量管理活动的一种手段。（4）全面质量管理由结构、技术、人员和变革推动者四个要素组成，只有这四个方面全部齐备，才会有全面质量管理这场变革。全面质量管理有三个核心的特征：即全员参加的质量管理、全过程的质量管理和全面的质量管理。

三、成本管理理论

成本管理是指在成本方面有组织、有系统地控制协调活动。是指企业生产经营过程中进行成本预测、决策、计划、控制、核算、分析和考核等一系列的科学管理行为的总称。研究成本管理的目的：充分组织和动员企业全体人员，在保证产品质量的前提下，对企业生产经营的各个环节进行科学合理的管理，以达到以最少的生产耗费取得最大的生产经营成果。成本管理理论就是运用管理学的理论和方法，对企业资源的耗费和使用进行预算和控制的理论、程序和方法的总称。它源于一定的社会经济环境。并由当时社会生产力的发展状况所决定。成本管理是一种价值管理，它不应局限于只对产品成本的管理，还应涉及企业各个方面的活动。成本管理的基本职能主要包括：成本规划、成本计算、成本控制和业绩评价。成本管理对象包括企业生产经营过程中所有的成本和期间的费用。成本管理的目的就是提供信息和参与管理，最终实现低成本运营和利润的最大化。

四、投入产出理论

这一理论是由美国经济学家 W. 里昂惕夫 1936 年最早提出，是应用数学方法和电子计算机，研究各部门间这种平衡关系的一种现代管理方法。投入产出分析的理论基础是瓦尔拉的一般均衡理论。这种理论认为，资本主义经济通过供求关系和价格波动，可以自动地均衡发展。社会主义国家引入投入产出分析之后，以分工与协作、生产劳动与非生产劳动、劳动价值论、社会再生产理论为其理论基础。投入产出分析是通过编制投入产出表来实现的。投入产出表是由投入表与产出表交叉而成的。前者反映各种产品的生产投入情况，包括中间投入、最初投入（初次分配）；后者反映各种产品的使用去向情况，包括中间使用去向和最终使用去向。在投入产出表的基础上，可以建立相应的数学模型。例如，产品平衡模型、价值构成模型等，用以进行经济分析、政策模拟、计划论证和经济预测。

第　二　章

质量经济学的基本原理

质量是一个具有多层次和多学科含义的概念，质量的经济属性是通过产品的质量、成本、利润之间关系的分析，研究不同条件下经济的质量，以求得最佳经济效益。因此，质量经济学主要研究质量的经济属性。本章运用经济学的理论来分析质量经济学的基本原理。

第一节　质量的内涵与外延

一、质量的内涵

“质量”一词，在《辞海》里解释包含两种含义。第一种含义认为质量就是量度物体所含物质多少的物理量，或者是物体惯性大小的量度，这是从质量的自然属性角度来解释的。第二种含义认为质量就是事物、产品或工作的优劣程度，这是从质量的社会属性角度来解释的。从经济学的角度来认识质量和研究质量，主要采用的是质量的第二种含义，即事物、产品或工作的优劣程度。

根据《辞海》对“质量”的解释，可以发现，质量概念的本质是一种价值判断，经济学范畴内的质量是指对经济事物社会价值的判断，即对某一事物优劣性的判断。随着中国经济从数量时代向质量时代的转变，质量问题就成为研究的热点问题。这就需要从经济理论的高度来界定质量的经济意义。

一般而言，从经济学的角度来看质量，有微观、中观和宏观多种视角。从现有的相关文献来看，质量经济学的开端，主要是从微观领域的产品质量开始的。在20世纪中期，由于企业管理中出现了严重的产品质量问题，为了提高产品质量、提高企业的经济效益，形成了早期的微观质量经济学。美国质量管理学家朱兰（Juran）在其著作《质量控制手册》中，从质量作为产品本身的有用性或客观性能，从产品质量与产品成本的关系出发，从质量成本管理的角度探讨了质量在经济学中的应用。但是，随着微观经济质量学的发展，产品质量也历经了从"产品的有用性"向"产品能够满足社会需要的程度"的转化。例如，日本的石川馨（1984）教授认为，"真正的质量特性"是满足消费者的要求，而不是国家标准或技术指标，后者只是质量的代用特性。中国经济学者也对微观意义上的质量内涵进行了探索。程抱全（1985）认为，质量就是产品能够满足用户某种要求所具备的物质和技术特性，是使用价值和价值大小的表现。郭克莎（1992）在其著作《质量经济学概论》中，将产品质量定义为"产品通过客观性能满足一定消费条件下某种社会需要的程度"，在他的理论框架下，产品不仅包括物质产品，也包括服务产品和精神产品。20世纪80年代以来，随着宏观经济运行中各种人口、环境、经济结构等问题的出现，以苏联经济学家卡马耶夫（1977）和世界银行的托马斯（2000）为代表的一些学者开始关注宏观质量问题，从而又促进了对宏观质量问题研究的进一步发展，此时质量概念的内涵往往指发展的优劣程度，而质量经济学研究从微观转向了宏观，从狭义质量研究转向了广义质量研究。

应该说，以质量管理研究为代表的微观质量经济学往往研究具体的技术经济问题，它多从企业的角度来研究质量问题，属于一种狭义的质量经济学。但是，从广义上来看，质量不仅包括微观角度，也包括中观和宏观角度。有别于质量管理等微观质量研究，广义的质量经济学，是关于"质量"的总体性经济理论问题，而不是具体的技术经济问题。它不是从企业内部而是从经济社会发展的总体来研究质量问题。因此，从广义的质量经济学角度来看，质量不再仅仅是产品的有用性或产品满足社会需要的程度，作为一种优劣程度的价值判断，质量的内涵包括很丰富的内容：它既包括了微观意义上产品的优劣程度，也包括中观意义上经济运行的优劣程度，还包括宏观意义上经济发展的优劣程度。因此，质量本身不仅包括微观的产品质量，而且包括中观的经济运行质量和宏观的经济发展质量。

作为一种优劣程度的判断，经济学意义上的质量实际上意味着其必须内含相应的价值判断体系。因为质量概念不像数量，是一个客观概念，其必须建立在一定的价值判断体系之上，因此质量的价值判断体系，即“如何评价优劣”，也成为形成质量内涵的重要基础。而质量的价值判断体系由终极价值判断和现实价值判断两部分构成，终极价值判断的核心是人的发展，是基于人本主义经济发展观的判断标准；现实价值判断则是以功利主义为核心，实现效益最大化的判断标准。在社会经济基础相对薄弱的发展阶段，现实价值判断占据主导地位，是终极价值判断的基础，经济效率的提升是实现人的全面发展的前提；在经济发展效率逐步得到提升后，终极价值判断成为主要价值判断标准，对人的发展的关注成为质量型经济的主要目标，现实价值判断是终极价值判断的实现手段。因此，质量的终极价值判断与现实价值判断是相统一的价值判断标准体系。

二、质量的经济属性

质量的经济属性，即在质量概念内涵的基础上，从经济学的角度对质量概念外延的拓展。质量的经济属性是质量经济学的研究出发点，通过分析质量与经济之间的关系，能够探求成本最低、效益最高的经济性质量水平。现有关于质量经济属性的界定，大多是从微观质量经济学角度来阐释的，认为产品质量不仅从某些技术指标来考虑，还从制造成本、价格、使用价值和消耗等几方面来综合评价。在确定质量水平或目标时，不能脱离社会的条件和需要，不能单纯追求技术上的先进性，还应考虑使用上的经济合理性，使质量和价格达到合理的平衡。例如，余美芬和林修齐（1989）认为“质量经济性是指用尽可能少的劳动消耗和劳动占有，提供满足用户需要的产品质量，以获得尽可能多收益的特征”。因此，对质量经济性进行分析，就是通过产品的质量、成本、利润之间关系的分析，研究在不同经营条件下经济的质量。如石培忠和谢承义（1987）认为，“质量经济分析就是围绕产品或服务的实用性，通过量本利的最优化分析，以求得企业和社会最佳经济效益的一种技术经济分析方法。企业为了保证和改进产品质量，减少由于质量故障而造成的经济损失，就得支付一定的费用。所以在此重点研究为达到产品的质量水平而支付的费用和产品质量取得的经济效益是否相当。即质量经济分析的主要内容就是研究为了产品质量支付这些费用是否合理。”以上实际探讨的都是产品质量与企业经济效益的关系。而银路和刘卫（1992）认为，“质量经济分析，就是对质量和质量管理进行经济性分析和经济效益评价，以期在改善质量的同时，为企业创造最大的经济效益”。这实质上就是从质量管理的视角，把质量经济性分析从产品质量拓展到了企业质量，但是仍是从微观经济质量学的角度出发的。

从微观经济质量学视角出发看质量的经济属性，不论是产品质量还是企业质量，实际上关注的都是投入和产出，要求实现成本最低，收益最高。从质量作为价值判断的角度而言，这实际上涉及的是质量的现实性价值判断，即追求经济效率，但没有涉及质量的终极价值判断，没有涉及实现人的全面发展。因此，从广义的质量经济学视角来看，质量的经济属性应当同时涉及质量的现实价值判断与终极价值判断，因此，我们对质量概念的外延应当进一步拓展。从微观的角度，质量不仅仅包括产品质量与企业质量，还应包括人口质量与环境质量。从中观的角度，质量包括产业发展质量、工业化质量、城镇化质量、金融发展质量和生活质量。从宏观的角度，质量包括经济增长质量、国民经济运行质量、经济发展质量、公共服务质量、对外贸易质量和经济政策质量。

因此，分析微观、中观、宏观三位一体的质量经济属性，就意味着我们要同时关注质量的现实价值判断和终极价值判断。从现实价值判断的角度，微观上是要实现生产成本的最小化和效益的最大化，中观和宏观上是要实现经济发展的代价降低，实现经济发展成本的最小化。从终极价值判断的角度，微观上是使人的幸福水平提升，使人力资本得到提升，中观和宏观上是要实现国民素质优化，使经济社会实现均衡发展，最终实现人的全面发展。

第二节 质量的决定因素

一、资源配置与质量

资源是指社会经济活动中人力、物力和财力的总和，是社会经济发展的基本物质条件。在社会经济发展的一定阶段，资源相对于人们的需求总是稀缺的。资源配置即在一定的范围内，对各种稀缺资源在其不同用途之间分配。资源配置是经济学的核心，也是经济增长的关键。

质量首先决定于整个经济社会的资源配置，资源配置达到最优状态的经济增长是一种有质量的经济增长，因为“最优”本身就是一种价值判断。在传统的经济学框架下，资源配置的最优状态实际上仅意味着数量意义上的产出最大，即当生产资源组合达到一种状态，在这种状态下的任何重新配置都会使产量下降时，就达到了最优状态。但是，传统经济学理论事实上并没有解决资源最优配置的标准或条件，因为产出最大并不一定意味着“最优”，产量最大化也仅是从数量意义上来评价的，并不涉及价值判断。因此，质量经济下资源最优配置的标准是不一样的。考查资源配置与质量的关系，主要是探索两个问题：第一，从质量经济学的视角看，什么样的资源配置是最优的？第二，资源重新配置，如何影响质量？

从第一个问题来看，郭克莎（1992）从增长模式、资源条件、资源配置与质量的关系出发，探讨了质量经济时代如何进行资源配置。当经济发展阶段从数量经济时代发展到质量经济时代时，整个社会经济增长模式、社会需求状况、资源条件特点和市场竞争表现等因素变化的影响，以产量多少作为判断依据的传统的资源配置观念在质量经济时代不再适用了，资源最优配置的条件或内容必须被重新定义。在新的条件下，最优资源配置指的是在现有资源条件下，生产出质量最能满足社会需要的数量最多的产品。如果质量和产量的综合结果具有最高的社会效益，那么社会资源就达到了最优的配置。郭克莎的定义是从微观质量经济学的角度来说的，在现有的资源条件下，资源配置使得生产出的产品“最能满足社会需要”，这实际是质量的终极价值判断，而资源配置使得生产出的产品“数量最多”，这实际是质量的现实价值判断。而从中观和宏观角度，资源配置的最优状态同样不能够被定义为产出水平的最大化，而是应当被定义为发展水平的最优化，或者说发展成本的最小化，在这一状态下，能够实现经济、社会、自然的均衡发展，能够实现国民经济运行质量和经济增长质量的提升。

因此，最优的资源配置实际上包括了两层含义：一是从现实价值判断来说，最优资源配置要求在经济系统内部实现耦合。资源配置在经济系统内部的耦合是指在经济系统内各项经济活动的边际要素投入所得到的边际收益相等的状态，即在经济活动中将各类资源按照边际投入所产生的边际收益相等的原则配置到经济系统内部的各个产业活动中去，实现经济增长收益最大化。二是从终极价值判断来说，最优配置要求实现经济活动与其外部条件之间的耦合。经济活动的外部系统是经济系统内部经济活动的必要条件，在经济发展的过程中也需要向外部配置资源以维护其外部系统，由于外部条件也需要配置资源来维护，因此他就应满足边际投入与所得的边际收益相等的经济原则。经济活动与其外部条件之间的耦合包括两个方面：一是经济活动与自然系统之间的耦合；二是经济活动与社会系统之间的耦合。

从第二个问题来看，资源配置的状况能够影响经济质量。首先，资源重新配置，意味着投入要素的结构和比例发生了变化，如果在同样的成本投入下，资源的重新配置获得了更大的产出，那么就实现了经济效率，这符合质量的现实价值判断，因此能够提高经济质量。除了在微观意义上能够使产品产量提升，在中观意义上，体现为资源在产业结构、部门结构间转化，从而能够提升经济的生产效率，在宏观意义上，体现为资本、劳动、技术等要素投入比例改变使得全要素生产率提高。其次，资源配置的改变还能够从终极价值判断方面影响质量。在微观意义上，可以体现为资源优化配置使生产的产品更符合社会的需要。在中观意义上，资源在产业部门、城乡部门间的调整使经济的稳定性更高，结构更加优化。在宏观意义上，资源重新配置体现为资本、劳动、技术等要素投入比例的改变，这能够减少资源的消耗，对环境状况的改变产生影响，资源环境代价降低。同时，要素投入的调整还能够改善分配状况，促进经济社会均衡发展。因此，资源配置的状态能够决定经济质量。

二、资源利用与质量

质量不仅仅决定于资源配置，也受到资源利用的影响。资源利用的经济学属于宏观经济学范畴。在现实社会中，劳动者失业、生产设备和自然资源闲置等是经常存在的状态。因此，生产可能性边界所标定的产量只是潜在产出水平，而实际产出往往不能达到潜在产出水平。这就是说，资源没有得到充分利用。在传统经济学的理论框架下，通过实现充分就业，使得实际国民收入接近或等于潜在的国民收入，从而达到资源利用的目标。

当经济发展阶段从数量经济时代步入质量经济时代，资源利用的目标也从产出最大化变成了质量最大化。在数量经济时代，资源利用是为了产出增加，一切符合产出增加目标的资源利用行为都是符合经济增长要求的。因此在利用资源的过程中，较少考虑资源利用的成本。但是，在质量经济时代，必须要考虑经济发展的成本和代价，质量型的经济增长要求合理利用人类现有的自然资源，采取有力措施对成本进行有效的控制，以成本最小化实现增长净收益最大。质量最大化，既体现为社会资源综合利用效率的提高，也体现为由于资源有效利用，使得人民的生活水平和质量最终得到提高。

传统的资源利用方式，是在忽视经济成本最小化基础上的一种发展模式。在这种模式下，经济增长的质量难以提高。传统资源利用方式与经济质量的矛盾主要表现在资源消耗和环境污染方面。一方面，过度的自然资源消耗使得经济增长投入要素成本增加，会降低经济增长的效率，特别是进入工业化中期后，过度的自然资源消耗最终会造成资源短缺，从而制约生产活动；另一方面，过度的环境污染和生态破坏也威胁到了人类的生产生活，环境资源的再生成本是很高的，有些环境破坏是无法恢复的，资源的短缺以及生态环境的破坏都加大了经济进一步增加成本，也破坏了生态本身的自净再生能力，这时必须进行污染治理、保护生态，才能继续进行经济生产活动，这样的成本生成也显然制约了经济的持续增长。因此只有用越来越少的资源消耗和环境破坏来获取经济的不断增长，才是真正的经济发展；只有经济不断发展了，才能有更多的实力保护环境，节约和增殖资源，实现资源环境和经济的良性循环。

要达到经济发展成本的最小化，就要在经济增长的过程中，使生态环境与自然资源利用的折现率达到一个合理的度，而这个度的确定可依据边际收益等于边际成本的微观经济效益最大化原则来确定。当经济增长收益最大化，也就是实现了社会资源综合利用效率的提高，符合质量的现实价值判断。只有走最有效地利用资源和保护环境为基础的循环经济之路，才能提高人民的生活水平和质量，这也是符合质量的现实性价值判断。

第三节　与质量相关的基本范畴

一、数量、质量和效益的关系

从质量与数量的关系来看，世界上的任何事物都是数量和质量的统一。数量与质量是相对的概念，要深刻理解质量的内涵，可以将质量与数量结合起来理解。数量和质量都是对事物、产品或工作的不同评价或判断。但是，总体看来，质量与数量有以下不同：

第一，与数量作为一种数值判断有所不同，质量本身是一种价值判断，如果说数量解决的是多与少的评价问题，那么质量解决的是好与坏的评价问题。从经济学的角度来说，数量分析遵循的是实证主义方法论，其忽视价值判断，研究经济发展的内在规律，根据这些规律分析和预测经济行为的效果，试图回答“是什么”的问题。但质量分析遵循的是规范主义方法论，是以一定的价值判断作为基础，以某些标准作为分析处理经济问题的标准，建立经济理论的前提，并研究如何才能符合这些标准，解决“应该是什么”的问题。

第二，数量概念作为一种实证主义下的评价或判断，其评价标准是客观的，评价指标也是单一的。但质量概念则有所不同，其评价标准是主观的，是建立在一定的价值体系之上，其评价指标也只能是复合型的，因此质量分析要比数量分析复杂得多。

虽然数量与质量的概念是相对的，但二者也有很密切的关联。对质量的关注和研究是建立在数量发展的基础之上的，数量先于质量发展。从微观经济视角的产品质量来看，当商品的数量能够满足人们的基本需求时，人们往往就越来越关注产品的质量，从宏观经济视角的经济增长质量来看，在经济发展初期人们往往关注经济增长的速度或数量，但发展到一定程度就会越来越关注增长的质量，从这个意义来说，质量研究是数量扩张到一定程度才出现的产物。

从质量与效益的关系来看，效益解决的是产出最大化问题，效益通过经济增长中投入和产出的比较，关注投入要素边际产量的增长，效益要求以最小的成本投入换取最大的收益，每单位投入要素的边际产量是衡量效益的重要指标。如果在既定边际产量的情况下，要素投入逐渐增加，表明生产过程存在生产要素的过度投入，表明经济增长的效益在逐渐下降，反之则是经济增长效益提高的变现。效益反映的是投入产出比，微观上表现为生产的投入产出比，而中观和宏观上表现为经济运行和发展的投入产出比，它是通过成本和边际增量表现出来的。

质量和效益具有一致性。这是因为，一方面，效益代表了质量的现实价值判断。效益的提高，在微观意义上是节省了生产投入，提高了生产效率，在宏观意义上是节约了要素投入，提高了要素生产率，从质量作为一种优劣程度判断来说，狭义上的优劣判断正是通过效益来体现的，经济效益是经济质量的表现。另一方面，经济质量与经济效益具有正相关性。高质量的经济增长一定会有好的增长效益，从微观意义上讲，产品质量或企业质量的提升能够使企业在市场竞争中更具竞争力，从而实现产出的最大化，从中观和宏观意义上讲，当经济结构更加均衡，经济发展和经济运行的稳定性更高时，反过来也会促进经济增长效益的提升。因此，经济质量和经济效益是有机的统一。

二、质量与使用价值、价值的关系

质量与使用价值、价值的关系，主要是从微观角度的产品质量来探讨的。从质量与使用价值的关系来看，商品的数量表现为使用价值的外延量，商品的质量表现为使用价值的内含量（郭克莎，1992）。当一种商品的数量增加，并不能够增加单个商品的使用价值，但所有该种商品的总的使用价值增加了。而当一种商品的质量增加，则能够同时提升单个商品和总体商品的使用价值。这就意味着，前者是使用价值的形式，后者是使用价值的内容。

研究质量与使用价值的关系，最为重要的就是研究质量作为单个商品使用价值如何转化为社会使用价值。传统的经济理论把使用价值看作商品的自然属性，否定使用价值的社会属性，因此没有对社会使用价值进行研究。商品经济使用价值的本质是社会使用价值。商品的使用价值是为别人、为社会生产的使用价值，这就使商品的质量成为社会的质量，同时，作为社会质量，必须符合社会的质量要求、质量标准，并且适应这些要求和标准的变化而变化，这就使商品的使用价值在内容上成为社会需要的反映，社会使用价值的本质才最终形成。因此，在质量经济背景下，个体商品的使用价值要转化为社会使用价值，就意味着商品的质量要符合社会必需的质量水平，必须与一定的社会生产力水平和消费水平相适应。如果低于社会必要的质量水平，单个商品的使用价值就不能成为社会使用价值。同样，超越了社会需求和支付能力决定的质量水平，也不能成为社会使用价值。基于此，社会使用价值在量上的规定性是符合一定量的社会需要，而商品质量的变动在其中起着重要的作用。

从质量与价值的关系来看，价值是具有社会性的，而质量与价值的内在联系就是通过质量的社会性起作用的。从劳动价值论来看，质量对价值的影响是社会必要劳动时间决定商品价值的重要内容。这是因为，一定量的使用价值总是代表一定量的社会必要劳动时间。而使用价值取决于产品的数量和质量两个方面，在产品数量相同的条件下，使用价值的大小就取决于产品的质量，产品质量越高，那么代表的社会必要劳动时间就越多，从而产品的社会价值就越大。

从相对动态的再生产过程中，也可以考查质量与价值的关系。从再生产过程来看，每个生产者的产品质量会发生变化，在劳动生产率不变的条件下，质量变化会影响到商品价值量。如果产品的质量提高，那么在转化为社会价值的过程中，折算为社会平均质量水平的数量就能够增多，也就是同一劳动时间生产的使用价值增多，但是根据价值决定的规律，仍然需要通过社会必要劳动时间形成价值。那么，与原先同等的社会时间，实质上是代表了更多的社会价值，如果根据这个增大的价值量来补偿同量的劳动耗费，那么质量提高的产品就含有更多的价值量。同样，如果一种产品的质量下降，那么意味着同样时间生产的使用价值降低，此时生产的劳动时间要高于社会必要劳动时间，那么根据价值决定规律，这一高出部分无法得到价值补偿，原先同等的劳动时间只能够代表更少的社会价值。根据减少的价值量来补偿同量的劳动耗费，就意味着质量下降的同量产品具有较少的价值量。因此产品价值随质量提升而增加，随质量下降而降低。

三、质量与成本、收益的关系

数量经济时代普遍重视产出和收益，忽略成本与代价。在质量经济时代，产品生产和经济发展的目标都要求在产出最大化的同时实现成本和代价的最小化，这是经济增长的现实价值判断，同时，从终极价值判断的角度，经济增长收益概念也应当从简单的产出扩展到经济系统、社会系统和自然系统的均衡，从而能够提高人们生活和发展的质量水平。从质量角度重新审视成本和收益，可以从微观质量和宏观质量角度分别进行考虑。

从微观质量的角度，生产成本不仅仅只包括生产投入，还包括质量成本。质量成本的概念最早由费根堡姆（Feigenbuam）1956 年在《哈佛商业评论》上发表的《全面质量管理》（*Total Quality Control*）一文中系统论述和使用。他将企业中质量预防和鉴定成本费用与产品质量不符合企业自身及顾客要求所造成的损失一并考虑进去，指出质量成本是指企业为了保证和提高产品或服务质量而支出的一切费用，以及因未达到产品质量标准，不能满足用户和消费者需要而产生的一切损失。质量成本一般包括：为确保与要求一致而作的所有工作叫做一致成本，以及由于不符合要求而引起的全部工作叫做不一致成本，这些工作引起的成本主要包括：预防成本、鉴定成本、内部损失成本和外部损失成本。其中预防成本和鉴定成本属于一致成本，而内部损失成本和外部损失成本，又统称为故障成本，属于不一致成本。黄建英（1990）借鉴费根堡姆的思想，认为质量成本是产品成本的组成部分，他从质量成本管理的角度，指出“质量成本是企业为了保证和提高产品质量而支出的一切费用，以及因未达到既定质量要求而造成的一切损失之和。由此可见，追求成本最小化，不仅仅是生产投入的最小化，更要追求质量成本最小化，才能够实现最大的收益”。

从宏观质量的角度，在实现经济数量增长的过程中，传统经济学所指的经济增长成本是经济增长在经济系统内的耗费，指在生产过程中消耗或转换的物质和服务的价值计量，在国民收入核算中是指本期被生产而又被消耗的产品，如原材料、辅助材料、燃料、动力、广告以及其他不能用于最终消费的产品的价值。而在质量经济背景下应该考虑广义的经济增长成本，广义的经济增长成本是指一个国家为获得经济增长而付出的代价，而且要考虑自然环境资本、社会资本的投入，通过对投入与产出的关系以及相关要素的边际产量进行分析，从而对经济增长的效益作出判断。由于经济的数量增长本身具有衍生效应，不仅会导致经济系统内部发生变化，而且会对自然系统和社会系统产生影响，当经济系统、自然环境系统和社会系统处于耦合状态时就会对经济增长成本的降低起到积极的促进作用，从而推动经济增长效益的提高。因此，宏观经济质量要求在经济数量增长下实现要素投入成本的最小化，尤其是要实现经济增长过程中经济系统内部运行成本、社会系统的成本、自然系统的成本三者的最小化。其中社会系统成本是科斯意义上社会成本的进一步扩展，包括交易成本和体制成本。而自然系统的成本是指资源环境成本，即经济增长活动使用和消耗自然资源所必须支付的代价，以及经济增长活动对环境资源的需求量超过环境系统自净力而造成的环境价值损失。当三种成本最小化时，就实现了经济增长收益的最大化，这时就实现了质量型经济增长。

四、质量与技术、管理和创新的关系

在质量经济时代，一些新的要素，如技术、管理、创新等也能够从提升效率、改善结构和减少资源环境代价等多个方面实现成本最小化和收益最大化，从而提升质量水平。

从质量与技术的关系来看，技术进步对质量的影响主要体现在三个方面：第一，技术进步能够促进新产品和生产方式的诞生，从而代替旧的产品和生产方式，在这一过程中实现了产品质量的提升。第二，技术进步可以改变生产要素的组合，提高产出效率。在不存在技术进步时，经济增长受到收益递减的限制，而引入技术进步，将出现收益递增，从而提高生产率。经济增长要实现产出效率最大化，应当促进生产率的改进，加快技术进步。第三，技术进步使生产技术和生产方式发生变化。技术进步使社会生产过程的规模由小变大，生产结构由简单到复杂，生产水平由低级到高级。这种变化提高了微观企业的产出效率，同时，技术进步在社会生产中不断改善产业结构，这些变化都将促进企业和产业生产率的增长，从而提升经济增长的质量。

从质量与管理的关系来看，改善管理的主题主要是企业，企业改善管理对质量的影响主要体现在四个方面：第一，改善管理可以提高企业内部运行的效率，从而提高经济增长的整体效率。企业通过改善管理，对内形成有效的激励机制，改善组织成员的态度与行为，提升企业文化，实现企业整个系统的制度化，提高企业内部运行的效率，提升企业发展的质量，对外使内部组织的优势更加发挥于外部环境，降低经济活动中的不确定性，形成对外部经济效应的稳定预期，推动外部经济效应的内部化，减少经济增长的负面影响，促进经济增长质量提升。第二，改善管理能够形成提升质量所要求的技术规范、框架以及行为与活动的准则等制度，从而使质量的提高具有度量的标准。第三，通过改善管理，能够减少信息成本、规范行为主体的关系、降低经济活动中不确定性。第四，改善管理能够建立有效的监督与激励机制，避免企业发展过程中的“搭便车”问题和外部不经济问题，使企业更加注重资源的节约和生态环境的改善，从而降低经济增长的成本，提高经济增长的质量。

从质量与创新的关系来看，创新的实质是新技术的产生和应用。创新对质量的影响主要体现在三个方面：第一，创新能够提升产品的质量，增强产品的市场竞争力。对产品和技术的创新能够使产品具有较高的科技含量，在产品的原材料、生产工艺、检测手段方面进行改进，增加产品的科学性、安全性以及使用上的自动化和智能化程度，从而提升产品的质量。第二，创新是驱动经济增长的动力和引擎，能够提升增长的效率，提升经济增长质量。创新驱动经济增长的过程，就是利用知识、技术、企业组织制度和商业模式等创新要素对现有的资本、劳动力、物质资源等有形要素进行新组合，以创新的知识和技术改造物质资本、提高劳动者素质和科学管理，各种物质要素经过新知识和新发明的介入和组合提高了创新能力，可以在减少物质资源投入的基础上实现经济增长，由此提升了经济增长质量。第三，创新会促进经济结构的变化，提升产业发展质量。创新引起的新产品的产生，催生了新的需求，导致需求结构和消费结构的变化。企业之间为了最大限度地合理配置资源所实施的创新竞争，会使得传统产业得到改善，并促使新的产业部门的形成，在实现产业结构多元化的同时，也使产业结构得到了优化和升级，从而提升了产业发展的质量。

第四节　质量经济分析的基本命题

质量是用于判断经济状况的优劣程度，对于质量的分析将传统经济分析的实证主义方法论拓展到了规范主义方法论。本章依据经济质量的内涵与特征，提出质量经济分析的基本假设与基本命题。

一、质量经济分析的基本命题

对质量进行经济分析，重点在于两个方面：一是从数量与质量的关系对比反映出质量的一般性特征；二是从微观、中观、宏观等不同层次研究质量的内涵。据此，首先提出质量经济分析的一般性命题：

命题 1：质量以数量为基础，随着经济发展阶段的变化，质量会取代数量成为发展的核心目标。

经济质量是在经济数量的基础上实现的。在经济发展的不同阶段，人们追求的目标不同。在发展的初级阶段，从微观的角度来说，物质产品不够丰富，人们对产品的需求存在数量缺口，因而人们追求产品的数量更甚于质量，追求企业的规模甚于质量。从中观和宏观角度来说，产业发展和经济增长都主要依靠要素投入的扩张，是以规模扩张为主的经济增长。但随着经济不断发展，从微观上来说，物质产品日益丰富，人们对产品的数量需求被满足，就会开始关注产品的质量，从中观和宏观上来说，规模扩张式的增长导致经济中出现了诸多问题，产业发展遭遇瓶颈，生态环境问题日益突出，此时产业增长和经济增长开始由依靠自然资源转变为依靠知识和技术，逐步进入追求质量的阶段。

命题 2：数量和质量具有不一致性，数量提升不一定意味着质量改善，数量和质量的统一需要通过相应的制度安排来实现。

从微观上来说，产品数量的不断增长都不意味着产品质量的提升，如果产品数量增长伴随着产品多样性不断增加，产品耐用程度和技术水平不断提升，那么质量就能够提高，反之质量难以随数量提高。企业规模的扩张如果没有伴随效益的提升，那么企业质量也不能得到改善。在现实中，微观数量和质量的不一致是经常存在的。从中观和宏观上来说，在产业增长和经济增长过程中，如果产业增长和经济增长速度快，而且成本低，质量就高。如果产业增长和经济增长的速度快，而且成本比较高，质量就比较低。在现实的经济增长中，由于数量型增长往往采取粗放增长方式，会造成产业和经济增长的数量与质量不一致。由于数量和质量存在不一致性，因此，在提高数量的同时提高质量，实现数量和质量的统一，就需要调整经济发展战略，完善制度安排、规范约束经济主体的行为来实现。

命题3：微观质量、中观质量和宏观质量的逻辑是统一的，微观质量是中观质量和宏观质量的前提，中观质量是连接微观和宏观的载体，宏观质量是经济质量的综合反映。

微观质量是宏观质量的前提和保证，是宏观质量的组成部分，宏观质量是微观质量的体现。微观意义上的产品质量、企业质量提升了，意味着生产率的提升和结构的改善，环境质量提升了，意味着资源环境代价的降低，人口质量提升了，意味着国民经济素质的提升和人的全面发展，这都是宏观经济增长质量的重要组成部分。如果在追求企业质量和产业发展质量的同时，忽视了环境质量的提升，导致生态环境污染和资源消耗过度，那么就产生了宏观经济增长高额成本，从而导致宏观经济质量的下降。而宏观经济增长质量的提升，是所有微观质量和中观质量提升的综合体现。如果仅有产品质量、企业质量和产业发展质量的提升，而人口质量和环境质量等出现下降，那么宏观经济增长质量也不能提升，只有微观质量都有所提升，那么宏观经济增长质量才能够改善。

二、微观质量经济分析的基本命题

对微观质量的研究是质量经济学的基础，质量经济学对微观质量的研究主要在微观经济的产品质量、企业质量、人口质量和环境质量方面。将微观质量纳入经济分析后，可以建立以下命题。

命题4：产品质量反映微观经济的产出质量，其包括内在质量和外观质量两个方面，企业内部条件和外部环境因素共同决定产品质量。

产品质量是一个综合性概念，是指产品适应社会生产和生活消费需要而具备的特性，它是产品使用价值的具体体现。产品质量反映的是微观经济中实际产品的优劣状况，这是宏观经济增长质量的基础。

产品质量包括内在质量和外观质量两个部分，其中产品的内在质量包括产品提供给顾客的利益、效用和使用价值，具体表现为产品的功能、用途、特性，而产品的外观质量表现为产品的光洁度、造型、色泽、包装等。

产品质量的决定因素有内部因素和外部因素两个部分。一方面，产品质量的优劣受企业内部条件的影响和约束，其中主要包括企业领导的质量意识和员工的整体素质、设备性能和满足生产的程度、质量组织建设和功能发挥程度。另一方面，产品质量也要受外部环境因素的激励或制约，环境因素通过影响企业的行为而对产品质量造成间接影响，其中包括质量产业政策、管理政策和经济政策等政策环境，质量法律法规、行政监督执法等法治环境，市场运行机制、物质资源状况和社会质量意识等社会环境。

命题 5：企业质量反映微观经济的主体质量，企业质量的核心是企业的成长性、创新性和效率。

企业是经济发展的主体，是社会进步的原动力，企业质量的实质是微观经济的主体质量。企业质量包括企业规模扩大，赢利能力提高，企业素质、活力和效率提升，企业质量在一定程度上决定中观产业发展质量和宏观经济增长质量。

企业质量的核心是企业的成长性、创新性和效率。从成长性上来说，企业质量指企业资产规模、收入和利润方面能够实现持续的增长。从创新性来说，创新是企业生存和发展的关键因素，企业的核心能力体现为持续的创新能力。企业的效率体现为企业的生产率能够持续提升，这是企业质量提升的关键，也是产业增长效率和经济增长效率提升的基础。

命题 6：人口质量反映微观经济的要素质量，人口质量取决于人口总体特质的需求拉力与供给推力之间的力量博弈。

人口是微观经济活动中最重要的要素，人口质量既包含人口先天自然属性的优劣，也包括人口在后天社会化过程中的能动性表现，还包括人口内部结构均衡与否以及与外部系统的协调程度。人口质量反映微观经济的要素质量。

人口质量取决于人口总体特质的需求拉力与供给推力之间的力量博弈。从人口质量资源的收益来说，主要包括质量提升引起的劳动生产率上升、人口结构优化产生的红利以及外部资源环境污染与消耗补偿成本的相对下降；从人口质量资源的成本来说，主要包括为增加人口质量存量而追加的健康、科学文化以及思想观念等方面的投资，人口结构失衡引致的额外成本以及对外部资源环境污染与消耗的补偿成本。当人口质量投资的收益小于成本时，粗放式的数量型人口增长使其人口质量停留在较低水平，当人口质量投资的收益大于成本，会产生对人口质量的有效需求，人口质量投资行为发生，人口质量表现得到改善。

命题 7：环境质量反映微观经济的外部条件质量，环境质量的优劣由自然、经济、社会三方面因素共同决定。

环境质量反映的是微观经济活动的外部条件。环境质量包括环境结构和环境状态，既有客观性又有主观性，是环境系统客观存在的一种本质属性。

环境质量的优劣由自然因素、经济因素以及社会因素三个方面共同决定。自然因素是环境质量的基本要素，自然因素包括自然资源、污染排放、污染治理等自然现状，自然状态的好坏直接决定环境质量的优劣。经济因素包括产业结构、技术进步和国际贸易因素等，经济因素是对持续影响环境质量的主要因素，对经济因素的探究可以反映环境质量的发展情况。社会因素包括人口密度、环境制度修订等方面的内容，社会因素是保持环境质量高水平的基础，有利于环境的高质量发展。

三、中观质量经济分析的基本命题

中观质量是微观质量与宏观质量的过渡地带，主要反映行业、部门的发展状况，也反映结构变化和生活方式的优劣程度。中观质量的研究以产业发展质量为核心，重点研究工业化质量、城镇化质量、金融发展质量和生活质量。将中观质量纳入经济分析后，可以建立以下命题。

命题 8：产业发展质量是连接微观质量与宏观质量的中枢，产业发展质量的核心是产业发展的规模与效率、可持续性、辐射力和竞争力。

产业发展质量是指区域特定产业在发展过程中所蕴含或体现出来的综合发展能力。产业发展质量是中观质量研究的核心，其从微观角度连接企业质量，从宏观角度连接经济增长质量。

产业发展质量的核心内容包括产业自身的规模和效率、产业的可持续发展能力、产业的辐射能力和产业发展的国际竞争力。从规模和效率来说，对产业质量的研究首先要从产业自身规模及其增减变化和产业赢利能力的视角来评价产业的综合实力。从可持续性来说，产业发展中的创新、政策、制度、资源和环境等因素能够决定产业的持续发展潜力。从辐射力来说，产业发展质量表现为对区域经济社会发展的贡献、对区域外部的影响程度以及对提升区域品牌文化的作用。从竞争力来说，主要表现为国际市场占有份额和贸易竞争力。

命题9：工业化质量反映中观层面的产业结构转化质量，工业化质量的核心在于结构升级、技术创新和绿色生产方式。

发展中国家面临的一个核心问题就是产业结构转化，其中最重要的就是工业化。工业化质量从中观层面反映产业结构转化的质量。工业化质量是指工业的规模经济、技术水平、工业结构、劳动力素质、能源消耗、资源利用、工业效益以及对生态环境的影响。工业化质量决定城市化进程和现代化的程度，是一个国家城市化、现代化建设中核心的经济基础与关键问题。

工业化质量的核心在于三个方面：一是产业结构的转型升级，也就是工业化过程中产业结构的演进遵循着轻工业、重工业、第三产业的发展轨迹；二是以技术创新对生产效率和企业创新能力的提升，这是工业化质量提升的前提；三是以循环经济、清洁生产、集约生产为特征的现代工业化模式的形成，这会导致环境代价的减小，从而能够提升工业化质量。

命题10：城镇化质量反映中观层面的城乡结构转化质量，城镇化质量的核心在于效率、空间格局、生产生活方式和生态环境。

发展中国家面临的另一个核心问题是城乡结构转化，也就是城镇化的转型。城镇化是指伴随着非农产业的发展、就业结构的改变，人口逐步向城镇集聚的过程，城镇化质量反映的是中观层面的城乡结构转化质量。

城镇化质量的核心在于城镇化速度和效率、城镇化空间格局、城镇化生产和生活方式、城镇化生态环境治理等方面。从速度和效率来说，城镇化质量表现为人口集聚、就业增长和生产效率的提升。从空间格局来说，城镇化质量包括人口密度、经济密度、人均基础设施水平以及城市之间是否得到合理分工。从生产生活方式上来说，城镇化过程也伴随着生产方式趋向集中和生活方式趋向多元的变化。从生态环境上来说，城镇化集聚伴随着资源需求的提升和污染强度的增大，因此加强对生态环境的治理也是城镇化质量的应有之义。

命题11：金融发展质量反映中观层面的虚拟经济发展质量，金融发展质量的核心是金融规模、金融结构、金融效率、金融稳定性和金融风险。

金融发展质量主要衡量一个国家虚拟经济发展的状况和优劣程度。金融发展具有指示性、垄断性、高风险性、效益依赖性和高负债经营性的特点，金融发展质量不仅包括外延式的数量提升，还包括内涵式的质量改善。

金融发展质量的核心是金融规模的扩张、结构的优化、效率的提升、稳定性的增强和风险性的降低，即金融规模、结构、效率、稳定性和风险性的综合改善。从规模来说，表现为金融活动在经济中所占的比重大小；从结构来说，表现为金融各组成部分的相对规模、相对关系与配合状态；从效率来说，表现为金融市场上资金融通的效率；从金融稳定性来说，表现为金融机构和金融市场的运行状态；从金融风险性来说，表现为金融机构和金融体系的风险程度。

命题 12：生活质量反映居民生活水平和生活方式的优劣状况，生活质量的核心在于居民的客观生活条件和主观幸福感。

生活质量是一个评价居民生活优劣的概念，是一个同时包含物质生存质量和精神生存质量的综合性概念，它既要反映居民经济和社会生活的总体水平和现实状况，同时又要体现居民现实经济和社会生活中的心理满足程度。

生活质量的核心，一方面在于居民客观生活条件的提升，其包含了福利的经济内涵，还包含了像健康、教育、贫困、社会及自然环境等影响人们生活条件的一些非经济要素。另一方面，生活质量要求促进民众的主观幸福感，使人们的主观生活质量得到提升，主观生活质量是指人们对客观生活的主观感受和评价，关注的是微观层次，注重个人对生活各个方面的评价，是对生活质量的主观评估。

四、宏观质量经济分析的基本命题

宏观质量的考查对象是整个国民经济中宏观变量的优劣程度，宏观质量以经济增长质量为核心，重点研究国民经济运行质量、经济发展质量、公共服务质量、对外贸易质量和经济政策质量。

命题 13：经济增长质量反映宏观经济增长的优劣程度，经济增长质量从效率、结构、稳定性、福利分配、资源环境、国民经济素质等方面反映经济增长的内在性质与规律。

经济增长质量是从经济增长的纵深方面探究经济增长内在的性质与规律，是与经济增长紧密相关的经济方面的内容，反映的是宏观经济增长的优劣程度。

经济增长质量是从经济增长内在的性质与规律去刻画经济增长，从经济增长的条件来看，经济增长质量是指国民经济整体素质的基本状况，表现为一个国家长期有效地开发和利用各种资源创造国民财富的基本条件和能力，它是经济增长运行的基础条件。从经济增长的过程来看，经济增长质量是指经济增长结构的基本状况和经济增长的稳定性，其中经济增长结构是指经济系统内要素间联结关系及要素数量间的比例关系，经济增长稳定性指经济增长的波动性更小。从经济增长的结果来看，经济增长质量是指经济增长过程中效率得到提升，资源消耗及环境污染减少，福利分配与成果分配能使更多人分享到经济增长的成果。

命题 14：国民经济运行质量反映宏观经济运行的优劣程度，国民经济运行质量的核心在于条件质量、环境质量和过程质量。

国民经济运行质量反映宏观经济运行的优劣程度，指国民经济运行具有良好的运行条件和完善的运行环境，能够实现高效率、平稳协调的国民经济运行。

国民经济运行质量的核心在条件、环境以及过程三大方面。从条件质量来说，国民经济运行条件主要涉及作为经济运行活动的载体的基础设施条件以及为经济活动提供要素支持的要素禀赋条件，它是保障各经济活动有序开展、加强产业间协同发展、优化消费投资结构的重要因素，也是保障国民生活、促进福利分配水平提高、积累人力资本、促进可持续运行的重要保障。从环境质量来说，环境质量主要包括影响社会经济活动的自然生态环境以及直接决定经济运行活动的制度环境和国民素质情况。从过程质量来说，国民经济运行质量既表现为给经济运行提供充足动力支持的运行条件，可以释放更多运行潜力的运行环境，又表现为能够实现高效、稳定以及协调可持续的经济运行。

命题 15：经济发展质量反映经济发展的资源运用效率高低，经济发展质量的核心是有效性、协调性、创新性、持续性、分享性和稳定性。

经济发展质量反映经济增长的效率，也就是各种经济资源的配置关系及综合运用的总和。对自然资源、人力资源、资本、技术进步、对外开放、制度环境等资源的运用效率决定经济发展质量的优劣程度。

经济发展质量的核心是有效性、协调性、创新性、持续性、分享性和稳定性。有效性指的是经济增长的效率，即在经济增长过程中各种经济资源的投入产出比要高。协调性指经济发展中产业结构、城乡结构、区域结构和贸易结构的相互协调。创新性指技术创新成为经济增长和发展的原动力。持续性指在考虑资源环境承载力的基础上有效利用资源，避免过度开发，并对生态环境进行有效保护。分享性指高质量的经济发展应使更多的居民从中受益。稳定性指国民经济发展速度在一个适度范围内波动，不出现较大波动。

命题16：公共服务质量反映政府提供公共服务的水平和优劣程度，决定公共服务的主要因素在于公共服务投入、城乡公共服务均等化和政府执政理念。

公共服务质量反映政府提供公共服务的水平和优劣程度。公共服务的主体是公民，以公民需求为归宿应是公共服务的初衷。公共服务质量是基于公共物品基础上的延伸，不仅具有服务的一般性属性，而且还具有特殊性。公共服务的重点在于基础教育、医疗卫生、社会保障及就业、公共安全、基础设施、公共环境、科技信息、文化传媒等方面。

决定公共服务的主要因素有三个方面：一是公共服务的投入，政府是公共服务提供的主体，财政投入很大程度上决定了公共服务的质量，也反映出政府在公共服务领域的政策导向；二是城乡公共服务均等化，提供公共服务是政府实施国民收入再分配的重要职能，应该面向全体社会成员，只有城乡公共服务均等化，才能谈如何提高公共服务质量；三是政府执政理念，只有坚持建设服务型政府，才能真正在公共服务过程中，提高公共服务质量。

命题17：对外贸易质量反映宏观经济外部活动的运行质量，对外贸易质量的核心在于产品、条件、结构、增长效应、环境效应和福利分配效应。

对外贸易质量反映宏观经济外部活动的运行质量，对外贸易质量不仅包括对外贸易规模增长、贸易结构优化和贸易条件的改善，还包括对外贸易发展能促进国民经济增长、改善生态环境和调节福利分配的平衡。

对外贸易质量的核心在于以下几方面：一是贸易产品质量的提升，贸易产品单位价值越高，说明消费者对该产品具有较高支付意愿，该贸易产品具有较高质量水平；二是对外贸易条件的改善，意味着能够在不改变出口产品数量的条件下获取更多数量国外的商品；三是对外贸易结构的优化，包括进出口贸易产品结构提升、对外贸易国别结构以及区域结构的分散化；四是对外贸易的增长效应，指对外贸易对本国经济增长及其效率的提升拉动作用；五是对外贸易的环境效应，指对外贸易能够最大限度地减少资源和生态环境的代价；六是对外贸易的福利分配效应，指对外贸易增长对本国国民收入分配起到有效的调节作用。

命题 18：经济政策质量反映政府宏观经济决策的优劣程度，经济政策质量的核心在于决策过程的效率和决策结果的影响。

经济政策的质量是指在从政策制定到执行的过程中能够对经济增长质量各个维度产生正面影响的程度，经济政策质量反映政府宏观经济决策的优劣。如果经济政策能够使经济增长质量提高，那么就具备较高的政策质量。

经济政策质量的核心在于决策过程的效率和决策结果的影响。从决策过程来说，经济政策质量体现为在公共财政有限的资源约束背景下，如何依托现有的资源以最小的投入获得经济政策结果的最大收益。从决策结果来看，经济政策质量体现为政策执行后不但能与预期目标相符，而且能够带来经济效率的提高、经济结构的优化、居民福利分配的改善以及资源和生态环境代价的降低。

第 三 章

质量标准的经济学分析

经济学一般根据研究对象的不同，分为微观经济、中观经济、宏观经济三个层次。所以质量标准的经济学，也要从微观层面、中观层面和宏观层面分别探讨它们各自的质量标准问题。

第一节 微观的质量标准

微观经济主要以单个经济单位（单个生产者、单个消费者、单个市场经济活动）作为研究对象，而在微观质量的层面，同样涉及微观个体的特征和自身的质量，以及微观个体生存的载体等方面的质量。所以微观的质量核心围绕微观层面一系列关键要素进行讨论，主要包括微观的质量标准，重点表现在产品质量的标准、企业质量的标准、人口质量的标准和环境质量的标准四个方面。

一、关注微观质量的意义

关注微观质量的意义主要体现在两个方面：

1. 微观主体是经济的细胞，决定着整个经济系统运作

微观各个主体类似人体的细胞和毛细血管，只有搞活微观，才能全盘皆活。微观质量，即微观各主体以及主体生存的载体的质量决定着整个经济体系的运作。所以关注微观主体的质量，对其质量进行评判和考量，不仅能明细经济中微观主体和环境的现状及特征，更可以为宏观经济保持平稳发展、实现更有质量的发展奠定坚实微观基础。

2. 微观主体和微观环境的活力是中观和宏观质量的坚实基础

对于中观特别是宏观质量的关注，需要将分析的范式和分析工具建立在微观主体之上。微观质量无论对于消费者主体还是生产者主体，都是他们理性行为决策的重要变量，所以微观质量是理解中观和宏观质量的基石。厘清微观质量，是构建中观质量和宏观质量内在联系的理论基础。

二、微观质量的基本内涵及其标准

微观质量的基本内涵包含两个层次：一是微观主体或要素的质量；二是微观环境的质量。微观主体的质量主要包含最活跃单位——企业质量以及与其相关的产品质量，还有微观要素中最为重要的人口的质量。除此之外，微观主体或要素生活的载体——环境质量也是微观质量的题中之义。

1. 产品质量

在经济学、管理学等学科中，质量的概念最初仅用于产品，而后才逐步扩展到其他领域，所以在经济学中研究质量标准，产品质量是逻辑的起点。产品质量（Quality）指的是在商品经济范畴，企业依据特定的标准，对产品进行规划、设计、制造、检测、计量、运输、储存、销售、售后服务、生态回收等全程的必要的信息披露。对于产品质量的关注，可以使一个国家或地区不断通过提高产品质量水平以更好地满足产品需求、提高质量效能，从而优化产业结构，满足消费者需求，谋求经济整体的发展。

对于产品质量的标准，主要从产品质量的特性角度来考虑对产品质量评价。产品质量的特性分为两种：第一种是固有质量，是指产品不以个人意志为转移的本质特征，它包括安全性、符合性、经济性、市场适应性和循环利用性。固有质量是产品质量的核心内容，为判断产品质量提供了客观的依据，是产品满足使用者客观需求的基本特征。其中，产品的安全性指产品在存放和使用过程中对使用者的财产和人身不会构成损害的特征。产品的符合性指产品符合特定的规范要求，产品生产完成后与相关标准的偏离程度越低则产品质量越好，反之质量越差。它是衡量产品质量的基本标准。产品的经济性是指产品质量收益与质量成本的比较，达到某一质量水平所需要的成本越少，说明产品质量的经济性越高。产品的市场适应性是指产品生产后是否受到市场的欢迎，只有生产适销对路的产品并提供优质的服务才能够具有市场竞争力，获得较好的经济效益。循环利用性是指产品符合可持续发展的经济增长模式，实现产品的可循环使用。这是对产品质量的更高要求。产品质量的第二种特性是感知质量，即主观性，是指使用者对产品的主观感受，即顾客满意性。它要求我们以使用者为评判主体，以使用产品的实际感受及其是否能满足需求为标准进行质量测量。感知质量是使用者对基本质量与其质量之间的比较，若基本质量高于使用者预期则产品质量较好，反之质量较差。感知质量可以用顾客满意度衡量。

产品质量的标准，需同时考虑产品的固有质量与感知质量，一般来讲对产品质量的考察需要包含产品的安全性、符合性、市场适应性、循环利用性以及顾客满意度等，常用产品监督抽查合格率、产品质量等级品率、质量损失率、回收利用率、产品投诉率、顾客满意度等指标来进行衡量。因此，产品质量是质量经济学研究的逻辑起点。产品质量的标准在于考查产品的固有质量与感知质量。

2. 企业质量

在新古典经济学理论中，是不存在企业质量的相关理论的，企业被定义为追求利润最大化目标的生产函数，所以一直以来，经济学对企业的研究侧重于企业增长视角，而忽略了对企业质量的研究。后续对企业质量的研究日益增多，通过对相关文献的梳理，发现目前对企业质量的理解主要分为三种观点：第一种观点把企业质量理解为企业的绩效：第二种观点企业竞争力即是企业质量；第三种观点企业效率的高低反映了企业质量的优劣。基于已有的观点，我们认为对于企业质量内涵的揭示应将企业的绩效、竞争力以及效率结合起来综合进行考虑。企业质量是相对企业数量而言的，企业质量是指企业在一个相当长的时间内，在其经营过程中，企业规模适度增长，企业赢利能力、活力和效率的稳步提升，包含着企业的成长性和创新性改善等内容的企业整体素质的提高。

企业质量的标准根据企业质量基本内涵，对企业质量的评价标准重点在于考察企业的基本特性，如规模、赢利能力、效率、成长性和创新性等内容。一般有以下几个主要衡量指标：一是企业规模。企业规模是衡量一个企业成功的标志之一，也是影响企业产业竞争力的关键因素。反映企业规模的指标大致有三个，分别是营业收入、员工数量和资产总额。二是企业赢利能力。赢利能力是企业生存发展的基础，赢利能力的提升可以增强企业内部资源的积累，提高企业抵抗风险的能力。企业赢利能力通常用销售利润率、总资产报酬率、资产负债率等指标来衡量。三是企业效率。企业生产率高低是企业在竞争中取胜的关键。一般采用劳动生产率、资金产出率、人均销售收入、人均利润率等来评判企业质量。四是企业成长性。企业要想在飞速变化的市场获得生存和持续发展，就必须具有较高的成长性。一般用企业的销售收入增长率、资产增长率、净利润增长率来度量企业成长性。五是企业创新性。创新是企业赖以生存和发展的关键因素，企业为了获取长期的成功就必须创新。对于企业创新性衡量主要包含创新投入和创新产出两个方面。主要指标有 R&D 经费占销售收入的比重、科技人员占全体人员的比重、企业的专利数量、专利拥有比例、新产品占销售收入的比重、新产品产值。因此，企业质量是微观经济质量研究的核心内容。企业质量的标准在于考查企业的健康程度、长期成长性和创新性等企业的综合素质。

3. 人口质量

法国经济学家兰德里（1934）首次提出人口质量的概念，开启了人力资本投资视角下人口质量研究的新思路。我们认为人口质量是一个涵盖了不同社会发展阶段内人口总体属性、内部构成及其与外部环境互动能力的复合性概念，人口先天自然属性的优劣、后天社会化过程中的能动性表现共同决定了不同发展阶段人口质量的表现。

人口质量的评判标准，已有成果大多是根据人口素质的组成部分将人口质量的评判标准粗略划分为身体素质标准、科学文化素质标准以及思想道德素质标准，这是狭义的人口质量。对于广义的人口质量评判要遵循五大标准：一是适应性标准。不同的社会发展阶段对人口质量的要求有所不同。社会从低级向高级的演进趋势决定了人口质量的变动也随之成为一个不断修正与调整的过程。二是质量净收益标准。人口质量对数量的替代以及人口质量的投资行为更多依赖于不同主体对质量净收益的判断。质量净收益的获取依赖于劳动技能、知识教育以及科学技术方面的进步，其增加还是减少都是评判人口质量水平升降的重要标准。三是社会稳定性标准。高质量的人口能够与不同阶段的社会发展趋势相适应，发挥一定的社会稳定与聚合功能，而低质量的人口容易与现有社会秩序产生冲突，成为社会的不稳定因素。所以对人口质量的判断应该遵从其社会属性，以社会稳定性标准来考察其质量的变化。四是均衡性标准。人口总体能否自发、富有创建性地对自身内部结构及其与自然环境的关系进行调整从而不断靠近均衡状态，是衡量人口质量的重要因素。所以对不同程度的人口均衡状态的考察是反映人口质量优劣性的标准之一。五是可持续性标准。对人口质量的评价既涉及对其初始质量状态的判断，也包括对质量变化合理性的评价。人口总体与外部系统之间，特别是和自然环境的协调程度反映了不同质量状态下的人口总体发展是否具有可持续性。因此，对人口质量的评价需要将人口对资源、环境等各个系统是否具有可持续性纳入考量范畴。人口质量的标准在于考查适应性、质量净收益、社会稳定性、均衡性和可持续性。

4. 环境质量

环境是人类不可缺少的生命支持系统，为人类的生活和生产提供物质基础，是人类的资源库。在经济学中，“环境”是指能为人们提供各种服务的资本，是与物质资本、人力资本及社会资本并列的四大资本之一。经济体系中微观主体的运作、成长和发展都离不开环境这一要素。由于环境拥有自净能力，因此环境为人类提供了废物消耗场所，然而环境的这种自净能力是有限的，当人类提供的废物超过了环境承载的能力，就会产生环境问题。环境质量（Environmental Quality）一般是指在一个具体的环境内，环境的总体或环境的某些要素，对人群的生存和繁衍以及社会的经济发展的影响。是反映人群的具体要求而形成的对环境评定的一种概念。环境始终处于不停的运动和变化之中，作为表示环境状态的环境质量，也是处于不停的运动和变化之中。

环境质量的评判标准，一般在环境科学研究中，环境质量标准是以保护人体健康和生态环境、社会福利为目的，基于环境风险判断，对环境中污染物（有害因素）浓度（量）所作出的限制性规定。近几十年来，一些国家先后颁布了各种环境质量标准。环境质量标准按环境要素分，有水质量标准、大气质量标准、土壤质量标准和生物质量标准四类，每一类又按不同用途或控制对象分为各种质量标准。而各国根据自身的需要对各类环境质量标准的要求不尽相同，但都采用分类、分级的管理方式对环境质量进行监测、评估和提升。

在经济学中，对于环境质量优劣判断的标准有三个：一是看它是否有利于人体及生物健康与种族繁衍；二是是否有利于本地区社会经济的发展；三是是否有利于人类福利的持续改善。随着经济社会活动的增加，人类不断向环境排放污染物质，而日益增多的排放物质超过了环境的自净能力，环境质量就会发生不良变化，而环境质量的下降不仅危害着人类的健康和生存，还会损害一国或地区的经济增长和发展，同时不利于福利改善，所以环境质量的评判标准要以可持续发展为基本出发点，要以是否有利于人类长期可持续发展为基本衡量标尺。因此，环境质量是经济活动的基本载体。环境质量的标准在于考查环境是否有利于人类长期可持续发展。

第二节　中观的质量标准

中观经济是相对宏观经济和微观经济来说的，除宏观经济和微观经济以外，还有一些经济现象，比如说区域（城市）经济、部门经济、行业经济等，它是国民经济活动在某一特定地域或部门行业的展开，它们构成国民经济的重要子系统，但它毕竟不等于整个国民经济，不能归之于宏观经济领域；同时，区域（城市）、部门和行业又是一个自成体系，又不能归于微观经济领域，所以便产生了中观经济。

一、关注中观质量的意义

关注中观质量的意义主要体现在两个方面：

1. 中观质量在质量经济学中常常是被忽视的盲区

有关质量经济学的研究目前相对较为全面、系统和完整的是微观质量和宏观质量。以微观的产品质量和宏观的增长质量为代表，是现存质量经济学研究最为深入的方面。按照研究范式，微观质量与宏观质量应存在逻辑关系，两者是有机的统一。但这样的范式忽视了相关中观层面的质量问题，即微观质量和宏观质量相连接的桥梁内容，而中间变量即为中观质量。所以中观质量持续是研究的盲区，缺少相应的关注，并缺乏相关重点的探讨。

2. 中观质量是微观质量和宏观质量连接的桥梁

中观质量将微观质量与宏观质量自然而有机地结合在一起，形成了科学的大质量观。所以缺少中观质量的质量经济学是不完整的。提升经济增长质量，要从提升微观质量着手，着力使企业质量、产品质量、人口质量等水平提升，而要进一步推进产业质量、“两化”（城镇化和工业化）质量、金融质量等的提升，才能最终使经济实现质量型的发展。所以微观、中观和宏观质量构成了统一的整体，中观质量是沟通微观质量和宏观质量的桥梁。

二、中观质量的基本内涵及其标准

质量经济学的研究要形成大质量观，而大质量观的形成必须基于微观质量与宏观质量的有机结合。宏观质量应包括微观质量，微观质量应决定宏观质量。在宏观质量与微观质量之间，还缺少一个中间变量将这两者之间联结起来，这个中间变量可以定义为中观质量。中观质量涉及的内容主要包括产业、结构转化和生活等方面，所以中观质量包含产业发展质量、工业化质量、城镇化质量、金融发展质量和生活质量五个方面。

1. 产业发展质量

从一般意义上来看，质量有两个层次的含义：一层是用来表示事物的优劣程度，另一层是指事物的本质与特性。所以产业发展质量的内涵应该从产业发展的性质入手，当然这会涉及对产业发展优劣的判断。从产业发展质量的过程来看，产业发展质量是指产业发展过程中效率和效益的提高、结构的优化以及稳定性的增强。第一，产业发展的效率关注的是如何在既定条件下实现资源的最优配置，以实现产业的优化发展；效益关注的是生产活动中投入和产出的关系，即产业是否符合社会需求程度的变化。两者体现了产业发展的有效性。第二，产业发展质量内涵之一——产业结构。产业结构的水平和产业结构的协同程度是产业发展质量的核心要义。一方面，如果产业发展主要是由技术水平高、生产率高的部门带动，即产业结构水平相对较高或产业结构升级，均能够提高产业发展的层次；另一方面，如果产业在发展的过程中，产业结构趋于协调，那么产业发展的有效性相对较高。第三，产业发展的稳定性是指短期产业发展对长期产业发展趋势的偏离程度，如果短期产业发展对长期产业发展的偏离保持在较小的范围内，也就是说产业的稳定性较强，那么产业发展受外部冲击的影响较小，由此带来的负面影响也就能够得到控制。从产业发展的结果来看，产业发展质量是指产业发展能够带来的福利水平的改进、能源环境代价的降低以及竞争力的增强。第一，产业发展带来的福利水平的改进最为核心的是居民人均拥有财富的增加，产业发展的成果被绝大多数参与产业生产的劳动者分享。第二，追求产业发展质量要以较少的能源消耗为代价、与环境的承载能力相适应，以可持续的方式使用能源且不以牺牲环境为代价。第三，产业发展的竞争力就是一国在某一产业的国际竞争力，是反映产业发展质量的一个重要方面。

产业发展质量的标准，对于产业发展的评价衡量不仅要考查产业自身的经济指标和经济价值，还要考查社会价值、环境价值等。一是规模与效率。重点从经济指标和产业自身的视角，判断产业实力。二是结构与体系。重点从区域产业结构、产业关联、产业集聚及产业链的视角，考查产业生态及发展合力。三是功能与价值。重点从产业的就业带动、外向辐射、国际影响、引资聚商、品牌文化等视角，评价产业发展的外向价值。四是潜力与可持续发展。重点从创新、政策、制度、资源、环境等角度，把握产业发展的动力、潜力和持久力。因此，产业发展质量处于质量经济学的中枢地位。产业发展质量的标准在于考查产业自身的经济价值以及带来的社会价值、环境价值等。

2. 工业化质量

工业化是经济发展的核心内容。任何一个国家的经济发展都不可能脱离工业化进程。工业化是一个结构转变的过程，是指传统农业社会向现代工业社会转变的过程，是工业化发展到一定阶段之后，依据自然条件、技术条件、市场需求条件以及社会经济的综合条件而对原有工业化、发展方向、经济结构等进行重大调整并在此基础上充实工业化的产业基础和提高产业素质，在更高层次上推进工业化的过程。工业化是一个内涵十分丰富的概念，同样工业化既有量的规定性，又有质的规定性。量的规定性是指工业的增长速度和工业化进程，质的规定性是指工业的技术水平、工业结构、劳动力素质、能源消耗、资源利用、工业效益以及对生态环境的影响等。工业化质量决定现代化质量，它是一国经济兴衰的关键所在。

工业化质量的标准，在于考查工业化运行的过程，评价工业化过程的优劣。所以工业化质量的标准主要包括几个方面：一是反映信息化带动工业化的指标。高质量的工业化是信息化与工业化互动发展，以知识和技术为基础的信息化为工业化延续和升级开辟了新的途径和广阔的空间。所以反映工业化发展程度高低和进程质量的好坏需要纳入信息化带动工业化的量化指标。二是反映工业化科技含量指标。质量较好的工业化是科技含量高的工业化，所以科技含量，有关科技的投入和产出是工业化质量的题中之义。三是反映工业化经济效益指标。质量型的工业化首要要求就是经济效益好。传统的粗放型的工业化模式显著特点就是高投入、高消耗、低效益、低质量，而只有重视经济效益的集约式工业化模式才是重视质量的，所以在此加入反映工业中人力、资本的效率等指标。四是反映资源消耗指标。工业化质量要求资源消耗低，考查工业化质量纳入资源消耗指标十分必要。五是反映环境保护指标。工业化质量要实现经济、人口、资源相互协调，传统工业化以环境为代价，而对工业化质量的评价必须纳入环境指标，从而实现有效的监控，谋求可持续的发展。因此，工业化质量决定现代化质量。工业化质量的标准在于考查工业化进程的信息化带动的程度、科技含量、经济效益以及资源环境代价。

3. 城镇化质量

城镇化是指随着一个国家或地区社会生产力的发展、科学技术的进步以及产业结构的调整，由以农业为主的传统乡村型社会向以工业（第二产业）和服务业（第三产业）等非农产业为主的现代城市型社会逐渐转变的历史过程。城镇化过程包括人口职业的转变、产业结构的转变、土地及地域空间的变化。所以城镇化是个内涵十分丰富的概念，城镇化质量的含义界定也是多种多样。根据前人的研究，城镇化是指伴随着非农产业的发展，就业结构的改变，人口逐步向城镇集聚的过程。在此过程中，包含着生产效率的提升、生产生活方式的改变、生态环境治理等城镇化质量较为广泛的内容。所以我们将城镇化质量的外延界定为与城镇化进程紧密相关的内容，具体内涵包含城镇化速度和效率、城镇化空间格局、城镇化生产和生活方式、城镇化生态环境治理等方面的内容。

城镇化质量的标准，即城镇化质量的高低核心在于考察三层内容：一是反映城镇化可持续的内容。城镇化质量的提升，有赖于城镇人口的集聚，就业的增长，生产效率的提升。城镇化进程必须保持一定的规模和增长速度，才能发挥规模经济，专业化水平才能提高，城镇化质量才能改善。所以城镇化质量首要评价标准即城镇发展质量。二是反映城镇化人与地同步的内容。城镇化质量的高低，衡量的重要标准是城镇化过程中的人口城镇化是否与土地城镇化保持同步发展。三是反映城镇化协调的内容。城镇化质量的提升，有赖于城市群的合理分工，各自发挥自身的比较优势，这就需要大、中、小城市之间能够协调发展。所以城镇化空间质量是基本标准之一。因此，城镇化质量是质量经济学的核心要义。城镇化质量的标准在于考察城镇化的可持续性、协调性和推进效率。

4. 金融发展质量

在市场环境下，莱文（Levine，2004）曾认为金融质量提升与数量扩张之间存在正相关关系，金融发展应该是一个数量扩张和质量提升相统一的过程。对于金融发展质量的内涵难以准确地界定，因为金融发展质量属于规范性的具有价值判断的动态概念。传统的金融发展理论着重于从“量”的角度来界定金融发展，如肖和麦金农（1973）对金融发展特征的分析中提出金融发展主要指金融机构、金融工具、金融资产规模的膨胀。而以此来作为金融发展质量的内涵是不够的。金融发展质量不仅包括外延式的数量提升，还包括内涵式的质量改善。应将其界定为：金融规模的扩张、结构的优化、效率的提升、稳定性的增强和风险性的降低，即金融规模、结构、效率、稳定性和风险性的综合改善。金融规模即金融活动在经济中所占的比重大小；金融结构可定义为构成金融各组成部分的相对规模、相对关系与配合状态；金融效率可理解为金融市场上资金融通的效率；金融稳定性是指金融机构和金融市场的运行状态；金融风险性指金融机构和金融体系的风险程度。

具体来讲金融发展质量的标准要反映三个层次的问题：一要反映金融资源配置的结构性的内容。金融资源配置效率的高低直接决定着是否能够实现金融和经济可持续发展，所以金融配置资源中涉及的不同规模金融机构的平衡性、区域平衡性、城乡平衡性和直接间接金融平衡性都是金融发展质量的题中之义。二要反映信贷市场竞争程度的内容。信贷市场竞争激烈程度直接关系着金融市场的稳定，由于金融稳定性是金融发展质量中的一个维度，所以要纳入信贷市场竞争程度相关内容作为标准。三要反映微观金融机构经营中的利润和成本效率。金融机构经营的好坏特别是其资产的质量，不仅关系着行业自身的发展更会影响整个经济运行的质量。所以金融发展质量标准的考察应加入金融机构经营的内容。因此，金融发展质量是质量型经济的基本支撑。金融发展质量的标准在于考察金融行业合理的规模和结构、资源配置的效率、稳定性和风险性。

5. 生活质量

1958 年，美国著名经济学家加尔布雷斯（Galbraith）在《丰裕社会》一书中首次提出了生活质量这一概念。20 世纪 60 年代以后生活质量的研究分化为客观生活质量与主观生活质量两大研究领域。关于生活质量的研究也大致有三种：一是将生活质量定义为居民客观生活条件的综合反映。二是将生活质量定义为人们对于客观生活的主观感受及评价。三是将上面两种理解结合起来，认为生活质量既包括客观生活条件，又包括人们的主观感受和评价。所以生活质量的内涵应该是指居民的生存状况以及对生存状况的主观感受与评价。居民的生存状况主要包括客观生活条件、个人生活状况（健康、运动、休闲等），以及与城市及社会的互动。

生活质量的标准，生活质量包括客观和主观两个方面的内容，其标准应该也包含两部分的内容：一是有关客观条件的标准。即物质生活的好坏，生活水平的高低是生活质量的首要标准。可以包括人口出生率和死亡率、居民收入和消费水平、产品的种类和质量、就业情况、居住条件、环境状况、教育程度、卫生设备和条件、社区团体种类和参与率、社会安全或社会保障等等。通过对这些客观综合指标的比较分析，可以权衡社会变迁程度和人们生活水平的高低。二是有关主观感受的标准。生活质量的高低更侧重于对人的精神文化等高级需求满足程度和环境状况的评价。所以对主观感受的指标，包括测定人们人际关系、社会结构、心理状况等因素决定的生活满意度和幸福感等等。因此，生活质量是质量经济学的重要方面。生活质量的标准在于考察客观的生活物质条件和主观对生活的满意度和幸福感。

第三节　宏观的质量标准

宏观经济以整个国民经济为考查对象，研究经济中各有关总量的决定及其变动，实现长期稳定的发展。在宏观质量的层面，由于宏观经济的核心是一国国民经济总产出的增长，因而宏观经济质量研究的重点是经济增长质量。所以宏观质量标准主要围绕宏观层面的一些关键方面进行讨论，主要包括国民经济运行质量标准、经济发展质量标准、公共服务质量标准、对外贸易质量标准以及经济政策质量标准。

一、关注宏观质量的意义

在宏观层面，关注经济增长质量的意义主要体现在四个方面：

1. 经济增长质量理论框架是现代经济增长理论的有效补充

经济增长是经济学永恒的主题，经济增长理论是宏观经济学的重要理论分支。经济增长理论在其发展的200多年历史中经历了古典主义、新古典主义、新增长理论等不同发展阶段。但长期经济增长理论的关注和研究重点是经济增长的数量。经济增长数量和经济增长质量是硬币的两面，所以长期忽视对经济增长质量的研究是目前经济增长理论的缺陷。所以对经济增长质量理论的框架、体系、逻辑和命题等进行深入研究和讨论，是对现代经济增长理论的有效补充，在于推进经济增长理论的完善和发展。

2. 经济增长质量的提高是经济持续发展的长期动力

经济增长的数量提高有多种方式，短期要素规模的迅速扩张可以带来经济增长数量“奇迹般”的飞跃，但常常这种模式不具有持续性和长久性。经济增长质量更加关心经济增长的优劣，其基本实现方式在于内涵式的增长，即效率提高、结构优化、福利增进、代价降低和协同发展，而这些诸多因素是经济增长长期和持续发展的基本保障。所以当经济有了数量层次的积累以后，经济增长的基本动力要发展变化，当传统数量型的动力出现一定衰减，新生的质量型动力就会加快成长，从而成为一国或地区经济持续增长和发展的长期动力保证。

3. 经济增长质量的提高是以人为本发展理念的具体践行

经济增长质量提升的核心要义在于树立“以人为本”的发展观念。质量型经济增长关注人的福利，有利于构建人的全面发展的制度安排，使人能够自由、平等、共同、可持续、和谐地发展。经济增长质量的提高不仅能够打破体制或是机制方面对人发展的束缚，而且还从一系列相互支持、相互补充的体制创新入手，建立充满生机活力的新体制，促进人整体素质和能力的提升，实现人的自由畅通流动。经济增长数量和质量的提高都是手段，而增长的终极目的是实现人的发展。而真正实现质量型增长就在于着眼于人性，重视人的存在、人的价值、人的意义，尤其是人的心灵、精神和情感的自由。

4. 经济增长质量的提高是社会、经济、环境统一和协调发展的基本途径

数量型经济增长长期“唯 GDP”“GDP 至上”的发展理念。所以数量型增长虽然会在增长数量方面迅速实现量的积累，但也会带来诸多“副产品”，诸如经济社会不协调、资源环境代价巨大、经济稳定性欠佳等等一系列问题。而质量型增长倡导的是协调、共同、统一发展和改善，所以不单靠 GDP 标准，而是更加重视环境友好、资源代价小、能源消耗低等资源环境问题；更加重视社会和经济均衡发展，倡导经济增长的道德基础以及社会和谐发展；更加重视国民经济的素质，重视居民个体的素质和能力的提高，重视政府管理和宏观调控能力的提高，重视企业自生能力的建设和提高。总之，质量型增长的关注更广泛，关心各个方面协调发展，不要出现发展的短板和发展的参差不齐，所以提高经济增长是社会、经济、环境等各个方面统一和协调发展的基本途径。

二、宏观质量的基本内涵及其标准

在宏观层面，经济增长质量是经济的数量增长到一定阶段的背景下，经济增长的效率提高、结构优化、稳定性提高、福利分配改善、资源环境代价减小、国民经济素质提高，使得经济增长能够长期得以持续的状态。数量型增长反映的是经济增长的速度，而质量型增长反映的是经济增长的优劣程度。宏观质量的基本内涵包括国民经济运行质量、经济发展质量、公共服务质量、对外贸易质量以及经济政策质量。

1. 国民经济运行质量

国民经济是一国范围内各社会生产部门、流通部门和其他经济部门所构成的互相联系的总体，是一个国家社会经济活动的总称。国民经济运行质量从广义上来说，是在经济的数量增长到一定阶段的背景下，经济运行效率、结构、稳定性、福利分配、创新能力等方面得到全面的改善和提升。对于国民经济运行质量的关注可以有效提高经济运行的效率，协调经济运行的结构，维持经济运行的稳定性，改善经济运行的结果，创建良好的经济运行环境，最终促进一国国民经济持续平稳发展。

对于国民经济运行质量标准，主要从以下三个方面来考虑对国民经济运行质量评价：第一是国民经济运行过程方面，包括运行效率、运行结构以及运行的稳定和持续性。其中，运行效率反映各种生产要素转化为产出的有效性，是体现经济运行质量的重要方面，常使用全要素生产率、资本生产率、劳动生产率等指标衡量；运行结构反映经济运行的动力和拉力，是形成国民经济运行推动力的基础，常使用工业化率、三次产业比较劳动生产率、投资率等衡量；运行的稳定和持续性直接关系到经济运行质量，平稳的经济运行是实现经济健康快速发展的关键，常使用经济波动率、物价指数、城镇登记失业率等指标衡量。第二是国民经济运行成果方面，通过改善福利分配状况实现经济增长成果的共享。在经济运行中更加关注收入水平的普遍提高和社会福利的有效改善，以此提高一国居民的生活质量和幸福感。这是改善国民经济运行和提高经济运行质量的核心内容和最终目的。衡量成果分配常使用人均 GDP、恩格尔系数、劳动者报酬占比等指标。第三是国民经济运行环境方面，涉及制度环境、竞争环境和自然生态环境。其中，制度环境由政府提供，是国民经济运行质量的重要保障，不仅为宏观经济的平稳可持续运行提供战略安排，而且为微观主体的活动、经济结构的优化升级提供制度支持；竞争环境由市场提供，充分发挥市场竞争机制对资源配置的作用是经济运行效率的基础；自然生态环境是国民经济运行的基础条件，经济、自然环境与社会之间的不协调发展将会产生经济增长的负效应，影响国民经济运行的质量。在运行环境方面，常使用单位地区生产总值能耗、单位产出大气污染程度、单位产出固体废弃物排放数等指标衡量。因此，国民经济运行质量是质量经济学研究的重要方面。国民经济运行质量的标准在于考查其运行过程、运行成果和运行环境。

2. 经济发展质量

经济增长的数量和质量始终是人们研究的重要内容。古典经济学家将经济增长质量等同于经济发展质量，但是国家在追求经济增长过程中出现诸多问题，例如经济结构失衡、生态环境恶化、收入差距扩大等，已经影响到经济持续增长和居民生活质量的提高。因此，经济增长需要同经济发展区分开来。经济发展质量所包含的内容比经济增长质量更加宽泛，不仅包括总量上的增加，而且涵盖质的改善。作为一个多维度的概念，经济发展质量用于衡量一定时期内一个国家或地区国民经济发展的优劣程度，即经济内部、经济与社会、经济与环境之间的协调状态。

经济发展质量的标准，需要全面体现经济发展的效率、资源利用程度、经济社会结构协调程度、技术创新能力、居民生活质量、国民经济运行平稳状况。因此，经济发展质量的标准主要包括几个方面：一是经济发展的有效性。有效性即经济增长的效率，经济增长过程中每一单位投入获得的产出越高，说明经济增长的效率越高，则经济增长更加有效，经济发展质量就越高。二是经济发展的协调性。协调的经济结构能够促进经济持续健康的发展，是提高经济发展质量的重要方面。一般来说，以国民经济体系中占主导地位的产业结构、工业化过程中的城乡结构以及全球化背景下的对外开放水平这三个方面来衡量经济结构的协调程度。三是经济发展的创新性，包含技术创新、制度创新、管理创新等。一国的创新能力是经济增长和发展的原动力，能够通过提高经济效益、推动经济结构优化升级、加速经济社会发展等方面提高经济发展质量。四是经济发展的持续性。经济可持续发展的必要条件在于资源的合理利用和生态环境的有效保护，因而在衡量经济发展质量时需要纳入资源利用和环境代价因素。五是经济发展的稳定性，指国民经济平稳运行的情况。经济平稳运行是经济可持续发展的基础条件，更是提高经济发展质量的重要方面。稳定的经济发展状态能够促进企业形成良好预期，提高投资，改善社会失业状况，从而促进资源的有效利用与合理配置。这一方面常用经济波动率、价格波动、就业波动等指标衡量。六是经济发展的分享性。经济发展的最终目的在于个人生活质量和幸福感的提升，因而经济发展不仅要实现总量上的累积，还要关注个体的生存状态。忽视个人福利分配的经济发展是不可持续的，其质量难以得到有效提升。因此，衡量经济发展质量水平的一个不可忽视的方面就是居民是否能够共享经济发展的成果。经济发展质量是质量经济学研究的最终目标。经济发展质量的标准在于考查经济发展的有效性、协调性、创新性、持续性、稳定性和分享性。

3. 公共服务质量

在公共产品理论中，“公共服务”与“公共产品”两个概念通常混合使用。公共产品是指具有非竞争性消费和非排他性特征的产品，一般由政府提供。公共服务具有的特性是互动性、滞后性、差异性和依附性。其中，互动性指公共服务质量在供给与需求的互动过程中形成；滞后性指由于生产和消费的同时性所造成的对公共服务质量评价的滞后性，这可能导致供给不能满足有效需求；差异性指不同需求者的自身条件约束使得其对公共服务的感知存在差异；依附性指公共服务质量依附于有形产品之上。

公共服务质量的标准，主要是为提高公共服务质量而制定公共服务标准，使得公共服务遵守预定的法律程序和行政规范，公共服务方法合规从而使公共服务质量达到预先设计的结果，使公众获得优质的公共服务。因而公共服务质量标准体系主要包括以下几个方面：一是公共服务质量指标标准，通过多层次、多维度的指标设计体现对公共服务质量的要求，以此判断其质量。二是公共服务流程质量标准，体现公共服务中的逻辑性和顺序性，通过对公共服务各个环节的规划来满足质量标准。三是公共服务质量的控制标准，以提升公众满意度为目标，制定定性或定量的公共服务质量的控制和检验标准。四是公共服务软件体系质量标准，通过制定软件体系质量标准考察公共服务水平，能够发挥机器设备的功能和公共服务对物质资源的有效供给，从而提高公共服务的质量。

根据公共服务质量标准建立的指标体系主要包括基础教育、医疗卫生、社会保障及就业、公共安全、基础设施、公共环境、科技信息、文化传媒这八个维度。其中，基础教育由公共教育支出占比、义务教育机构密度等指标衡量；医疗卫生由医疗与计划生育支出占 GDP 比重、每千人口拥有卫生技术人员等指标衡量；社会保障及就业由社会保障和就业支出占财政支出比重、城镇登记失业率等指标衡量；公共安全由公共安全支出占财政支出比重、城乡收入水平差异等指标衡量；基础设施由城市天然气普及率、每万人拥有公共交通车辆等指标衡量；公共环境由节能环保支出占财政支出比重、城市人均绿地面积等指标衡量；科技信息由科技支出占财政支出比重、互联网普及率等指标衡量；文化传媒由文化体育传媒支出占财政支出、人均拥有公共图书馆藏量比重等指标衡量。因此，公共服务质量是质量经济学研究的基础支持。公共服务质量的标准在于考查公共服务质量指标标准、流程标准、控制标准以及软件体系标准。

4. 对外贸易质量

学界对中国贸易质量的认识经历了从狭义到广义的过程，对外贸易质量不仅包含贸易自身发展的因素，也包含其对经济、社会、生态等方面的影响。对外贸易质量的提高能够改善一国福利分配，也能改善一国发展经济所面临的生态环境状况，从而促进国民经济的发展。

对外贸易质量的标准，主要从以下几个方面进行评价：一是贸易产品质量。贸易产品质量主要反映在贸易产品的单位价值上，贸易产品的单位价值越高，说明消费者的支付意愿越强，产品在国际贸易分工中具有更多优势，产品质量较高。二是对外贸易条件。对外贸易条件的改善意味着在相同出口产品数量的条件下可以获得更多的国外商品，使得一国居民的福利水平得到提升。对外贸易条件是否改善一般用进出口商品价格指数的变化来衡量。三是对外贸易结构，包括对外贸易的国别结构、区域结构等。对外贸易的市场和国别越分散，对外贸易活动受国际市场冲击越小，一国的对外贸易质量越高。对外贸易结构是否改善主要看高新技术产品、工业制成品在对外贸易中的比重是否提升。对外贸易结构常用工业品及高新技术产品占贸易总额比重、进出口市场分散度等指标衡量。四是对外贸易的增长效应。对外贸易能够拉动一国净出口的增长，从而推动国民经济平稳增长。同时，贸易所具有的技术外溢作用能够提高一国生产效率，并且为生产和管理提供经验。对外贸易的增长效应常用进出口增长贡献率、加工贸易增加值等指标衡量。五是对外贸易的环境效应。对于发达国家和发展中国家来说，对外贸易对生态环境的影响是不同的，一国在经济发展过程中必须将对外贸易的环境效应纳入对外贸易质量的评价中。对外贸易的环境效应常用出口贸易的能源利用效率、进口资源性产品占进口比重等指标衡量。六是对外贸易的福利分配效应。合理的贸易结构一方面能够为居民生活提供更加多样的消费选择，促进居民福利的提升；另一方面能够提高相应行业劳动力收入份额，从而对收入分配起到调节作用。对外贸易的福利分配效应常用外贸就业贡献率、进口占社会消费总额比重、外贸的收入分配影响力等指标衡量。因此，对外贸易质量是质量经济学研究的重要方面。对外贸易质量的标准在于考查贸易产品质量、对外贸易条件、对外贸易结构、对外贸易的增长效应、对外贸易的环境效应以及对外贸易的福利分配效应。

5. 经济政策质量

当一国经济增长到一定阶段时，人们进一步关注各种经济增长质量评价中的更多维度，因而经济政策的质量逐渐引起重视。经济政策的质量指在从政策制定到执行的过程中能够对经济增长质量各个维度产生正面影响的程度。好的经济政策能够通过促进经济增长质量某一维度的提升而提高经济增长的整体质量水平，而坏的经济政策总以牺牲经济增长质量中的某一维度来维持或提高经济增长的整体质量水平。

对外贸易质量的标准，主要从以下几个方面进行评价：一是政策制定的过程。一方面需要考虑政府是否根据科学严谨的方法制定相关的法律规定，是否具有经济学、社会学、自然科学等学科的理论支撑；另一方面需要考虑政策制定的效率，即如何以现有既定的资源投入获得经济政策结果的最大收益。二是经济政策执行的结果，指经济政策执行的结果满足预期目标，并且能够带来经济增长效率的提高、经济结构的优化、经济平稳运行、居民福利水平改善和生态环境的有效保护。此外，经济政策的执行结果还应符合社会价值观标准。三是经济政策本身的特性，包括有效性和发展性。其中，有效性指经济政策执行应当符合或部分符合预期的结果；发展性指经济政策的制定能够适应不断变化的情况，具有前瞻性和创新性。

评价经济政策质量时应考虑以下两个维度：一是决策过程维度，包括决策目标和政策投入指标。其中，决策目标是利用专家打分的方式判断经济政策质量水平；政策投入指标包括经济投入、非经济投入、政府的管理成本、政府素质等指标。二是政策影响效果维度，包含了政策产出是否符合预期目标、政策阐述的经济效率以及政策产生的影响是否对经济增长质量有正向影响等方面的指标。因此，经济政策质量是质量经济学研究的新内容。经济政策质量的标准在于考查政策制定的过程、经济政策执行的结果、经济政策本身的特性。

第二篇

微观质量经济学的范式与标准

第 四 章

产品质量的经济学分析

马克思主义经济学认为，“产品亦称劳动产品，是指人们运用生产资料从事有目的的活动所创造的物质资料，包括生产和生活资料，即有形产品”①。“产品”是一个永恒的经济范畴，存在于任何社会形态和一切社会形态的所有阶段。② 可靠的产品质量是市场中的生产、交换、流通和消费四个环节持续运行的前提，产品质量水平持续下降，会带来市场的萎缩甚至消失③。随着经济社会的发展，尤其是在生产力日益发达、市场经济形势越来越复杂的情况下，产品在继续保持其价值和使用价值属性的同时，对其外延的界定则出现了一些变化，不同国家或地区因社会制度、意识形态、价值观念以及经济发展水平存在一定差异，但其也有共同点，主要体现在：第一，产品一般指动产，不包括房屋、建筑等不动产；第二，多数国家或地区没有将未加工的初级农产品列入产品责任法范围，主要是因为未加工的初级农产品容易受自然环境因素影响，其质量标准难以统一，质量缺陷难以准确认定；第三，产品一般指有形物品，不包括服务等无形产品。本章将从产品质量的内涵、产品质量的标准、产品质量的决定因素、评价指标体系以及提高路径这五个方面进行产品质量的经济学分析。

① 于光远：《经济学大辞典》，上海辞书出版社 1992 年版，第 838 页。

② 张庆、刘宁、乔栋：《产品质量责任：法律风险与对策》，法律出版社 2005 年版，第 4 页。

③ Akerlof, G. A., “The Market of ‘Lemons’: Quality Uncertainty and the Market Mechanism”, *Quarterly Journal of Economics*, Vol. 84, 1970, pp. 488-500.

第一节 产品质量的内涵

“产品质量”概念的演进大致经历了三个阶段（程虹，2009）：第一个阶段为符合性质量阶段，即依据固有标准对产品作出合格与否的判断；第二个阶段为适用性质量阶段，指的是顾客的要求被满足的程度；第三个阶段为满意性质量阶段，即从满意与否及满意程度的角度评价质量。[①]

一、产品质量的含义及其演进

质量是一个随着时代的变化而不断变化的概念，人们对产品质量的认识也往往因关注点不同而有所不同。譬如，在早些时候，通用汽车公司掌握的汽车零件互换技术被皇家汽车俱乐部会员视为一种了不起的质量特性，但时至今日，即使再普通的汽车零部件也具有很高的互换性。可见，质量的内涵是随着时代的变化而不断发展的。

哲学等学科从本源的角度对“质量”的概念进行了分析。《牛津哲学词典》认为，物体的“质量”可分为“第一性的质”和“第二性的质”，其中“第一性的质”是指物体的体积、形状、可动性强度等属性，“第二性的质”是指颜色、味道、声音和温暖度等属性，二者的关系是，事物所具有的“第二性的质”建立在“第一性的质”的基础上，例如：鲜花吸引蝴蝶是因为它的颜色和味道。《哲学大辞典》对英文中“Quality”两个“质量”的概念进行了区分：质量（Mass）作为量度物体惯性和引力的物理量；而对质量（Quality）的解释除了引用西方哲学家“第一性的质”和“第二性的质”的解释之外，还运用现代系统理论将事物分为三种不同的质，即自然（物质结构）的质、功能的质和系统的质。在经济学、管理学等领域中的“质量”，一般指的是后者，即Quality，也有将其翻译为“品质”。

在经济学、管理学等学科中，质量的概念最初仅用于产品，而后才逐步扩展到服务、工程和环境等领域，而且质量的内涵随着时代的发展而不断变化。“产品质量”概念的演进大致经历了三个阶段（程虹，2009）：第一个

---

① 程虹：《宏观质量管理》，湖北人民出版社2009年版，第45页。

阶段为符合性质量阶段，即依据固有标准对产品作出合格与否的判断；第二个阶段为适用性质量阶段，指的是顾客的要求被满足的程度；第三个阶段为满意性质量阶段，即从顾客满意与否及满意程度的角度评价质量[①]。

通过对质量定义演进过程回溯，可以看出，其差异主要表现在是侧重于质量的客观属性还是主观属性，其中客观属性强调产品的固有性能符合某种能用数字进行计量的固有标准，而主观属性则强调质量是顾客这一主体的需要被满足的程度，认为质量是由顾客决定的，而不是由工程师、经销部门或一般管理部门决定的。ISO9000：2000《质量管理体系基础与术语》国际标准在界定“质量”概念时，就综合了质量的客观属性和主观属性，认为质量是“一组固有特性满足需求的能力”，其中“一组固有特性”指的就是产品在用标准进行衡量时展现出的客观水平，“满足需求的能力”指的是消费者或顾客对产品的满意程度。

质量概念的演进具有两个特点：第一，相对于质量的客观属性而言，“满足需求的能力”这一主观属性所占的分量越来越重，对质量的评价越来越强调消费者或顾客的评价；第二，质量概念的应用范围越来越广，日益从传统的产品质量领域，向服务、工程、环境等领域拓展，由“小质量”向“大质量”延伸[②]。质量概念日益突出“满足需求的能力”这一主观属性，既反映了经济发展中由传统的厂商中心向消费者主权转型的现实，也从侧面证明了经济发展的终极目标是“满足人们日益增长的物质文化需要”，符合人本主义的历史发展趋势。质量概念由“小质量”向“大质量”延伸，反映了随着经济社会发展，人们已逐步摆脱“产品依赖”，消费结构不再局限于产品消费，开始日益关注工程、服务、闲暇、环境等领域的质量问题，这一转型受经济社会发展水平的影响，相对而言，发达经济体居民对“大质量”的要求可能更高，而落后国家尤其是短缺经济国家居民则可能仍然着重于关系生存的产品质量。

① ［美］菲利普·克劳士比：《质量免费》，杨钢、林海译，中国人民大学出版社 2006 年版，第 78 页。

② ［美］朱兰、［美］戈费曼：《朱兰质量手册》，焦叔斌译，中国人民大学出版社 2003 年版，第 153 页。

二、产品质量的分类

产品质量是指产品适应社会生产和生活消费需要而具备的特性，它是产品使用价值的具体体现。它包括产品内在质量和外观质量两个方面。

1. 产品内在质量

产品的内在质量包括产品提供给顾客的利益、效用即使用价值，可表现为产品的功能、用途、特性等。产品质量是指产品适应社会生产和生活消费需要而具备的特性，它是产品使用价值的具体体现。它包括产品内在质量和外观质量两个方面。产品的内在质量是指产品的内在属性，包括性能、寿命、可靠性、安全性、经济性五个方面。

产品性能，指产品具有适合用户要求的物理、化学或技术性能，如强度、化学成分、纯度、功率、转速等。

产品寿命，指产品在正常情况下的使用期限，如房屋的使用年限，电灯、电视机显像管的使用时数，闪光灯的闪光次数等。

产品可靠性，指产品在规定的时间内和规定的条件下使用，不发生故障的特性，如电视机使用无故障、钟表的走时精确等。

产品安全性，指产品在使用过程中对人身及环境的安全保障程度，如热水器的安全性、啤酒瓶的防爆性、电器产品的导电安全性等。

产品经济性，指产品经济寿命周期内的总费用的多少，如空调器、冰箱等家电产品的耗电量，汽车的每百公里的耗油量等。

2. 产品外观质量

产品的外观质量指产品的外部属性，包括产品的光洁度、造型、色泽、包装等，如自行车的造型、色彩、光洁度等。

产品的内在质量与外观质量特性比较，内在质量是主要的、基本的，只有在保证内在特性的前提下，外观质量才有意义。

三、产品质量的经济学内涵

产品质量是一个综合性概念，是指产品能满足人需要的属性。这一概念的经济学内涵及实质可从以下几方面来理解：

首先，产品质量是整体性的概念。在市场经济条件下，产品质量的内涵已远远超出产品本身所具有的使用价值，是一个整体性的概念。它涉及战略、质量、价格、成本、生产率、服务、人力资源、能源和文化、法制、科技、政治体制、环境等因素；与产品的设计、生产制造、销售、消费、报废、再设计、改进等环节息息相关。它表现出产品质量是内在质量与外在质量的统一。实体产品质量是产品的内在质量，延伸产品质量是指脱离实体产品而存在的提供给顾客一系列附加利益，包括产品的维修、保证、运送、零配件供应等，即所有的产品售后服务活动。

其次，产品质量高低具有相对性。传统产品质量观念认为，产品质量越高越畅销，“质量第一”就是生产高质量的产品。这种观点以偏概全、以一般代替特殊，而不去分析市场，结果可能会造成所谓“高质量产品”的积压。如前所述，产品只有在消费过程中才最终成为产品，生产产品的目的是满足人类生产和生活的需要，所以，产品质量的高低必须以消费者的需求为参照系，相对于消费者需求而言，不论是质量过剩还是质量不足，都会影响需求导致供求矛盾的失衡进而影响经济效益。从消费者的主观愿望看，他们对产品质量的需求是无限的，当然是越高越好，但是从他们有支付能力的需求看又是有限的。由于不同国家和地区，消费者的社会地位、经济收入、消费习惯和购买力不同，对产品质量的要求也不同，加上市场的瞬息万变也决定了产品质量标准的高低变化。

最后，产品质量应以消费者（用户）满意为最高标准。产品质量相对性概念的建立，实质是要以消费者满意为最高标准，也就是说产品质量的高低应由消费者评价和决定。在市场经济条件下，企业能否生存和壮大的基础是它能否持续取得良好的经济效益。企业要实现这一目标，客观上需要自己的产品能被消费者购买。消费者凭借市场机制，通过“货币选票”来反映对产品的满意程度，可以决定生产什么，生产多少，定什么价格。所以，“消费者是上帝”“用户第一”就成了企业的共识。因此，企业作为产品的供给者，它所提供的产品或服务质量的好坏，标准只能是由消费者（用户）来作出评判才具有现实意义。从这个角度说，消费者满意度就成为判断产品质量好坏的最高标准。

第二节 产品质量的标准

标准是衡量事物的准则。产品质量的标准是衡量产品质量的准则。具体地说，质量标准是对物质产品（如：工业产品的零件、部件的类型，性能，尺寸，公差，所用材料，工艺装备，技术文件和生产消耗等）的具体规定。产品的质量表现为不同的特性，对这些特性的评价会因为人们掌握尺度的不同而有所差异。为了避免主观因素影响，在生产、检验以及评价产品质量时，需要有一个基本的依据、统一的尺度，这就是产品的质量标准。

一、产品质量的广义标准

产品质量不仅包括其内在质量也包括外观质量，不仅包括实用质量也包括审美质量，站在使用者和消费者的角度，他们的满意度也是衡量产品质量的标准之一。

1. 质和量的统一

产品的质和量既有区别又有联系。产品的质总是具有一定量的质，产品的量也是具有一定质的量，产品是质和量的统一体。产品一定的质决定着一定的量，产品的质规定着产品的量的界限，决定着产品的生产批量。市场上同类产品由于内含的质的差异必然会出现不同的销售量。产品质量的高低具有相对性。质量大师克劳士比认为，质量并不意味着好、卓越、优秀等，如果要管理质量或者谈论质量，只有相对于特定的规范或要求讲才是有意义的，也就是说合乎规范或要求即意味着具有质量。产品质量的高低必须以消费者的需求为参照系，生产产品的目的是满足人类生产和生活的需要，所以，我们在设计产品和生产产品的时候，要准确地、适度地掌握产品质和量的统一，防止和避免过剩与不及以及由此带来的浪费。

2. 实用和审美的统一

产品质量不仅包括产品的实用质量，还包括产品的审美质量。生产厂家在生产产品的过程中，最主要的是注重产品的实用质量，包括功能的优越性、安全可靠性、坚固耐用性、方便舒适性、效率先进性、利于维修等特征，这些实用质量对于消费者来说是最重要的，产品的耐用性是消费者最关注的。但是，对于一个产品来说，除了实用质量之外，还应该有他们的审美质量，审美质量包括：造型生动、色彩适中、抛光优良、商标精美、图案新颖、包装精致等，这些都是产品所需要的审美质量，这些是吸引消费者的一个重要手段，也是提升产品质量的催化剂。对于一个产品来说，只有在整体质量上不断加强，才能真正达到应有的质量标准。

3. 用户满意度

产品质量应以消费者（用户）的满意度为最高标准，也就是说产品质量的高低应由消费者评价和决定。用户的满意度是建立在其对企业产品质量认可的基础上的。企业能否持续取得良好的经济效益，能否持续地发展壮大，关键是自己生产的产品能否被消费者购买和认可。企业不能闭门造车，了解消费者对产品的满意程度，可以帮助企业决定生产什么，如何生产。随着国内市场竞争的日趋白热化，企业间的较量已开始从基于产品技术的竞争转向基于用户资源的竞争。因此，企业提供的产品或服务质量的好坏，只能是由消费者（用户）来做出评判才具有现实意义。从这个角度说，用户满意度就成为判断产品质量好坏的最高标准。

二、产品质量标准的类别

产品的质量标准是根据产品生产的技术要求，将产品主要的内在质量和外观质量从数量上加以规定，即对一些主要的技术参数所作的统一规定。它是衡量产品质量高低的基本依据，也是企业生产产品的统一标准。我国采用的产品质量标准有：

1. 国际标准

国际标准是指某些国际组织，如国际标准化组织（ISO）、国际电工委员会（IEC）等规定的质量标准，也可以是某些有较大影响的公司规定的并被国际组织所承认的质量标准。积极采用国际标准或国外先进标准是我国当前的一项重要技术经济政策，但不能错误地把某些产品进口检验时取得的技术参数作为国际标准或国外先进标准，这些参数只是分析产品质量的参考资料。

2. 国家标准

国家标准是在全国范围内统一使用的产品质量标准，主要针对某些重要产品而制定的。

3. 部颁标准（行业标准）

部颁标准（行业标准）是指在全国的某一行业内统一使用的产品质量标准。

4. 企业标准

企业标准是企业自主制定，并经上级主管部门或标准局审批发布后使用的标准。一切正式批量生产的产品，凡是没有国家标准、部颁标准的，都必须制定企业标准。企业可以制定高于国家标准、部颁标准的产品质量标准，也可以直接采用国际标准、国外先进标准，但企业标准不得与国家标准、部颁标准相抵触。

把产品实际达到的质量水平与规定的质量标准进行比较，凡是符合或超过标准的产品称为合格品，不符合质量标准的称为不合格品。合格品中按其符合质量标准的程度不同，又分为一等品、二等品等等。不合格品中包括次品和废品。

三、数据产品质量的标准

产品质量除了含有实物产品之外，还含有无形产品质量，即服务产品质量。根据国际标准化组织制定的国际标准——《质量管理和质量保证——术语》（ISO8402—1994），产品质量是指产品“反映实体满足明确和隐含需要的能力和特性的总和”。这个定义虽然指的是有形物质产品的产品质量，但对于无形的数据库产品而言，仍然适用。具体来说，数据库产品的产品质量应当符合以下标准：

1. 真实性

真实性要求数据库生产者或者销售者提供的数据库内容应当是一种客观事实，而不能是编造的、无中生有的。比如电话号码数据库，就要求其中的电话号码应当真实存在。

2. 准确性

准确性要求数据库生产者或者销售者提供的数据库内容不但要真实，而且产品质量必须准确无误。准确性要求的是数据库生产者或者销售者提供的数据库内容符合其契约承诺条款。

3. 完整性

完整性要求数据库生产者或者销售者提供的数据库内容应当尽可能在真实、准确的基础上，做到全面。完整性要求的也是数据库生产者或者销售者提供的数据库内容符合其契约承诺条款。

4. 可行性

可行性要求数据库生产者或者销售者提供的数据库应当对内容进行方便用户检索的适当加工，配备合理的检索手段，使数据库适合用户具体环境（数字化环境和非数字化环境）的需要，使用户能够最大化地享受共享知识资源，且尽可能提供知识挖掘与信息处理的手段。可行性要求的也是数据库生产者或者销售者提供的数据库内容符合其契约承诺条款。

5. 合法性

合法性要求数据库生产者或者销售者提供的数据库内容合法，不存在违反国家法律禁止性的内容和侵犯他人版权、隐私权等民事权利的内容。

工业产品的质量特性，有一些是可以直接定量的，如钢材的强度、化学成分、硬度、寿命等。它们反映的是这个工业产品的真正质量特性。但是，在大多数情况下，质量特性是难以定量的，如容易操作、轻便、舒适、美观大方等。这就要对产品进行综合的和个别的试验研究，确定某些技术参数以间接反映产品的质量特性，国外称之为代用质量特性。不论是直接定量的还是间接定量的质量特性，都应准确地反映社会和用户对产品质量特性的客观要求。把反映工业产品质量主要特性的技术经济参数明确规定下来，形成技术文件，这就是工业产品质量标准（或称“技术标准”）。

掌握产品的质量标准非常重要。掌握了产品的质量标准，才能做到胸中有数。要做到胸中有数，就要把产品的数量和质量、实用性和审美性以及消费者的满意度正确地结合起来。产品质量提高了，等于相应地增加了产品的数量，质量不好，不是不增加财富，甚至是减少财富，还会出现负数。我们如果在不保证质量的前提下一味追求数量，这样的数量终究会是无效的。

四、产品质量评价的分类

由于在社会、经济、教育和科技等各个领域都有着广泛的应用，评价在不同行业、不同部门和不同阶段，都起着不同的作用。可以将评价按照评价的性质、阶段、过程和主体分类①。按照评价的性质分类，评价可分为经济评价、社会评价、技术评价和财务评价等，如表 4-1 所示。

表 4-1　产品质量评价分类表

分类标准	评价名称	特点
评价的性质	经济评价	利用影子价格、影子工资、影子汇率和社会折现率进行评价
	社会评价	从社会分配、社会福利、劳动就业、社会稳定等方面进行评价
	技术评价	对方案在技术上的先进性、生产性、可靠性、维护性、通用性、安全性等方面作出评价
	财务评价	根据现行的财税制度和市场价格进行评价
评价的阶段	局部评价	相对整个评价系统而言，为特定目标作出相应评价
	可持续评价	对相同或者类似的项目做长期评价
	综合评价	在局部评价的基础上，对方案的综合价值作出评价
评价的过程	事前评价	方案实施前的预评价
	事中评价	方案实施过程中的评价
	事后评价	评价实施结果与预期效果的一致性、风险分析与实际情况的吻合性
评价的主体	客观评价	指评价时采用数据，利用数学模型进行客观评价，不掺杂主体意见和决策
	主观评价	指评价时由专家、厂商或者客户等为主体，能较好地反映出主体的背景条件和意图
	组合评价	选用多种评价方法进行评价，将不同评价方法的权重、过程或者结果进行组合，使之减少人为因素带来的偏差，并且避免指标权数与预期不一致的结果

第三节　产品质量的决定因素

理论研究和工作实践表明，决定产品质量的因素复杂而多样。正如一棵

① 叶义成、柯丽华、黄德育：《系统综合评价技术及其应用》，冶金工业出版社 2006 年版，第 20 页。

树木，要生根发芽和成长壮大结出硕果，既取决于树木本身遗传基因所包含的防虫“抗病”基因的内在因素，也依赖于树木生长发育过程中所处的土壤水分、大气和肥料等外部因素。与此相类似，作为一个全局性和社会性的问题，产品质量的好与坏，既要受企业内部条件的影响或约束，也要受外部环境因素的激励或制约。决定产品质量的因素可以分为内部因素和外部因素。

一、内部因素

也称企业因素，是指存在于系统内部的人员“物质”制度和信息等方面的相关因素。按照全面质量管理理论，影响产品质量的内部因素共有五个，分别为 Man（人）、Machine（机器）、Material（料）、Method（方法）、Environments（环境），即“人机料法环”也就是 4M1E：人，指制造产品的人员，同时包含操作人员对质量的认识、技术熟练程度、身体状况等；机，指制造产品所用的设备，同时包含机器设备、工具的精度和维护保养状况等；料，指制造产品所使用的原材料，包含原材料的成分、物理性能和化学性能等；法，指制造产品所使用的方法，包括加工工艺、工装选择、操作规程等；环，指产品制造过程中所处的环境，包括工作场地的温度、湿度、照明和清洁条件等。上述五大因素存在于企业中，受企业的控制，并通过企业的管理行为对产品质量造成直接影响。事实上，内部因素包含的内容十分丰富，对产品质量的影响程度也各有不同，其中，关键因素包括以下三个方面：

一是领导的质量意识和员工的整体素质。人的因素中，企业领导的质量意识和员工（特别是关键岗位、特殊工种人员）的素质，是关系企业质量文化和管理水平最关键的因素，直接影响产品质量的控制。

二是质量组织建设和功能发挥程度。包括现场管理“产品检验和 QC 小组”等在内的企业各类质量组织的建立，以及各组织对产品质量监督把关功能的发挥程度，是影响产品质量的重要因素。

三是设备性能和满足生产的程度。优质的原材料、先进的技术设备、可靠的检测手段并称为现代工业的三大支柱，其中，生产加工设备的性能及其满足生产的程度是影响产品质量的关键因素之一。

二、外部因素

也称环境因素，是指与系统有关联，并存在于系统之外的物质信息和人际等方面的相关因素。影响产品质量的外部因素包括：政策环境，如质量产业政策、管理政策和经济政策等；法治环境，如质量法律法规和行政监督执法等；社会环境，如市场运行机制、物质资源状况和社会质量意识等。环境因素不直接作用于产品，但却通过影响企业的行为而对产品质量造成间接影响。

值得注意的是，随着我国市场经济的不断发展，市场机制对产品质量的调节作用日益凸显。企业因素是决定产品质量的关键。从唯物辩证的角度看，事物的发展由内外因共同作用形成，但两者在事物发展中的地位和作用却不相同。内因是根本，外因是条件。内因决定着事物的根本属性，外因通过内因推动事物发展。因此，在影响产品质量的各种因素中，企业因素起着至关重要的作用，决定着产品质量的发展方向。也正是遵循这一客观规律，《产品质量法》等法律法规明确规定了产品生产者的质量主体地位，依法承担质量主体责任。作为外因，环境因素虽不直接作用于产品的本身，但却能够通过影响企业的行为，进而对产品质量产生间接影响！比如，一项符合企业发展需要的合理、有效的质量奖励政策，有助于提高企业质量工作的积极性，促进产品质量水平的提升。

第四节　产品质量的评价指标体系

目前，对于产品质量的评价，国内并没有统一认定的指标体系。中国标准化研究院的王立志、李钊以产品质量的符合性、适用性和外部性为基础，构建了包含固有质量、感知质量和损失质量的产品质量概念模型，设计了具有可操作性质量评价指标体系。基于对现有理论的深入分析，他们认为产品质量应从固有质量、感知质量和损失质量三个方面进行综合反映。

一、建立评价指标体系的基本原则

产品设计质量评价指标体系既是进行产品设计评审的基础，又是设计评审与 CIMS 中其他子系统进行信息交换的基本结构。因此，建立产品设计质量评价指标体系应遵循以下原则：

1. 评价指标体系应满足设计评审的运行要求

产品设计一般包括产品开发构思、初步设计、详细设计和最终改进设计四个基本阶段。由于各阶段设计任务和输入、输出内容不同，其所能提供的质量指标和数据的完整性、准确性也将有所不同。例如：在产品的开发构思阶段主要提供整个产品设计质量所要达到的目标要求，在初步设计阶段能提供出产品基本功能参数等部分质量指标，而产品的标准化程度等具体质量指标则只能在详细设计阶段才能给出。由于设计评审是贯穿于整个产品设计开发阶段的评审活动，其评审要素也将根据不同的产品和设计阶段进行选择。所以，在设计评审中所建立的质量评价指标体系既要能接受各设计阶段的不同质量指标，又要能满足设计评审全过程中所有评审要素的需要。

2. 评价指标体系的结构应易于与 CIMS 中的其他系统进行信息交换

计算机集成制造系统（CIMS）作为未来机械制造工业的生产模式已得到广泛的认同，设计质量评审系统是产品设计制造过程中的一个组成部分，它的最终归宿是作为一个子系统在 CIMS 中的运行。所以，在建立评价指标体系的过程中，应考虑实现设计评审在 CIMS 中进行信息交换的问题。

3. 评价指标体系的结构应具有一定的灵活性

指标体系不仅要有指标数量的变化，而且要有指标内容的变化。所以评价指标体系的结构应有可修改性和可扩展性，用户可以根据不同的产品质量要求对评价体系中的指标进行修改、添加和删除，并依据设计情况将评价指标进一步具体化。

4. 评价指标体系应能全面准确地反映出产品设计阶段的质量特征

体系既要包括体现产品是否提供优良的使用功能的评价指标，又要包括产品是否提供合理的价格水平的评价指标。既要考虑正效益指标又要考虑负效益指标。只有这样，评价指标体系才能科学地反映出各阶段的质量要求和质量现状。

此外，根据设计评审所遵循的定量分析原则，在建立评价指标体系过程中应尽量考虑选取定量指标。

二、产品质量的概念模型

产品质量概念经历了近一个世纪的发展、演化与完善，形成了众多的理论观点和实践经验。中国标准化研究院的王立志、李钊从固有质量、感知质量和损失质量三个方面对产品质量进行综合反映。

1. 固有质量：符合性特征

质量大师克劳士比认为，质量并不意味着好、卓越、优秀等，如果要管理质量或者谈论质量，只有相对于特定的规范或要求讲才是有意义的，也就是说合乎规范或要求即意味着具有质量。符合性质量观认为，质量就是对特定的规范或要求的符合程度，我们将符合性质量观下的质量称为固有质量。

固有质量是指产品生产完成后，其“一组特性”与相关的法律法规、标准以及设计目的之间的符合程度，偏离的程度越低，产品的质量越好，反之则产品的质量越差。

2. 感知质量：适用性特征

质量大师朱兰认为，质量是一种适用性，即产品在使用期间能满足使用者的需求。费根堡姆认为，质量是由顾客测定的，而不是由工程师、市场或高层管理者测定的，它以顾客对产品或服务的实际感受为基础，根据其需求进行测量。适用性质量要求以顾客作为评判质量的主体，我们将适用性质量称为感知质量。

感知质量是产品在消费过程中，消费者对基本质量与预期质量之间的比较，基本质量高于消费者的预期质量，则超额质量为正值，产品的质量较好；反之则超额质量为负值，产品的质量较差。

3. 损失质量：外部性特征

田口玄一认为，质量是指产品出厂后给社会带来的损失。从损失造成的结果看，包括有形损失（物质、财产等）和无形损失（生理上）；从损失产生的原因看，包括产品功能（质量特性）的波动以及产品自身缺陷所造成的损失。不合格品会造成损失，合格品同样也会造成损失，勉强达到标准的合格品，与未达到标准要求的不合格品，其给社会带来的损失是近乎相同的。他认为质量损失包括成本损失、波动损失和缺陷项目损失，企业应在不增加成本的基础上，减少功能波动的损失。

损失质量是从经济社会的宏观视角出发，反映产品生产完毕后给社会经济带来的损失，体现了产品质量的外部性特征。

三、产品质量评价指标体系的构建

基于上述基本原则和概念模型，产品质量的评价体系应从符合性、适应性和外部性三个方面进行设计。遵循科学合理、易于理解与实施的原则，本书设计了 5 个指标，这 5 个指标包括抽查合格率、质量损失率（外部损失）、回收利用率、产品投诉率和顾客满意度，其结构如图 4-1 所示。

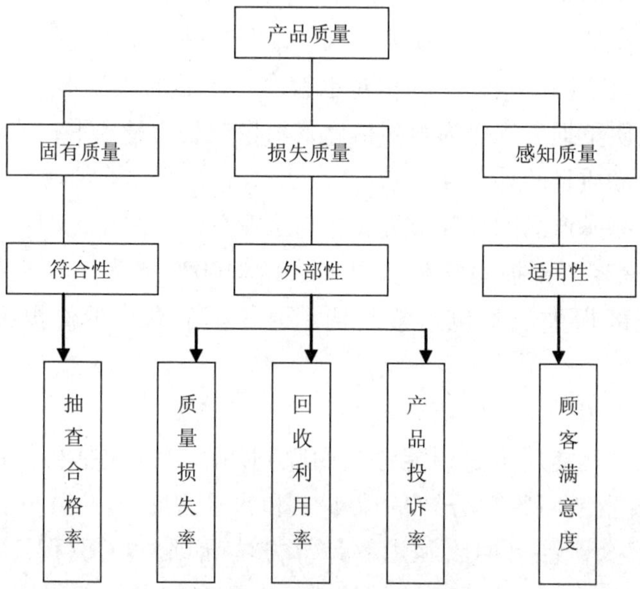

图 4-1　产品质量指标体系

1. 抽查合格率

在难以对产品进行全部检验的情况下，抽查合格率能从宏观层面上反映各种产品的固有质量水平，能反映其与标准、法规等的符合性。2002 年 3 月 1 日，国家开始施行《产品质量国家监督抽查管理办法》，规定抽查的对象是企业生产、销售的产品，抽查依据是国家标准、企业明示的企业标准、国家有关规定中的主要性能和安全指标。抽检的样品应当在市场上或者企业成品仓库内的待销产品中抽取，而且是经过企业检验合格的近期生产的产品。

抽查合格率（批次合格率）= 合格产品批次/检查总批次×100%

现行的合格率在概念设计和计算方法中还存在一些缺陷，如忽视了被查产品的数量因素、价值因素、可比性因素等。因此，在具体使用这项指标时，还可以加入产量、行业等各种参数来进行进一步的计算。

2. 质量损失率

根据《质量损失率的确定和核算方法》（GB/T 13341—91），外部损失成本是指产品交货后因不满足规定的质量要求，导致索赔、修理、更换或信誉损失等所产生的费用。外部损失成本的大小，可以在某种程度上反映出产品质量水平的高低：外部质量损失率低，说明产品在使用过程中，产生的问题较少；反之就说明产生的问题相对也较多，产品的质量水平也相应较低，因此可以选用质量损失率作为观测指标来衡量产品质量水平，从经济损失的角度反映了产品质量的外部性。

质量损失率是产品的外部损失成本与工业总产值之比，即：

质量损失率=外部损失成本/工业总产值×100%

其中，外部损失成本包括索赔费、退货损失费、折价损失费和保修费等。

3. 回收利用率

回收利用率是指新产品中能够被回收利用部分（包括再使用部分、再生利用部分和能量回收部分）的成本之和占产品成本的百分比。我国于2007年出台了《产品可回收利用率计算方法导则》（GB/T20862—2007），规定了用于计算新产品的可回收利用率的术语和定义、编制原则、计算方法。因此，回收利用率是评价产品质量的指标之一，它从资源环境角度反映了产品质量的环保损害性。目前，回收利用率还处于探讨阶段，尚未形成一致的计算方法。

4. 产品投诉率

安全是消费者非常关心的问题，消费者整体的消费信心，取决于产品的总体安全水平。产品导致安全事故后，会产生两种情况，即财产损失和顾客不满。所以，产品的安全性可以从经济损失和消费者抱怨这两个方面进行考虑。有产品质量引发安全事故后，消费者向消费者权益保护协会、相关政府主管部门投诉，以维护其合法权益，所以产品投诉率也是一个较为客观、公正反映产品质量状况的指标。

5. 顾客满意度

顾客满意度是现代质量概念的主要内容之一，强调了评价质量的好坏要从顾客立场着手，这一点与感知质量的含义是相一致的。目前，我国顾客满意度的测评工作已得到了广泛认同，其模型结构是以美国国家质量研究发展中心开发的因果关系模型为基础，主要由六个结构变量及其因果关系构成，即预期质量、感知质量、感知价值、顾客满意、顾客抱怨和顾客忠诚。

第五节　提高产品质量的路径

微观产品质量是宏观经济增长质量的基础。[①] 要实现产品质量的可持续发展，需要在尊重产品质量发展规律的基础上，结合我国产品质量发展的内外环境，构建一套有助于提高产品质量的路径。

一、加强政府补贴提高企业产品质量[②]

政府在提升经济增长质量方面作出了贡献，由于存在市场失灵，特别是对于作为后发国家，转型国家的中国而言，市场的先天性弱点更加突出，因此加强政府政策调节，首先，通过补贴方式实现经济增长质量提升是可行的。事实上，这与幼稚产业论，战略性贸易政策的思想内在一致；其次要慎重选择补贴对象，注意优化补贴发放方式，加强补贴使用的监管力度。研究显示：尽管补贴总体提升了企业产品质量，但补贴对不同企业产品质量提升的作用存在差异性。对外资企业的作用大于本土企业，对国有企业的作用甚至为负，因此要建立有效机制甄别企业特征。特别是针对本土企业的监管尤为重要，最终提高补贴的针对性和有效性。

---

① 程虹、李丹丹：《一个关于宏观经济增长质量的一般理论——基于微观产品质量的解释》，《武汉大学学报（哲学社会科学版）》2014 年第 5 期，第 79—83 页。

② 李秀芳、施炳展：《补贴是否提升了企业出口产品质量》，《中南财经政法大学学报》2013 年第 4 期，第 139—148 页。

二、自主创新鼓励企业研发高端产品

中国供需关系正在面临着不可忽视的结构性失衡，一方面，过剩产能已成为制约中国经济转型的一大包袱；另一方面，中国的供给体系，总体上是中低端产品过剩，高端产品供给不足。造成这种局面的原因是多种多样的，其中一个原因为：改革初期人民追求物质生活的需求迅速膨胀，但是当时人们的工资还不高，则各种便宜的产品受到青睐，只要是能用就会有人购买，人们并不关心其品质和内涵，所以山寨产品充斥市场，产品价格一路走低，这样并没有多少厂家愿意投入资金在开发高端产品和提升品质方面下功夫，或者费劲开发出来的新产品由于价格偏高并不能被消费者所接受或认识，这样使得整个制造业陷入低价竞争的怪圈，高端产品企业逐步被挤出竞争市场或被迫制造低端产品，使得企业无法投入资金进行创新及提高品质。综上所述，应鼓励企业研发高端产品，同时提升产品的质量。[①]

三、深化产品价格机制和竞争机制改革

价格的形成机制及其作用是计划经济与市场经济的一个重要区别，计划经济下，价格由政府制定，只是核算的工具，而在市场经济中，价格是由供求双方在竞争过程中实现的，它既是供求竞争的结果，也是调节资源配置的重要工具。价格的自由化，即从政府定价转变到市场定价，被普遍认为是经济转轨过程中最重要也是难度最大的一环，没有价格体制改革的成功，就不可能有整个经济体制改革的成功[②]。在市场经济条件下，产品质量发展也离不开价格机制和竞争机制的作用，如果价格能充分反映资源的稀缺状况以及供求双方的质量需求状况，而且市场的可竞争性很强，在位厂商时刻面临着“潜在进入者”的威胁，那么相对于劣质或低质产品而言，优质产品将在动态竞争中更容易获得市场份额，而且能以比劣质或低质产品更高的价格进行销售，从而为优质厂商带来市场利润。

---

① 刘素清、刘耀宾：《关于提升产品质量的建议》，《中国产经新闻》2016年3月15日。

② 张维迎：《市场的逻辑》，上海人民出版社2010年版，第215页。

四、大力推进产品质量信息公共服务平台建设

如果产品质量信息能在买卖双方有效传递，可以减少市场交易成本，对厂商也能产生激励作用，使得厂商更加有动力提供高质量产品①。产品质量发展过程中，市场监管失灵的一个重要原因是因为产品质量信息不对称问题，厂商与厂商之间以及厂商与消费者之间掌握产品质量信息存在明显的不对称，导致交易成本过高，甚至出现优质产品被驱逐的“劣币驱逐良币”现象。要解决产品质量信息不对称问题，需要增加产品质量信息供给，且该信息供给是真实有效的，这一目标的实现，需要设计一种能引导厂商真实披露产品质量信息的激励机制。由于产品质量信息存在一定的外部性和公共性，为了防止质量信息领域的“公地悲剧”问题，产品质量信息供给成本不应完全由厂商提供，就中国当前产品质量信息供给现状而言，需要在政府的推动下，推进产品质量信息公共服务平台建设。

五、培育和促进产品质量服务市场的发展

产品质量发展是在产品质量供给、质量需求与质量监管共同作用下形成的结果，产品的市场交易行为和监管行为是产品质量发展过程中的两大主要行为。由于产品质量的复杂性和信息不对称性，为了提高产品市场交易和质量监管的效率和效果，在专业分工日趋严密的市场经济条件下，除了政府的干预外，还可以引进市场化机制，通过培育和完善产品质量服务市场来促进产品质量发展。产品质量服务市场指的是在产品交易和产品质量监管过程中，提供产品质量信息和服务的一系列规范、制度和机构的总和，主要包括独立第三方产品质量检验与认证制度、标准化制度、质量检验与认证机构、计量校准机构、质量信用评价机构、标准化评定机构、产品质量满意度测评制度及其机构、质量信用评级制度及其机构等。

六、注重人才培训

为保证产品质量，要不定期地组织有关人员学习工艺标准和相应的工艺

① Spence, A. M., “Product Selection Fixed Costs, and Monopolistic Competition”, *The Review of Economic Studies*, Vol. 43, 1976, pp. 217-235.

管理实施细则，使其形成规范的操作意识。有针对性地开展专业岗位技能培训、岗位练兵、岗位竞赛等，可使操作人员发挥最佳的工作能力，为企业创造最大利润。企业通过人的素质体现，企业产品是由全体员工共同生产，因此员工的技术水平、思想素质及精神状态都直接影响产品的质量。思想决定行动，行动养成习惯。对管理人员进行管理培训，对操作人员应进行操作技能培训，通过外派人员引进力量，就地讲解等方式，有效地吸取管理知识、工艺方法和实用的操作技能，以提高员工的文化、专业素质，在学习中加强质量意识教育，使员工在潜移默化中提高个人素质。

第　五　章

企业质量的经济学分析

企业是经济发展的主体，是社会进步的原动力。国家之间的竞争，归根结底在于企业之间的竞争，企业质量决定着一个国家经济增长的质量。企业的成长不仅仅是单纯的数量扩张，还要包括质的变化。国内外对经济增长质量的研究大多集中在国家或区域的宏观领域，从微观层面探究企业影响经济增长质量的机制较少。而从微观层面，特别是从企业层面，才能真正认识经济发展的机制。要正确衡量经济增长的质量，需要基于微观数据的理论及实证分析，为此，我们从微观企业的角度来研究经济增长质量，构建影响经济增长质量的企业质量综合评价指标体系。

第一节　企业质量的内涵

对企业质量的评价需要建立在对其内涵准确把握的基础上。在新古典经济学理论中，是不存在企业成长和企业质量的相关理论的，企业被定义为追求利润最大化目标的生产函数，通过生产函数对静态企业规模进行分析，提供了一个关于企业最优产量供给以及最优规模的理论。增长是企业永恒的主题，而利润最大化本身是一个增长概念，一直以来，经济学对于企业的研究侧重于企业增长视角，而忽略了对企业质量的研究。

尽管经济增长理论承认企业是经济增长的关键，但在解释经济增长及其相关变量时大都忽视了不同企业在规模、赢利、创新能力和生产率等方面的差异对增长的影响。而这些因素正是企业质量内涵的重要组成部分，也是从企业质量角度理解经济增长和经济增长质量的关键。近年来增长理论不断强调微观基础，强调企业的异质性特征，因为代表性企业的假定显然与微观事实相去甚远（Bartelsman 等，2005）。企业是经济增长的主要基本元素，一个地区的经济增长与这一地区的企业发展成正比关系，这一正比关系不仅指企业的数量，更重要的是指企业的质量（伍来定、周林，1999）。不同国家（地区）的企业是有差异的，也即企业质量是不同的，这些质量因素对经济结构的调整和经济增长的质量产生了重要的影响。

从现有研究文献来看，对企业质量的理解主要存在三种观点：一是把企业质量理解为企业的绩效。梅利兹（Melitz，2003）认为只有在一定绩效水平以上的企业才能够出口。就平均绩效而言，企业在产业内的异质性要比国家间、产业间的异质性大得多。在对经济增长和企业关系的分析中，国内学者着重分析企业绩效与经济增长的关系（易纲、林明，2003；张新，2003；白重恩等，2006；吴晓辉等，2008）。二是从企业竞争力的角度分析企业质量。国际上主要有瑞士洛桑国际管理发展学院（IMD）的《世界竞争力年鉴》与世界经济论坛（WEF）的年度《全球竞争力报告》，通过建立相关指标对企业的国际竞争力进行分析和比较。此外，波特（Michael E. Porter）有关竞争力的相关理论也在世界范围内得到了大量的应用。国内一些学者以经济学和管理学的研究为基础，运用统计方法建立相关测评指标体系对企业竞争力进行分析和国际比较（彭丽红，1999；金碚，2001、2003；赵彦云，2002；林汉川、管鸿禧，2005；王爱群、郭庆海，2008）。三是把企业质量理解为企业的效率或生产率。经济持续增长的基础是生产效率的提高。生产率方面的异质性，是企业是否参与国家贸易以及作为出口企业表现如何的一个决定性因素（Melitz，2003）。国内学者主要从生产率角度分析中国经济增长的可持续性（易纲等，2003；涂正革、肖耿，2006；郑京海等，2008），以及国有企业效率与经济增长的关系（黄险峰、李平，2009；刘瑞明、石磊，2010）。

企业绩效是企业质量的一部分，通常用来衡量企业绩效的指标大多为财务指标（EVA、ROE、托宾 Q 等），且比较单一，不能够很好地分析企业质量与经济增长的具体联系。企业竞争力比较切合企业实际，相关理论也比较成熟，在国际竞争力比较领域有着大量的应用；但是，由于相关指标体系比较复杂，一些指标严重依赖于调查数据且难以量化，很难应用于经济学研究领域。企业生产率方面，现有文献大多用全要素生产率（TFP）指标进行分析，TFP 更能反映出企业外部和内部的制度变革所引起的投入、产出效应，但是它也有不理想之处。这主要表现为两个方面：第一，由于它综合地反映了企业产出、投入率的水平，因此，在分析企业生产率的来源时，它所能够提供的信息有些过于笼统；第二，由于在估计生产函数时，没有把一些数据本身所带来的随机误差从模型估计的总体误差中剥离出来，因而所测算出来的全要素生产率包含了数据误差的因素（林青松、李实，1996）。此外，用不同的方法测算出的全要素生产率是不能比较的。用完全相同的方法测算出的发达国家和新兴经济体间的全要素生产率，如果没有考虑这两种经济体技术进步机制的不同及投资方向上的不同也是不能比较的（易纲等，2003）。因此，与现有文献不同，我们将企业的绩效、竞争力以及效率结合起来，在企业增长和企业发展两个概念的区别与联系中引入企业质量，由此来进行企业质量内涵与外延的界定。

企业增长通常是指企业利润的增长，在新古典经济学中，企业被定义为追求利润最大化目标的生产函数，而利润最大化本身是一个增长概念。企业发展既包括企业数量的增加、规模的扩大，也同生产率、最优规模、竞争力、能力等质量内容联系在一起。质量是相对于数量而言的，通常我们只关注企业的增长指标如数量、规模等，关注企业的绩效、竞争力以及效率，或者把质量研究局限于产品质量等方面。企业质量提高的标志是企业素质、活力和能力的增强，否则，任何规模的扩大都是没有意义的。在竞争优势中，最重要的部分并不是静态的效率，而是企业充沛的活力（波特，1990），而企业的活力则来源于企业的创新。此外，对企业质量的判断要从其动态过程中考查，这涉及企业增长的前景，即企业的成长。

基于如上判断来界定企业质量的内涵，从一般意义上来看，质量有两层含义：一层含义是用来表示事物的优劣程度，而另一层含义则是指事物的本质与特性。国内外大多学者是从优劣程度来理解企业质量的，并进一步将企业质量从绩效、竞争力和生产率等具体方面进行考查。而我们认为企业质量是相对于企业数量而言的，除了涉及企业优劣、好坏的判断外，其内涵应该包括企业赢利、成长性、创新性等企业的本质内容。企业质量是一个比较崭新的概念，通常包括企业规模的扩大，赢利能力的提高，企业素质、活力和效率的提升，也就是企业的成长性、创新性和效率。

综上所述，企业质量是指企业在一个相当长的时间内，在其经营过程中，规模适度增长，赢利具有持续较高速度，有效率的增长，且具有成长性和创新性。

第二节　企业质量的标准

不同国家（地区）的企业质量是不同的，看一个企业，不能仅看它的规模、赢利，更要看它的成长性、创新性和效率。我们分析企业质量正是从企业异质性的角度，分析不同企业的基本构成和特性如规模、赢利、成长性、创新性和效率。

一、企业规模

企业规模是衡量一个企业成功的标志之一，也是企业影响产业竞争力的关键因素。企业增长最直接的表现是资产总额不断扩张和营业收入的增长，这是企业利润增长的基本前提，同时也是判断一家企业财务状况赢利性质量的基础（郑开焰，2011）。企业规模的扩张是企业成长的主要内容（彭罗斯，1959；Starbuck，1965；钱德勒，1999），规模优势能让企业拥有更大的市场占有率和竞争力。企业规模对创新尤为重要（大企业可以在研究与开发上投入更多的资金），在管理上有规模经济，能承受创新的巨大风险（熊彼特，1990）。

世界500家最大企业的排名显示，一个国家的经济规模和其拥有的大公司数是正相关的。美国《财富》杂志对世界500强的评选，除将利润、资产、股东权益、雇佣人数等作为参考指标外，最通用、最主要的标准就是企业的销售收入。

目前，反映企业规模的指标大致有三个，分别是营业收入（Soininen等，2012）、员工数量（Bruton & Rubanic，2002）和资产总额（Nguyen & Van Dijk，2012）。

二、企业赢利

赢利能力是企业生存发展的基础，是企业获取竞争力的根本目的。赢利能力的提升可以增强企业内部资源的积累，提高企业抵抗风险的能力。利润是企业竞争力的最终结果，不管是改善竞争环境、提高生产率还是增加市场份额，最终的指向都是利润的实现，而在企业层面也符合利润最大化宗旨（陈立敏、谭力文，2004）。

企业赢利通常用以下指标来衡量：

1. 销售利润率

销售利润率是指一定时期的销售利润总额与销售收入总额的比率。它表明单位销售收入获得的利润，反映销售收入和利润之间的关系，它与历史同期销售利润率相比，能够体现企业在不同时期的赢利水平，与同行业平均利润率作比较，能够反映同时期被考察企业与同行业其他企业赢利水平之间的差距。具体计算公式为：销售利润率=（销售利润/销售收入总额）×100%。

2. 总资产报酬率

总资产报酬率是指企业一定时期内的净利润与总资产的比率，是评价企业总资产获取报酬水平的代表性指标，充分体现了企业总资产获取净收益的能力，反映了企业的经营管理水平，通过对同行业不同企业的总资产报酬率之间的比较可以看出企业的获利能力在同行业中所处的地位，以及同类企业的差异水平，能够反映企业的竞争能力。具体计算公式为：总资产报酬率=（净利润/平均资产总额）×100%，其中：平均资产总额=（期初总资产+期末总资产）/2。

3. 资产负债率

大量的财务学研究认为，企业的绩效还受到其资本结构的影响（Jensen，1986；汪辉，2003）。因此，我们引入资产负债率，来衡量企业的赢利能力。具体计算公式为：资产负债率=（总负债/总资产）×100%。

三、企业成长性

在经济全球化时代，企业要想在变化速度飞快的市场获得生存和持续发展，就必须具有较高的成长性。一个成长性的企业正是在资产规模、收入和利润方面实现了持续的增长，从而延续了企业的寿命。

企业的销售收入增长率和资产增长率通常被用来定义企业发展速度，这也是度量企业成长的常用指标（Lang 等，1996）。第一，总资产增长率。总资产增产率可以较好地考察企业的成长性，企业总资产增长率高，表明企业产品的市场需求大，业务扩张能力强，也就是说企业成长得比较好。第二，销售收入增长率。具体计算公式为：销售收入增长率=（本年销售收入-上年销售收入）/上年销售收入×100%。第三，净利润增长率。企业的赢利必须是可持续的、长久的，才说明它具有可持续发展能力。具体计算公式为：净利润增长率=（本年净利润-上年净利润）/ 上年净利润×100%。

四、企业创新性

企业增长是一个动态的和非连续的过程，而推动这一过程的主要因素就是创新（熊彼特，1990）。创新是企业赖以生存和发展的关键因素，企业的核心能力往往最终体现为持续的创新能力。企业是国家创新体系的核心与主体，科技进步、经济结构的转型离不开企业的创新活动。

技术创新是企业核心竞争力的源泉，发达国家世界 500 强的企业十分重视技术创新，不仅有实力很强的研究开发机构，而且在经费和人员方面投入很大。此外，创新产出（专利等新发明和新知识）对企业的生产率也有作用，发明专利对全要素生产率有着重要的影响（赵彦云、刘思明，2011），因此，在考虑企业的创新性时也要考虑企业的专利产出。

结合以上分析，我们用以下指标来衡量企业的创新性：R&D 经费占销售收入的比重、科技人员占全体人员的比重、企业的专利数量、新产品占销售收入的比重。

五、企业效率

对企业效率进行度量和分解，并发现隐藏其后的来源或因素，是我们观察经济增长波动的微观基础的一个核心问题（刘小玄、吴延兵，2009）。大部分经验研究表明，企业之间的生产率具有显著的差异，而资源在不同生产率企业间的流动，对总量生产率的贡献不可忽视（李玉红等，2008）。

由于全要素生产率（TFP）不适合进行企业质量的度量，我们采用一些常规的生产率指标，如劳动生产率、资本生产率、人均销售收入和人均利润率等来分析企业的质量。

除了以上因素，企业的市场占有率和净资产收益率等相关指标也是企业质量的重要组成部分，但是由于相关指标的较难获取和不好准确评估，本书暂不考虑这些因素。

第三节　企业质量的决定因素

企业质量受很多因素的影响，如何有效地促进企业成长和增强企业竞争力，对于一个国家来说尤为重要。企业质量不仅受到创新投入、公司治理等内在因素的作用，同时还受到制度，尤其是金融发展、法制环境和对外开放等外部环境的影响。

一、制度对企业质量的影响

企业决策深受其所在国家或地区法律和司法运作效率、产权保护、金融体系等制度因素的影响。外部市场环境对企业的绩效、创新和生产率具有极其重要的意义。

1. 金融发展对企业质量的影响

金融发展对企业质量有着重要的影响。金融发展与企业规模扩张有显著的正相关性，能促进企业的成长性和规模扩张（Wurgler，2000；Beck 等，2003；李斌、江伟，2006）；金融发展水平的提高能减轻企业的融资约束（Love，2001；杜传忠、郭树龙，2012）；同时，金融发展也对企业创新有着重要的影响（Amore 等，2013；Benfratello 等，2008；Chava 等，2013；Chemmanur & Fulghieri，2014；Hsu 等，2014）。没有资本和金融市场的放开，有潜力的企业的生产率增长就得不到支持，创新行为也得不到鼓励；而没有创新的效率增长是无法持久的（刘小玄、吴延兵，2009）。

2. 产权制度和法制环境对企业质量的影响

产权制度对企业质量有着重要的影响。不同所有制企业的绩效、创新性、成长性和生产率是不同的。改制对企业的利润率有显著的正影响（宋立刚、姚洋，2005），转型国家的经验和中国的相关事实也证明了这一点

（白重恩等，2006）。转轨期影响中国企业成长的因素主要在体制方面，国有经济比重过大是制约企业成长的主要因素（杜传忠、郭树龙，2012），私企是中国经济成长和绩效的最重要的推动力（金炳椽等，2014）。在转型经济中，产权保护对微观企业生产率有明显的正向影响（余林徽等，2013）。大量研究表明市场竞争能够促进企业技术创新（聂辉华等，2008；沈坤荣、孙文杰，2009），产权保护和公平、秩序的市场竞争离不开良好的法制环境，而良好的法制环境对非国有企业的成长作用比较显著（李涛等，2005）。

除了金融发展、产权制度和法制环境，在对外开放制度方面，外商直接投资（FDI）、出口和对外直接投资等有力地促进了企业成长和生产率的提高（杜传忠、郭树龙，2012；罗雨泽等，2008；路江涌，2008；张杰，2009；余淼杰，2010；蒋冠宏、蒋殿春，2014）。此外，文化制度等因素对企业质量也有着重要的影响。

二、创新投入对企业质量的影响

创新是企业赖以生存和发展的关键因素，R&D 投入与企业质量密切相关。企业的技术效率和研发投入对企业成长是非常重要的，高效率和高研发投入的企业能够有效地促进企业增长（张维迎等，2005）。

创新投入对企业的规模、赢利水平和效率等企业质量因素有着重要的影响。在企业规模方面，企业通过产品创新获得增长，企业的规模扩张就是产品种类数量的增加（Klette & Kortum，2004），企业规模的变化、企业的进入退出都与产品创新相联系（Akcigit & Kerr，2012），企业的规模扩张依赖于在位[①]企业在同一条生产线上的中间产品创新（Acemoglu & Cao，2010）。在企业赢利方面，R&D 等研发活动对企业的赢利能力有着显著的影响（BenBranch，1974），R&D 投资会对销售及利润的增长产生影响且有持续效应（Leonard，1971）。在企业效率方面，技术创新是企业生产率的重要源泉之一，企业生产率与 R&D 正相关（Griliches，1986；Klette & Kortum，2004；吴延兵，2006），R&D 及 R&D 溢出都是影响 TFP 和相关变量的重要因素（夏良科，2010）。

① “在位企业”：在行业中占据着主导地位的企业。

三、公司治理对企业质量的影响

完善的公司治理对企业质量有着重要的影响。大量研究表明，公司治理可以改善公司自身的经营绩效，提升公司价值（Shleifer & Vishny，1988；Lang & Stulz，1994；Gompers 等，2003；Black 等，2006；鲁桐等，2010）。公司治理是决定技术创新的关键因素，不同的公司治理体系会形成不同的创新模式。公司治理通过三个渠道——股权结构、资本结构和员工关系——塑造一个企业的创新活动，一个国家的创新活动与其公司治理模式有着显著的相关关系（Belloc，2010）。健全公司治理是企业降低内部交易成本最重要的途径，明晰的公司治理可以规范各利益主体的行为，提高各部门的协调效率。产品市场竞争和公司层面的治理机制存在替代效应，公司治理是提高公司生产率的重要保障（Nickell 等，1997；Tian & Twitte，2011）。

除了金融发展、法制环境、对外开放等制度因素和创新投入、公司治理等因素，企业质量还受到企业的组织能力、企业战略、企业文化、品牌和营销能力、企业社会责任等因素的影响。在这些因素的共同作用下，不同国家（地区）的企业质量出现了较大的差异，从而影响着区域经济结构的调整和经济增长质量的提高。

第四节　企业质量的评价指标体系

企业质量如何度量？对这一问题的回答建立在对企业质量内涵界定的基础上。由于企业质量涉及企业规模、赢利、成长性、创新性和效率等相关因素，因此，我们结合相关方法采用综合评价指标体系对企业质量进行测度。

表 5-1　企业质量指数构成一览表

方面指数	分项指标	单位
企业规模	资产总额	万元
	营业（销售）收入	万元
	员工数量	万人

续表

方面指数	分项指标	单位
企业赢利	总资产报酬率	%
	销售利润率	%
	资产负债率	%
企业成长性	总资产增长率	%
	销售收入增长率	%
	净利润增长率	%
	出口收入占销售收入的比重	%
企业创新性	R&D 经费占销售收入的比重	%
	R&D 人员(科技人员)的比重	%
	专利数量	项
	新产品占销售收入的比重	%
企业效率	劳动生产率	%
	资本生产率	%
	人均销售收入	万元
	人均利润	万元

第五节　提高企业质量的路径

提高企业的质量，尤其是企业的自主创新能力，加快技术进步步伐，是实现经济可持续发展的重要保障。通过进一步促进金融发展和完善法律环境，强化企业研发能力和提升企业的创新能力，完善国有企业改革和改善企业治理，有助于形成合理的企业规模，提高企业的赢利水平、创新性和效率，促进企业的健康、快速成长，从而提高企业的整体质量，促进经济增长质量的提高。

一、促进金融发展和完善法律环境

改善企业融资环境，加快资本市场的建设，降低企业的融资成本。进一步放宽中小金融机构准入门槛，吸引民营资本，加快设立多种形式的地方性中小金融机构，形成适合企业成长的多层次、多元化的信贷服务体系。进一步打破行政性垄断，加快培育国内统一市场，切实推进市场竞争和维护公平竞争的市场秩序。着力加强知识产权保护，完善企业发展的法律环境。

二、强化企业研发能力和提升企业的创新能力

强化企业在技术创新中的主体地位，激发民营企业创新活力，通过提升研发水平和提高人力资源素质等方式提高企业的生产率，增强企业的自主创新能力。发挥政府产业政策的调控作用和在基础研究中的指导作用，加强公共研发平台建设，通过各种措施激励企业提高研发投入，加强企业研发人才队伍建设。大力促进产学研结合，推动协同性创新和开放性创新。

三、完善国有企业改革和改善企业治理

进一步完善国有企业改革，规范国有企业的公司治理结构，完善其运营体系，打造具有较强内生成长机制的企业主体。对于竞争性国有企业，实现真正意义上的政企分离、政资分离和政监分离。改善私营企业的企业治理，加快现代企业制度建设，不断完善企业的激励制度、加强董事会的作用和股东参与渠道等方面的建设。

第　六　章

人口质量的经济学分析

人类在社会经济活动中的主体地位决定了人口变量在整个社会经济发展、演进过程中的重要作用，对人口变量的探索既是人口学研究的主要内容，也是经济学、社会学、生态学等众多领域关注的焦点。人口质量作为人口变量研究的重要组成部分，其经济学价值不断显现。经济学范畴内的人口质量内涵及标准该如何界定？人口质量的表征因素、决定性因素与行为决策环节之间的传导机制是什么？能否建立一套完善、科学的指标评价体系？人口质量的路径设计包括哪些内容？本章拟就上述问题对人口质量进行经济学分析与解读。

第一节　人口质量的内涵

早期的西方人口理论研究多将人口变量严格限制在规模、增速等数量范畴，重点研究人口数量变动与经济增长之间的互动关系。随着研究的不断深入，法国经济学家兰德里（1934）首次提出人口质量的概念，将其作为与传统人口数量理论相对应的内容，并开启了人力资本投资视角下人口质量研究的新思路。

一、国内外学者对人口质量内涵的界定

国外学者对人口质量内涵的界定主要有以下三种观点：第一种代表性观

点是西奥多·舒尔茨（1960）、加里·贝克尔（1976）创立的人力资本理论对人口质量作出的内涵界定。前者从宏观视角出发，将人口质量的内涵界定为后天获取的且具有经济价值的稀缺性人类才能，认为能够与物质形态资本并存的人力资本是人口质量的内核所在。后者是从研究微观家庭的生育决策入手，将特定群体（孩子）的质量定义为身体、智力以及学习能力的集中反映，认为这些内容还将进一步影响未来劳动力在健康、动机以及教育方面的表现。[①] 第二种观点散见于马克思在论述社会生产与再生产理论以及人的自由发展过程中形成的关于人口质量内涵的思想。人口再生产的顺利延续、劳动力人口的相对过剩以及人的自由全面发展分别反映了人口的身体素质、劳动能力以及精神追求三方面特质的重要性。而这也成为后续马克思主义人口经济理论对人口质量内涵界定的重要理论基础。[②] 第三种观点源自于现代适度人口论者费伦奇（1938）在对数量适度论进行拓展过程中提出的“人口适度质量”概念。但是这种观点并未脱离人口数量论的基调，只是主张通过优生优育提升人口素质，实现人口在质量上的适度。

国内学者对人口质量的研究始于 20 世纪 70 年代，如何界定人口质量内涵始终是后续研究过程中争论的焦点之一，比较具有代表性的观点主要有以下五种。第一种观点将人口质量的内涵界定为涵盖体力、智力、创造力等方面的能力集合体，用以反映人口在社会化过程中对社会存在与发展的改造能力大小与优劣程度。[③] 第二种观点将人口质量看作是与人口数量相对应的概念，从抽象的角度将其内涵界定为社会经济活动中的人口在质方面所固有的一般规定性内容。第三种观点将人口质量等同于人口素质，其内涵既包括反映人口生物属性的自然素质也包括反映人口社会属性的社会素质。但是不少学者对此种观点持有异议，认为人口素质隶属于人口质量且只能反映人口质量在某一方面的属性。[④] 第四种观点认为人口质量是人口总体范畴内各种结构的总称，包括年龄性别构成、职业技能构成、教育文化构成等多个方面。

---

① ［美］加里·贝克尔：《人类行为的经济分析》，王业宇、陈琦译，上海三联书店 1993 年版，第 235 页。

② 李通屏、朱雅丽等：《人口经济学》，清华大学出版社 2008 年版，第 38 页。

③ 张纯元：《人口经济学》，北京大学出版社 1983 年版，第 97—98 页。

④ 黎宗献：《人口质量与我国经济和社会发展》，中国人口出版社 1994 年版，第 83 页。

第五种观点将人口质量限定在非人口总体的范畴，认为人口质量等同于人力资源质量或者劳动力质量，而人力资源或者劳动力本身的异质性、层次性、创造性及其在地区、城乡、产业之间的不同分布共同构成人口质量的内涵。

二、人口质量内涵的界定

我们认为人口质量是一个涵盖了不同社会发展阶段内人口总体属性、内部构成及其与外部环境互动能力的复合性概念，人口先天自然属性的优劣、后天社会化过程中的能动性表现、既有内部结构均衡与否以及与外部系统的协调程度共同决定了不同发展阶段人口质量的表现。具体来说，人口质量的内涵主要包括以下三个方面：

1. 人口质量关注的是人口总体在质上的特有属性

首先，人口质量区别于人力资源质量、劳动力质量等非人口总体范畴的固有特质，但是人力资源质量与劳动力质量的提高有助于改善人口质量。人口质量的研究对象是由人口个体构成的人口总体，因此，人口质量既取决于微观个体与家庭的决策，也受到宏观政策的影响。其次，人口质量有狭义与广义之分，狭义的人口质量限定在人口素质范畴，由身体素质、科学文化素质以及思想道德素质分别体现人口在体力、脑力以及精神层面的发展状态；广义的人口质量是人口素质、人口结构以及人口压力三大力量相互影响、相互制约的有机统一体。最后，人口质量的实质是根据适应性、经济性、稳定性、均衡性以及协调性共同构成的标准体系对人口的相关特质作出的优劣判断。

2. 人口质量与人口数量既高度依存又相互制约，不同时期的人口质量需要建立在相应的人口数量限度之上

一定数量的人口是由不同质量的人口个体构成的，人口质量的好坏直接影响着未来人口数量的走势，而人口在数量上的特征也将进一步对人口质量的变化产生影响。在社会生产力发展的早期阶段，满足最低数量特征的人口是社会分工、协作产生的必要前提，此时人口在数量上的扩张将对人口质量的提高具有积极作用。但是随着时间的推移，过多的人口数量会引起既有资源的争夺，而生产力的不断发展也会产生更高质量人口对更多数量人口的替代需求，人口数量向人口质量转化将成为一种必然趋势。因此，衡量一个时期的人口质量需要同时考察人口总体在规模、结构以及增速等数量方面的表现。

3. 人口质量是一个兼具相对性以及复合性的概念

受到外部自然资源、技术水平以及社会精神价值规范等多重因素的影响，不同时期的人口质量涵盖的范围与内容也将随着生产力与生产关系、经济基础与上层建筑的相互作用而发生变化，其优劣表现具有一定的相对性。与此同时，人口质量既涵盖了人口的自然属性与社会属性，也体现了其静态特征与动态特征，是一个由众多内容构成的复合性概念。一方面，身体素质、科学文化素质、思想道德素质体现了人口在素质方面的质量；另一方面，考虑到外部资源环境的现实约束以及人口结构动态变化可能带来的影响，人口质量的内涵还包括人口压力以及人口结构两方面的内容。

第二节 人口质量的标准

理论界关于人口质量评判标准的研究相对较少，已有成果大多是根据人口素质的组成部分将人口质量的评判标准粗略划分为身体素质标准、科学文化素质标准以及思想道德素质标准，然后罗列出相应的指标名称。我们认为人口质量标准的选择应该从理论层面出发，抽象出的标准体系既要符合科学性、满足现实性，又要能够为指标评价体系各维度构建提供判断依据。据此，我们提出了人口质量评判的五大标准。

一、适应性标准

不同的社会发展阶段对人口质量的要求有所不同。在社会发展的初级阶段，人口质量的评价标准多集中在体格的强弱、寿命的长短等较为低级的身体素质范畴。随着社会形态的不断演进，人口在社会经济活动中体现出的智力高低、能力大小等特征逐渐成为考察人口质量的主流思路。社会的演进趋势决定了相对低级的社会形态将不断被更为高级的社会形态所取代，人口质量的变动也随之成为一个不断被修正与调整的过程，人口总体能否顺利供给出满足不同现实需求的质量要素，即是否符合适应性标准就成为考察人口质量的现实依据。

二、质量净收益标准

人口再生产的微观经济行为以及宏观经济行为均遵从一般的经济收益标

准，但是人口质量对数量的替代以及人口质量的投资行为更多依赖于不同主体对质量净收益的判断。家庭在考察孩子潜在质量净收益的基础上在生育数量与质量中作出替代选择；政府根据质量净效益标准确定最优的教育、技术投资水平，以实现具有更高劳动生产率的人力资源对低质量人口资源的替代。随着社会生活水平的不断提高，质量净收益的获取更多依赖于劳动技能、知识教育以及科学技术方面的进步，其增加还是减少都是评判人口质量水平升降的重要标准。

三、社会稳定性标准

不同质量的人口总体在行动自制力、创新精神以及外部环境适应力等方面有所差异，高质量的人口能够与不同阶段的社会发展趋势相适应，发挥一定的社会稳定与聚合功能，是传承人类精神财富、维持社会稳定发展的动力源；低质量的人口很难创造出高水平的人文社会价值，容易与现有社会秩序产生冲突，在不断被边缘的过程中还将进一步加剧人口的阶级分化，成为社会的不稳定因素。从社会意义上来看，人口质量的改善实则是一种社会赋权，有助于社会稳定性的提高。[①] 因此，对人口质量的判断应该遵从其社会属性，以社会稳定性标准来考察其质量的变化。

四、均衡性标准

均衡是反映大系统范围内各个变量经过力量博弈达到的一种相对稳定状态。受到初始条件与外部冲击的影响，人口的结构、分布等方面也随之不断在相对均衡状态与相对不均衡状态之间来回变动。人口的均衡既包括人口数量的均衡也包括人口质量的均衡。而人口总体能否自发、富有创建性地对自身内部结构及其与自然环境的关系进行调整从而不断靠近均衡状态，是衡量人口质量的重要因素。[②] 人口质量的改善就是一个不断谋求人口均衡发展的过程，不同程度的均衡状态是反映人口质量优劣性的标准之一。

---

① 李建民、原新等：《中国人口与社会发展关系：现状、趋势与问题》，《人口研究》2007 年第 1 期，第 33—48 页。

② 张翼：《人口结构调整与人口均衡型社会的建设》，《中国特色社会主义研究》2010 年第 6 期，第 47—51 页。

五、可持续性标准

人口作为居住在空间的总体，与外部系统之间具有天然的联系，对人口质量的评价既涉及对其初始质量状态的判断，也包括对质量变化合理性的评价。人口总体与外部系统之间的协调程度反映了不同质量状态下的人口总体发展是否具有可持续性。粗放式只追求规模的人口发展方式势必造成人口系统与外部系统之间的紧张对抗关系，制约未来人口质量的提升，而低水平的人口质量则会对外部资源环境造成新一轮的压力，导致人口、资源、环境等各个系统呈现出无序的不良竞争状态。因此，对人口质量的评价需要将其是否具有可持续性纳入考量范畴。

第三节　人口质量的决定因素

人口质量内涵的复合性与相对性特征决定了其影响因素的复杂性。根据各因素对人口总体特质产生作用的时序不同，可以划分为先天因素与后天因素，而本质与意识的根本性区别决定了客观因素与主观因素也会对人口质量产生不同的影响。除此以外，影响人口质量的因素还包括个体遗传、地域特征、生态环境等自然因素以及政治、经济、文化、宗教等社会综合因素。但是在不同的社会发展阶段下，各种因素对人口质量的影响程度是不同的，从繁杂的因素构成中很难直接抽取出深层次的决定性因素。为此，我们采用经济学的基本工具，从需求与供给的角度进行分析，认为人口质量最终取决于人口总体特质的需求拉力与供给推力之间的力量博弈。

根据舒尔茨的观点，人口质量是一种稀缺性的资源，其获取需要付出一定的经济代价。[①] 无论是微观还是宏观主体，都将依据质量的净收益原则作出投资判断。人口质量存量增加，意味着人口在体力、脑力、技能以及思想道德方面的表现有所改善，人口结构由不均衡状态向相对均衡状态靠拢，人口系统与外部系统建立了更为友好的互动关系。由此可知，人口质量资源的

---

① ［美］西奥多·舒尔茨：《对人进行投资——人口质量经济学》，吴珠华译，首都经贸大学出版社 2000 年版，第 25 页。

潜在收益包括三个方面，即质量存量增加引起的劳动生产率上升所带来的额外好处、人口结构优化产生的红利以及外部资源环境污染与消耗补偿成本的相对下降；而人口质量资源的成本则取决于为增加人口质量存量而追加的健康、科学文化以及思想观念等方面的投资，人口结构失衡引致的额外成本以及对外部资源环境污染与消耗的补偿成本。当人口质量投资的收益大于成本时，才会产生对人口质量的有效需求，“高”质量对“多”数量的替代才可能发生；当人口质量投资的收益小于成本时，粗放式的数量型人口增长将替代集约式的质量型人口增长，使其停留在较低的水平。而引发上述成本、收益变动，并传导至行为决策层面的因素包括生产、生活资料相对价格的变动，技术成果转化率的高低，教育、科研资源的配置，生育观念的改变，可替代资源的出现等多种表征因素的集合。

综上所述，影响人口质量的因素众多，但是需要对表征因素与决定因素作出区分，表征因素会触发决定因素的改变，行为主体也将根据质量净收益原则作出进一步的判断，详见图 6-1。如果劳动生产率水平上升、人口结构

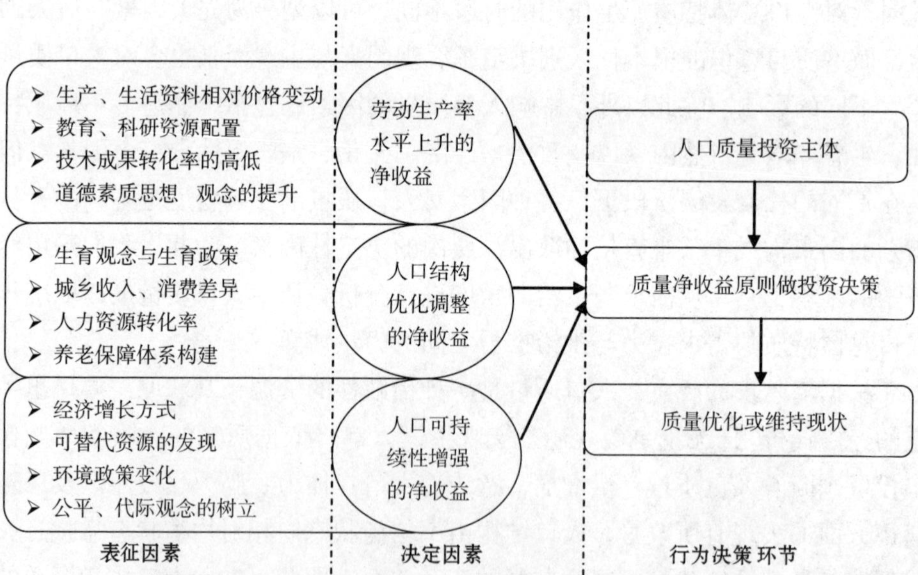

图 6-1 人口质量表征因素、决定因素对行为决策环节的影响

向相对均衡状态靠拢以及人口可持续性增强所带来的净收益为正，人口质量的投资行为随之出现，其质量表现得到改善；反之，人口质量则停留在较低水平。

第四节　人口质量的评价指标体系

一、理论界对人口质量评价指标体系构建的不同观点及简要评述

国内外学者或机构对人口质量评价指标体系构建的观点可以划分为三类：其一，以舒尔茨为代表，采用间接指标对人口质量存量状态进行描述性佐证与估计。在指标选择上，采用人均食物消费量、幼儿园和小学招生数、儿童存活率反映儿童质量存量变化、入学人数占各级学校入学年龄组比重以及教育投资反映教育维度的人口质量状况。但是这些间接指标仅反映了人力资本视角下的人口质量，而且指标选择过于粗略、不成体系，没有反映出人口总体范畴的质量表现。其二，世界机构多采用建立指标体系、合成指数的方式来测算不同国家、地区的人口质量。比较成熟的测算指数有人口生活质量指数（PQLI）、人类发展指数（HDI）以及美国健康协会指数（ASHA）。[①] 其中，PQLI 主要是衡量国家提供国民特殊社会物质质量工作的能力，其测算方法是先将每千个婴儿死亡数、出生时估计寿命以及 15 岁以上人口识字者占比三项基础指标分别合成为婴儿死亡指数、预期寿命指数以及识字率指数，再通过算术平均法得到最终的 PQLI 指数。HDI 指数是在 PQLI 指标选择的基础上加入实际人均 GDP 指标再进行最终指数的合成。ASHA 指数主要测算的是不同国家或地区满足人口需求的程度，其指标选择是在 PQLI 指标的基础上加入了就业率、出生率以及人均国民生产总值增长率用以反映就业水平、人口增长以及经济增长的情况，再通过同样的权重测算最终的 ASHA 指数。从总体上来看，上述三种指数均是以衡量国家与地区的发展程度为主要目标，尽管纳入测算的指标中涵盖了可以反映人口质量的指标，但是指标关注的重点是反映不同国家与地区在人口质量部分方面的发

① 朱国宏：《人口质量的经济分析》，上海三联书店 1994 年版，第 145—146 页。

展表现，所以只选取了极少数代表人口身体素质以及文化素质的指标，并未将思想道德素质、人口结构以及生活条件与协调性纳入指标体系。其三，以“两分法”“三分法”为代表的指标体系构建观点。“两分法”与“三分法”均认为应该在人口身体素质以及文化素质范畴两个维度下进行基础指标选择，以建立相应的评价综合指标体系，其分歧在于指标体系构建的过程中是否应该纳入思想道德素质。“三分法”较“两分法”更为全面，但是对思想道德的刻画多停留在使用表象指标描述的阶段，也没有考虑到人口结构、压力等因素对人口质量的影响。

二、人口质量的评价维度

在明确了人口质量内涵、标准以及决定因素的基础上，我们将人口质量划分为五个维度，具体可见图 6-2。

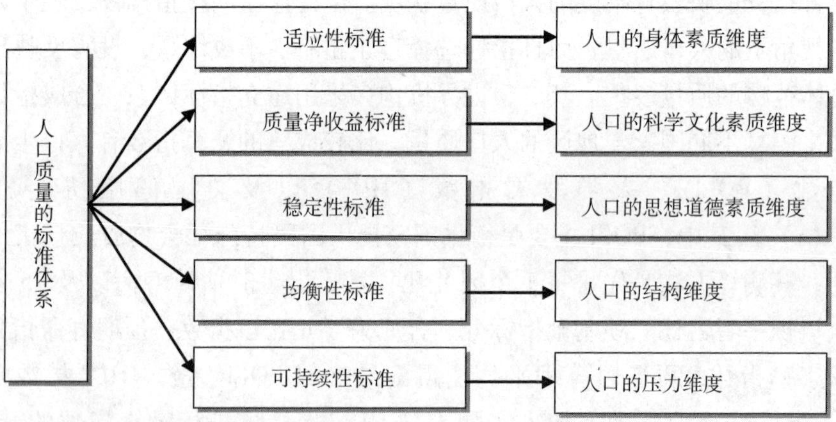

图 6-2　人口质量的评判标准及其评价指标体系的各个维度

考查适应性标准的身体素质维度。人口的身体素质作为人口质量最基本的载体，主要反映人口总体在体质强弱、健康状况以及智力高低等多个方面的特质，是先天素质与后天积累共同作用的结果。人口身体素质的改善对人口质量的提升具有至关重要的作用，且需要付出一定的经济成本，即在食物消费、营养水平以及医疗健康方面进行投资。而预期寿命延长、健康状况改善等身体素质提升所带来的好处还将传导至人口的科学文化素质维度，刺激人口自觉产生增强人力资本的积极性，对人口质量的提升产生双重作用。

考查质量净收益标准的科学文化素质维度。人口总体在能力方面的特质是人口质量的内涵之一，而科学文化素质能够反映人口在知识获取、经验技能以及认知创造等方面的能力表现。家庭、企业以及政府等不同主体对教育培训以及科学技术的投资有助于促进人口资源向人力资源、再由人力资源向人力资本的转化，使低质量的人口资源转变为掌握更多劳动技能、具有更高生产力的高质量人口资源。而高质量的人口资源也会更加重视身体素质以及思想道德素质的提高，再次推动人口质量提高。

考查社会稳定性标准的思想道德素质维度。思想道德素质既是人口社会属性的体现，又反映了人口的精神状态以及对社会规范的遵守程度。尽管不同社会发展阶段人的思想品质、纪律观念以及行为习惯有所不同，但是道德会以传统习俗为载体建立隐形的普适规则来引导人类的各种行为，促进观念的形成。对个体行为者施加自律的压力降低其机会主义行为，在各项交往活动中构建信任关系降低交易成本以推进合作秩序的扩展。[①] 因此，思想道德素质维度是衡量人口质量的重要组成部分。

考查均衡性标准的人口结构维度。人口质量的内涵不只局限于对人口个体质量的判断，还强调从人口总体范畴把握其质量的特征，人口结构的合理性、均衡性与否是体现人口总体质量特征的重要组成部分。作为不同时期人口自然属性与社会属性的结合体，不同时点上的人口结构既要体现其自身的历史变化规律，也会受到新的外部冲击的影响，可能呈现出非线性的人口结构变化趋势，而不同均衡程度的人口结构将通过放大效应对人口质量产生持续影响，促进或者阻碍人口质量经济效益的体现。

考查可持续性标准的人口压力维度。人口系统与外部系统之间的良好互动关系是保证人口质量稳定提升的必要前提。人口压力能够有效反映人口系统与社会、经济、资源环境等系统的对抗程度，体现出社会发展不同阶段外部系统对人口在数量与质量上的适度性要求。人口压力以人口数量作为媒介间接制约人口质量的表现，既可以作用于当期人口的生存状态，也可以对未来人口的再生产质量产生影响，是反映不同时期人口质量可持续性的重要维度。

---

① 汪丁丁、罗卫东、叶航：《人类合作秩序的起源与演化》，《社会科学战线》2005年第4期，第39—47页。

三、人口质量的评价指标体系的构建

在人口质量内涵的界定过程中，我们从人口素质、人口结构以及人口压力三个方面进行了梳理，并在构建评判标准体系的基础上将其细化为五个维度，据此得到人口质量评价指标体系五大组成部分，详见图 6-3。

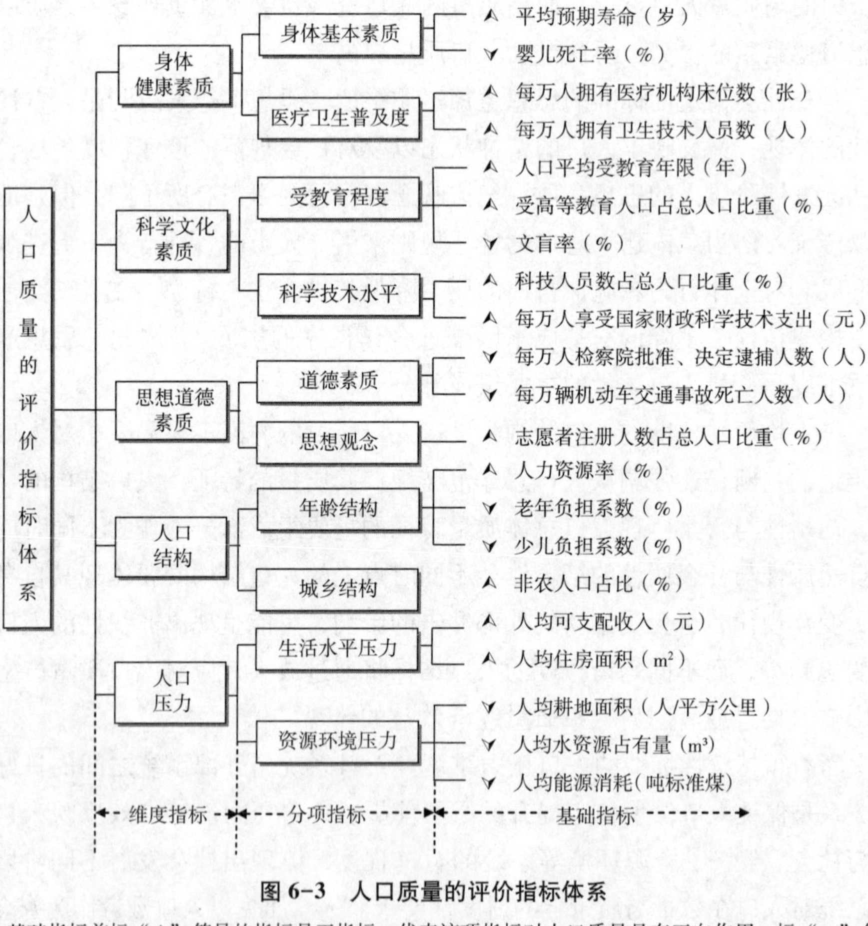

图 6-3 人口质量的评价指标体系

注：基础指标前标“⋏”符号的指标是正指标，代表该项指标对人口质量具有正向作用；标“⋎”符号的指标是逆指标，代表该项指标对人口质量具有负向作用。

1. 衡量人口身体素质维度的指标选择

人口的身体素质维度是衡量人口质量的基础维度，反映了一国人口身体的普遍健康情况，既与人口的先天身体素质有关，也与后期社会能够提供的医疗卫生保障水平有关。在指标选择上，考虑到反映个体发育程度、运动能力等传统测度指标多是以地区调查形式获取的，数据的完整性不足且总体的代表程度较差，故选择平均预期寿命以及婴儿死亡率作为反映人口寿命与死亡率分项指标的基础指标。与此同时，使用每万人拥有医疗机构床位数以及每万人拥有卫生技术人员数作为衡量医疗普及度对人口身体素质影响的基础指标。

2. 衡量人口科学文化素质维度的指标选择

科学文化素质是衡量人口质量的核心维度，体现了人口知识获取能力、经验技能、创造力以及改造能力的大小。从测度指标的选择来看，主要通过受教育程度与科学技术两个层次来反映。人口平均受教育年限、受高等教育人口占总人口比重和文盲率分别反映了人口受教育的不同程度。除此以外，采用科技人员数占总人口比重以及每万人享受国家财政科学技术支出作为衡量科学技术水平的基础指标。

3. 衡量人口思想道德素质维度的指标选择

思想道德素质维度是衡量人口质量的关键维度，也是指标体系的构建研究中最难量化的部分，不少研究者都将其排斥在构建的指标体系之外。但是肖周燕（2013）、张俊良（2005）等学者提出可以使用犯罪率、自杀率、吸毒人数占比以及交通事故违法次数等指标反映人口思想道德素质水平的观点。我们认为思想道德素质能够有效反映人口在道德素养以及思想观念层面的质量特征，而且容易对人口质量的其他维度产生影响。考虑到犯罪率与事故发生率和人的道德观念高度相关，故采用每万人检察院批准、决定逮捕人数以及每万辆机动车交通事故死亡人数对人口的道德素质进行间接刻画，而志愿者注册人数占总人口比重则能较好地反映人口质量在思想观念方面的表现。

4. 衡量人口结构维度的指标选择

人口结构维度是衡量人口质量均衡性表现的重要维度，主要由年龄结构与城乡结构两个方面构成。其中，老年负担系数、少儿负担系数以及人力资源率是反映人口不同层次年龄构成的基础指标；人口城乡结构的常见指标选择有两种，城镇人口占比与非农人口占比，考虑到外来务工人口的流动性，我们选择非农人口占比作为衡量人口城乡结构的基础指标。

5. 衡量人口压力维度的指标选择

人口压力维度是衡量人口质量协调性的维度，与单纯构建人口压力的总体指数不同，人口质量评价指标体系中的人口压力维度强调人口的生活水平压力与资源环境压力可能对人口质量产生的影响。其中，人均可支配收入以及人均住房面积可以作为反映人口生活水平压力大小的基础指标，而人均耕地面积、人均水资源占有量以及人均能源消耗三项基础指标用以反映人口的资源环境压力。

第五节　提高人口质量的路径

人口质量的改善既要满足具有不同数量、素质以及结构特征的人口总体在社会经济演进过程中的实际需求，又要形成数量适度、素质优化、结构合理且能够与外部系统形成良好互动关系的人口发展态势，并且保证其提升效果的稳定性、长期性与可持续性。基于上述要求，从战略驱动、制度驱动、结构驱动、生态驱动四个方面提出改善人口质量的主要路径。

一、制定提高人口质量的整体战略，充分发挥人力资本对改善人口质量的驱动作用

第一，优化人口身体健康素质，增强人力资本投资意识。将人口身体健康素质视作人力资本形成的基本要素，通过加大公共卫生投入、健全医疗服务体系、改善生活质量与环境，稳步提升人口总体的身体健康素质。第二，打通人口资源向人力资本的转换渠道。人口资源反映了人口总体数量在经济范畴内的最低经济资源，而人力资源是建立在人口资源之上且具有一定劳动、管理、组织协作能力的特殊资源，构成人力资本提升的基础。人口资源向人力资本转换渠道的疏通主要包括以下三个方面：其一，疏通劳动力市场渠道。通过提高对外开放度、加强国内外人才交流合作，形成外部劳动力市场对就业扩容、人力资本提升的需求驱动。其二，疏通教育投资渠道。优化教育投资结构，完善基础教育、职业教育、高等教育的培养机制，促进人力资本储备（16岁以下未成年人）、专业技术人员以及高科技人才的形成。其三，疏通技术创新渠道。加强创新体系建设，在提高科学

研究与技术开发能力的同时形成技术进步与人力资本的良性互动关系，促使人口科学文化素质稳步提升。第三，强化思想道德素质建设，提高人口质量与社会经济发展的协调程度。增强人口的开放、竞争、创新与市场意识，夯实思想道德素质建设的物质基础，培育文明、绿色的生活方式以及提高人口自利行为的公益化程度，构成社会稳定发展前提下人口思想道德素质提升的主要途径，有助于在社会秩序、政治权力、经济行为以及文化生活等方面形成正向的精神驱动力量。

二、充分发挥人口质量潜力开发相关制度的激励与补偿功能

制度会通过激励机制与补偿机制影响人口质量投资的预期净收益，进而对投资意愿与行为选择产生特定的导向。一方面，发挥劳动力市场制度与收入分配制度对人口质量潜力开发的激励功能。公平、开放、有序的劳动力市场经济制度所内含的价格机制与竞争机制有助于提高劳动力资源的配置效率，促使人口质量潜力开发主体形成合理性预期净收益，从生产要素的需求端激励劳动力个体、企业、政府等主体的人口质量投资意愿与行为选择。公平、合理的收入分配制度既能够保障人口发展机会、社会消费产品与教育资源投资意愿的均衡分布，又能够通过提高人力资本投资回报率来降低收入分配差距对人口质量潜力开发的负面影响，从生产要素的供给端驱动人口质量投资行为的自我强化。另一方面，发挥公共教育投入制度与社会保障投入制度对人口质量潜力开发的补偿功能。人口质量潜力开发的成本既包括日常生活消费、教育资源投入等显性成本，还包括人才外流、养老等一系列隐性成本。合理的公共教育投入制度能够通过引入市场机制、调控财政性教育经费等途径，实现教育资源投入主体的多元化，发挥规模经济效应，保障人口质量潜力开发在地域上的相对均衡性。社会保障投入制度通过补偿劳动力要素个体人口质量投资行为的养老、失业等隐性成本，间接提高人口质量潜力开发的预期净收益。

三、全面优化人口结构，重塑人口质量提升的结构性动力

人口在年龄、性别以及地域等方面呈现出的分布特征既是上一时期人口偏好结构的滞后反映，也是未来人口结构动态变化趋势的基础。因此，人口

质量结构性动力的生成有赖于人口结构优化路径的重构。一方面，充分发挥经济转型、体制改革对人口地域迁移的引致作用。通过创造就业机会、改变劳动分工预期收入、加速产业结构升级以及推进城市化建设形成对人口迁移方向、数量的引导，降低经济增长失衡、产业过度集中以及资源不均等分布引起的人口结构异化风险，有效引导人口在城乡、区域、国内外合理迁移的同时重构人口质量改善的地域结构优化动力。另一方面，加强适度性福利体系的构建，消除绝对贫困对人口结构的负面影响。营养不良、环境抵抗力差以及权力分布失衡等绝对贫困的副产品极易引发人口结构在性别、年龄以及教育程度上的失衡。在统筹公平与效率、兼顾差异的前提下强化政府在社会福利体系建设中的主导作用、确定适度性社会福利支出占比，能够有效降低基础设施、要素资源、公共服务在城乡、区域、代际间不均衡分布引发的绝对贫困风险，以促进经济发展成果共享为基础，实现人口性别、年龄等自然结构与职业、科学文化等社会结构的全面优化。

四、统筹考量人口质量提升与资源环境的承载能力，保障提升效果的可持续性

人口承载压力反映了一定时期内外部资源、环境的可持续性供给与人口生活水平压力、资源环境压力之间的动态变化关系。科学化解资源、环境约束下的人口承载压力既要兼顾当代社会、经济、人口系统发展的现实需求，又要降低人口质量提升过程中可能产生的资源环境代价。其一，树立人口质量可持续发展的理念。人口质量存量的提升有赖于医疗卫生、科学文化以及思想观念等方面的投资扩张行为，应将其可能引发的外部环境污染与资源消耗成本同时纳入质量评价范畴，通过道德素质建设重点扭转人口系统与社会、经济系统互动过程中产生的反生态价值取向与行为。其二，同时加强资源环境的承载能力与疏散能力，放松人口质量提升的资源环境刚性约束。一方面，加速生态友好型经济增长方式的形成，提高自然资源的利用效率，充分发挥科技创新在可再生资源、替代资源开发与使用过程中的作用，加强资源总体对人口数量适度增长、质量稳步提升、结构全面优化的承载能力；另一方面，通过建立资源开发的补偿机制、推广新生态消费观念等途径降低人口对资源的过度需求，间接提高资源环境的疏散能力。其三，重视人口质量

提升的外部资源环境约束条件的动态变化，形成人口质量改善与经济、社会发展战略的协调互动关系，防止战略目标冲突下资源负担转嫁行为造成的人口质量在代际、地域上的不均衡分布。

第 七 章

环境质量的经济学分析

在人类社会经济发展过程中，资源耗竭和能源短缺日益凸显，环境污染和生态破坏日益严重，我们面临的环境问题从局部扩展为全球，从当代延续到后代，异常的气候变化不断敲响生态环境恶化的警钟。因此，环境质量越来越受到重视。本书从经济学视角构建环境质量评价指标体系，对环境质量优劣进行经济学分析。

第一节 环境质量的内涵

一、环境

环境（Environment）是指某一种特定生物体或生物群体以外的空间，以及直接或间接影响该生物体或生物群体生存的一切事物的总和。环境总是针对某一特定主体或中心而言的，是一个相对的概念，它因主体的不同而不同，随主体的变化而变化。

在经济学中，“环境”是指能为人们提供各种服务的资本，是与物质资本、人力资本及社会资本并列的四大资本之一。环境和自然资源都是有价值的资产，它作为消费品、资源供应者和废弃物的接纳者，为人类提供了许多不可或缺的服务。环境是人类不可缺少的生命支持系统，为人类的生活和生产提供物质基础，是人类的资源库。同时，由于环境拥有自净能力，因此环境为人类提供了废弃物消耗场所，然而环境的这种自净能力是有限的，这种有限性主要表现在两个方面：一是环境不能分解、转化所有的物质，例如人工合成的物质（塑料、有毒化学品等）无法在环境中自行降解；二是环境对废弃物的降解、净化需要一定时间，若短时间排入大量可降解废弃物，由于不能及时净化，也会产生环境问题。

二、环境质量

环境质量（Environmental Quality）是环境科学的一个最重要的基本概念。目前，国内外对环境质量一词存在着多种解释，流行得最广泛、影响最大的主要有：环境素质的优劣、环境的优劣程度、对人群的生存和繁衍以及社会发展的适宜程度等。但是这些解释并不科学、准确，他们更加注重主体对客体的直觉和评论，而忽视了环境质量的客观性。环境质量这个概念，既有客观性又有主观性，人们认识客观世界是有一个由浅入深、由表及里的过程的，对环境的认识也是由局部到整体，由外表到内里。环境质量是客观存在的，但因人的描述而带有主观因素。因此，环境质量评价的关键点在于使主观认识和客观存在更加接近和趋于一致。同时，环境作为一个系统，表现为内在的环境结构、外在的环境状态，在对环境质量考量时需要对这两者都充分考虑。由此对环境质量一词应作如下定义：环境质量是环境系统客观存在的一种本质属性，并能用定性和定量的方法加以描述的环境系统所处的状态。

第二节　环境质量的标准

环境质量，作为环境系统所处状态的表示，始终处于不停的运动变化之中。环境质量的这种变化是人类活动影响的结果，整治农田、兴修水利、建造工厂、兴办学校等等，都使环境质量发生很大变化，这些变化使人类的经济条件、生存条件、生活条件、生产条件得到了很大的改善，对人类社会的发展和进步起到了很大的作用。但与此同时，人们无选择无节制的毁林开荒、毁草开荒、围湖造田以及向环境中排放大量有毒有害物质，则会使环境质量发生许多对人类社会生存发展极为不利甚至十分有害的变化。而环境质量的高低则表现在是否满足人类社会生存发展的需要，同时人类社会生存发展的需要是多方面、多层次的。因此，判断环境质量的好坏则需要满足以下几个标准。

一、人类健康生存的需要

人类健康生存的需要是人类生存的第一需要，比如要求有和煦的阳光、清新的空气、洁净的水、肥沃的土壤等。显然，环境状态能否满足这一需要，或满足的程度如何，是环境质量高低判断的重要一环。

二、人类生活条件提高的需要

人类生活条件提高的需要是人类生存的进一步需要。一般来说，除去第一条的基本需求外，还要求有宽敞舒适的住宅、景色秀丽的游览地、设备齐全的医院、快速方便的通讯和交通，以及可以使子女受到良好教育的学校等。同样，环境质量需要考察环境状态能否满足或能在多大程度上满足这一需要。

三、人类经济发展的需要

人类经济发展的需要是人类生存发展需要在另一个层次上的表现。因为经济发展本身就是人类为了更好地生存而进行的一种社会性活动。它需要一定的环境质量提供保障。比如，发展农业需要环境提供肥沃的土壤和一定品质的灌溉用水；发展工业需要环境提供适宜的原料和充足且洁净的能源；发展旅游业需要环境提供引人入胜的景色；等等。环境状态能否满足人类在经济发展方面的需要，也是环境质量高低的判断标准之一。

四、维持自然生态系统良性循环的需要

维持自然生态系统良性循环的需要虽然显得比较间接，但却是人类社会生存发展所必不可少的，是实现人类可持续发展的重中之重。因为若没有一个良好的自然生态系统作后盾，人们所追求的社会生态系统或人类生态系统是不可能形成的。因此，环境状态能否满足这一需要是评价环境质量的标准之一。

第三节　环境质量的决定因素

环境一直处于动态变化的过程中，环境质量的优劣也不是由单一因素决定的，而是由自然因素、经济因素以及社会因素三个方面共同决定的。

一、自然因素

自然因素反映资源的供给程度、环境发展状态的平衡程度。自然因素是环境质量的基本要素，自然状态的好坏直接决定环境质量的优劣。自然因素包括自然资源、污染排放、污染治理等自然现状，其中自然资源是经济发展的基础，污染排放可以反映经济发展对环境质量的影响程度，污染治理可以提高环境质量，减轻经济发展对环境质量的影响。

自然因素主要是对环境质量基础现状的反映，是对环境质量的基本描述。

二、经济因素

环境质量的优劣会影响经济增长，而环境质量的变化，除去不可控的自然原因外，主要来自于经济增长。在经济增长与环境质量的关系问题上，最具有代表性的是环境库兹涅茨曲线（Environmental Kuznets Curve，简称EKC）假说。

格罗斯曼（Grossman）和克鲁格（Krueger，1991）利用全球大气环境监测系统（GEMS）中的数据对北美自由贸易区国家经济增长和环境质量的关系进行了实证研究，研究发现人均 GDP 和二氧化硫及固体烟尘等指标间呈现倒 U 型的关系，并于 1993 年将这一结论发表。这条反映经济增长和环境质量之间的倒 U 型关系的曲线被称为环境库兹涅茨曲线（EKC），是指在一国工业化发展初期，环境质量会随着收入增加而恶化，当收入达到一定水平之后，环境质量会随着经济的发展而不断得到改善。之后，格罗斯曼和克鲁格（1995）又利用 GEMS 面板数据选取了与城市空气污染和河流域污染有关的四个环境污染指标（城市空气污染、河流域含氧量、江河城市居民排泄物含量以及江河重金属含量）对经济增长和环境质量之间的关系进行了进一步研究分析，结果显示：对于多数指标而言，随着经济的增长会使其初始阶段的恶化情况慢慢得到改善，转折点的出现对于不同的污染物会有差异，但在大多数情况下出现在一国人均收入达到8000美元之前。

从微观经济学的角度看，居民对环境质量的需求会随着收入的增加而增加，即环境质量是正常品。这是由于只有在人类的基本需求得到满足之后，多余的资源才会用于降低污染、改善生态环境。随着收入的增加，人们的环境意识在不断增强，更加关注环境污染对健康的损害，更加愿意购买在严格的环境标准下生产出来的产品，对保护环境和改善生态拥有更强的监督意识，因而对环境质量的需求不断增加。而在人类生活和经济活动中有很多因素在影响并决定着环境质量的优劣。

1. 产业结构

在经济发展的过程中，经济结构的变化，对环境质量有不同的影响。在经济增长的早期，第二产业发展迅速，其中污染较重的重化工业、矿产资源开发、金属冶炼等产业会有较快增加，会加剧环境污染，经济结构向污染加重的方向转变；随着经济的不断增长，第三产业会得到迅速发展，而第三产业主要是污染较轻的金融、通讯等服务行业，这些行业对环境质量的影响较轻，使经济结构向污染减轻的方向转变。因此，产业结构转型是环境质量改善的因素之一，产业结构的变化会使污染先上升后下降，环境质量会先恶化后改善。

2. 技术进步

技术进步是影响环境演变路径的重要因素，但是对环境质量的影响是改善还是加重并没有确切的结论。一方面，技术进步有利于节能减排，可以提高投入—产出效率，使单位经济活动对环境资源要素的需求不断减少，即产出的扩大并不需要增加对环境的消费，这可以消除经济规模扩大对环境的负面影响；另一方面，技术进步使得产出增加，容易产生更多的污染，而技术进步大多数以节省传统生产要素为主要目标，因此会对环境产生不利影响。但是通常认为环境保护的研发带来的清洁技术有利于提高环境质量。总之，技术进步对环境质量有重要影响，但是不同的技术对环境质量的影响不同。只有节能减排技术和清洁技术与其他因素相结合，才能有利于提高环境质量。

3. 国际贸易

对于国际贸易对环境的影响有三种观点：认为贸易会产生有利的系统效应、产生有害的系统效应、贸易的环境效应由地区比较优势决定，各国不尽相同。第一种观点认为国际贸易和外商直接投资对环境有利，贸易有利于资源的有效利用，如果自然环境资源的定价合理，包括所有的相关成本，自由贸易会促使环境成本的最小化，从而提高环境质量。第二种观点以“竞争到底线”假说为代表，这一观点认为国际贸易和污染工业外商直接投资会对国家的环境标准产生压力，污染工业会从发达国家向中等收入国家转移，为吸引投资，各国会竞相降低环境标准，使得均衡状态是一个几乎没有环境规制的世界，从而损害全球环境质量。第三种观点以“污染天堂假说”为代表，认为即使全球污染没有增加，但是由于发达国家向不发达国家的“生态倾销”，发达国家的环境质量得到改善，发展中国家成为污染天堂，污染排放增加，环境质量下降。

虽然贸易对环境产生种种影响，但贸易却不是影响环境质量变化的主要因素，造成环境问题的根源在于市场失灵和政府失灵。贸易在有些情况下，会加剧市场失灵或政府失灵对环境的影响。

经济因素是持续影响环境质量的主要因素，对经济因素的探究可以反映环境质量的发展情况。

三、社会因素

社会因素对环境质量的作用主要表现在人口密度和制度制定。社会因素是保持环境质量高水平的基础，有利于环境的高质量发展。

1. 人口密度

人口密度对环境有两方面的影响：一方面，更多的人口需要更多的资源，以满足人们衣食住行和对能源的消耗，而这些活动会排放更多的污染物；另一方面，只有人口密度达到一定程度，才会有相应的污水处理厂等环境基础设施建设，居民的环境质量需求才会得到响应，而过于稀疏的居住地分布，也会带来更远的交通距离，从而产生更高的排放。由于这两种效应的作用效果不同，因此在不同国家、经济发展的不同阶段，人口密度对环境的影响不同。

2. 制度制定

影响环境质量的制度主要有两类：一类是政治体制、民主程度、收入分配等一般制度因素，这其中也包括环境保护作用的基础设施建设；另一类是国家的环境规制。由于资源环境对经济增长的约束作用无法在市场机制中完全体现，因此各种环境需求都要通过环境规制对企业和个人产生影响，这就需要政府制定和实施有利于环境改善的行政和经济政策，这些环境规制的实施不会损害公平和效率。

环境质量是以人为主体的社会、经济及自然因素在特定区域通过协同作用对环境状况的作用结果，决定因素分为自然因素、经济因素以及社会因素三部分。三大因素之间相互作用、相互影响、相互制约，持续的自然资源供给，有利于经济的持续增长，同时有利于社会的稳定并促进社会对环境的进一步保护与改善；经济的稳定增长以及社会对环境的保护，有利于自然资源的持续供给，有利于社会的持续发展。

第四节　环境质量的评价指标体系

环境质量评价始于 20 世纪 60 年代中期，美国最早提出了大气和水体的质量指数评价方法，相继提出了许多具有一定影响力的大气和水体质量指数，如格林大气污染综合指数、橡树岭大气质量指数等。20 世纪 70 年代以来，英国、日本、东欧等许多国家和地区陆续开展了大量的环境质量评价及理论研究，日本自 1972 年开始，把环境影响评价作为一项重要政策来实施，四十多年来研究成果颇多，提出很多种控制污染的方法，如浓度控制方式、K 值控制方式、总量控制方式等。我国的环境质量评价也始于这一时期，北京西郊的环境质量研究及官厅流域水源保护研究开创了中国环境质量研究的先河。进入 20 世纪 90 年代，随着可持续发展研究的兴起，环境质量评价得到广泛认同，研究方法、应用范围得到极大的丰富和拓展，已成为环境质量监测、项目可行性研究和重大经济活动必不可少的内容。

一、现有指标体系综述

目前还没有一个能够全面、科学地表征环境破坏和资源损耗整体水平的环境指标，环境评价指标可以分为单维度和多维度评价指标。

1. 单维度评价指标

这类指标的研究采用单一污染物排放，或虽选择多种污染物排放但分别独立地评价环境质量。

空气环境指标。其中主要包括二氧化硫（Stern，2004；Merlevede 等，2006；涂正革，2008；陈红蕾等，2009）、SPM（Dasgupta 等，2006；Akbostanei 等，2009）、一氧化碳（Bartz，2008）、二氧化碳（Lindmark，2002；Huang 等，2008；宋涛等，2007；林伯强等，2009）作为环境污染水平的评价依据。

水环境指标。罗卡等（Roca 等，2007）采用水污染物作为环境污染评价内容；黄菁（2010）分别选择工业废水、工业二氧化硫、工业烟尘三项排放指标作为环境污染评价内容；张红凤等（2011）从液体污染排放物、气体污染排放物以及固体污染排放物三个方面研究了环境质量。

废弃物指标。加万德等（Gawande 等，2000）对有害废弃物的环境质量进行了研究；宋等（Song 等，2008）选择固体废弃物产生量作为环境评价指标。

森林环境指标。克劳斯（Claus，2007）以森林覆盖率为环境质量评价主要指标。

其他指标。卢扎蒂等（Luzzati 等，2009）、奥尔姆等（Holm 等，2009）、埃斯梅里利等（Esmaeili 等，2009）借用不同的自然资源利用率为环境综合评价指标。

众多研究已经证明，单维度指标直接明了、便于理解，数据可得性、连续性强，可方便比较研究，在研究环境局部质量问题和针对性评价中应用广泛，但在评价环境整体质量时难免会产生“盲人摸象”的现象。

2. 多维度评价指标

多种污染物排放综合指标。采用此方法是将多种环境影响因素整合为一个综合反映环境质量的指标，其目的是将多维度的环境因素同时纳入一个指标。法勒等（Fare 等，2010）在评价电厂绩效的研究中利用有毒物质排放清单（TRI）构建了环境绩效指数；王西琴等（2005）研究天津环境质量时使用包括工业废水排放量、工业废气排放量、工业废弃物排放量在内的污染水平来表征综合的环境质量；沈锋（2008）在研究上海经济与环境污染中利用工业废水、工业废气和工业烟尘构造了上海综合污染水平指标；杨万平等（2008）在研究中国对外贸易、FDI 与环境污染中使用工业废水排放量、工业废气排放量、工业烟尘排放量、工业粉尘排放量、工业二氧化硫排放量、工业固体废弃物产生量六类污染排放物建立了中国污染指数指标；袁晓玲等（2009）在能源效率的研究中将工业废水排放量等六个指标综合为污染排放指数作为“非合意”产出指标；杨龙等（2010）基于综合多种污染物指标的思路，构造了综合评价指标。

多种污染物排放综合指标能够比较全面地反映环境质量整体状况，有利于对环境质量进行客观、公正、合理的全面综合评价，是环境质量评价的发展方向，但是由于缺乏统一的要素构成标准，导致综合指标各异，其评价结果也不一。袁晓玲等（2013）创造性构建了中国环境污染综合评价体系，但是其研究是从工业污染角度进行的，未考虑生活污染排放，忽视了人类自身生活方式对环境的影响，视野较窄。

可持续发展能力组成部分的环境质量指标。环境质量是可持续发展的重要组成部分，所以很多环境质量指标在可持续发展评价中得以体现。经济合作与发展组织（OECD）于 1991 年就提出世界上第一套环境指标体系，核心指标约有 50 个，分为环境压力指标（直接的和间接的）、环境状况指标和社会响应，该体系在 OECD 国家的环境报告、规划、确定政策目标、评价环境行为等方面得到了广泛应用。世界保护同盟（IUCN）与国际开发研究中心（IDRC）联合于 1995 年提出了“可持续性晴雨表”（Barometer of Sustainability）评估指标，关于环境质量从土地、水资源、空气、物种与基因、资源利用等 5 个方面要素的 51 个指标进行评价，是一个综合环境的结构化分析程序。2001 年联合国可持续发展委员会《可持续发展指标：指导原则和方法》建立了可持续发展指数，其中环境维度提出了 55 个标准。2002 年，世界经济论坛“明天的全球领导者环境任务组”和美国耶鲁大学耶鲁环境法律与政策中心、哥伦比亚大学国际地球科学信息网络中心合作建立了环境可持续性指数（ESI），是由环境系统、减轻环境压力、减轻人类脆弱性、社会和制度能力、全球管理等环境可持续性的 5 个核心部分组成，ESI 可允许进行国家间的环境可持续性比较，但缺乏时间序列数据，妨碍了对其准确性的验证。2006 年美国耶鲁大学和哥伦比亚大学共同创建了环境绩效指数（EPI），从空气质量、水质量、气候变化、土地保护 4 个方面评价环境质量。

这一类指标评价内容全面、结构完整，能够从环境维度全面评价可持续发展能力，但是该类指标作为可持续发展能力评价的组成部分，大多未能独立形成环境质量评价结果，且指标众多、计算复杂，再加上受数据可得性和连续性的影响，其应用受到限制。

二、构建环境质量评价指标体系

通过对文献的梳理可见，单维度评价过于片面，多种污染物综合评价普遍缺乏对生活污染的考查，而综合考虑可持续发展能力的环境质量指标却过于繁杂，存在不便于计算的缺点。综合以上问题，本书总体考虑决定环境质量的三方面因素，构建便于计算的环境质量评价指标体系（见表 7-1）。

表 7-1 环境质量评价指标体系

方面指数	分项指标	基础指标	计量单位	指标属性		
				正指标	逆指标	适度指标
自然因素	自然资源	人均水资源量	m^3/人	√		
		森林覆盖率	%	√		
	污染排放	单位产出废水排放量	—		√	
		单位产出二氧化硫排放量	—		√	
		单位产出固体废弃物排放量	—		√	
	污染治理	污水处理率	%	√		
		工业废水排放达标率	%	√		
		生活垃圾处理率	%	√		
		工业固体废弃物综合利用率	%	√		
	环境现状	PM10 指数	每立方米微克		√	

续表

方面指数	分项指标	基础指标	计量单位	指标属性		
				正指标	逆指标	适度指标
经济因素	产业结构	工业化率	%		√	
		第三产业占 GDP 比重	%	√		
		产业结构高级化指数	—	√		
	资源消耗	单位生产总值能耗	—		√	
		单位生产总值电耗	—		√	
社会因素	人口因素	人口密度	人/Km^3		√	
		人口自然增长率	%		√	
	基础设施	人均公共绿地面积	m^2	√		
		建成区绿化覆盖率	%	√		
	环保制度	环保投资占 GDP 比重	%	√		
		环保机构数目	个	√		

自然因素从自然资源、污染排放、污染治理和环境现状四个方面构建指标体系。自然资源主要衡量对人类生活至关重要的水资源量与森林覆盖率，人均化处理便于比较；在人类生活与经济活动中会排放多种污染物，本书构建的指标考查“三废”（废水、废气、固体废弃物）的排放，每个指标为单位产出值，其中包括工业、生活、机动车等的排放；对污染的治理有利于对环境质量的优化，这其中不仅包括对工业污染的治理，还包括对生活垃圾的处理，本书从工业与生活方面选取了四个指标，污水处理率、工业废水排放达标率、生活垃圾处理率以及工业固体废弃物综合利用率；最后通过 PM10 指数反映环境总体现状。

通过对环境质量影响因素的分析，本书从产业结构、资源消耗两个方面构建指标体系。产业结构主要测度第二产业发展状况、第三产业占比，第二产业占比越多对环境越有破坏性，第三产业对环境质量有优化作用；资源消耗主要考查经济活动对资源的损耗，包括单位产出耗电量和单位产出能源消耗量。

社会因素主要由人口因素、基础设施、环保制度三个方面构建指标体系。人口因素主要考查人口密度与人口增长速度，选取人口密度和人口自然增长率两个指标；基础设施是对环境质量有促进作用的设施，主要是绿化程度，包括人均公共绿地面积和建成区绿化覆盖率两个指标；环保制度是考查政府环保制度的设立与实施，本书主要选取了环保投资占 GDP 比重和环保机构数目两个指标。

表 7-1 列出了环境质量评价指标体系所用的全部指标，从中可以看出，环境质量由 21 个基础指标构成，其中所选择的基础指标均为各维度具有较高代表性和可比性的核心指标。

这些指标主要来自于《中国统计年鉴》《中国环境年鉴》以及地方统计年鉴与环境公报，大部分指标可以直接获得，需要计算的指标如下：

单位产出废水排放量=工业废水排放总量/GDP

单位产出二氧化硫排放量=工业二氧化硫排放总量/GDP

单位产出固体废弃物排放量=工业固体废弃物产生量/GDP

工业固体废弃物综合利用率=工业固体废弃物综合利用量/（工业固体废弃物产生量+综合利用往年贮存量）

工业化率（非农产业就业比重）=非农产业就业人数/总就业人数

第三产业占 GDP 比重=第三产业产值/GDP

产业结构高级化指数=第三产业产值/第二产业产值

单位生产总值能耗=能源消费总量/GDP

单位生产总值电耗=电力消费总量/GDP

人口密度=常住人口数/地区面积

人口自然增长率=（年内出生人数-年内死亡人数）/年平均人数×1000‰=人口出生率-人口死亡率

第五节　提高环境质量的路径

通过对环境质量评价指标体系的分析，自然因素、经济因素以及社会因素对环境质量的优劣有至关重要的作用，而提高环境质量也需要从这三个方面着手。

一、自然因素方面

自然因素是环境质量的基本，对环境质量的优化，需要我们加大对自然资源的保护，同时减少生活、工业污染的排放，并加大对污染治理的重视，从根本上提升环境质量。

1. 加强开采监督，保护自然资源

政府需要从源头保护自然资源不被过度开采，不破坏资源拥有地的环境。坚决查处小煤窑，规范煤炭、石油等资源的开采，减少开采中的资源浪费和对环境的破坏；保护水资源，控制生活、工业用水，加大节水力度，宣传节水重要性；保护基本农田，加大基本农田监管力度，在注重保证耕地数量的同时，更要注重提高耕地质量，坚持耕地数量与质量并重。

2. 减少污染排放

污染排放主要来自于三个方面：生活污染、工业污染、机动车污染。减少生活污染主要通过推广垃圾分类，并扩大对节约的宣传；对工业污染，需要提高污染排放成本，从根本上降低企业排放意愿，一旦发现企业大规模排污，勒令企业停产和整顿，并处以高额的经济罚款；减少机动车污染，需要我们大力推广限号出行、完善公共交通等措施，以减少对机动车的利用。

3. 提高环保投资，完善环保设施建设

环保投资的高低与污染控制力度存在紧密联系，环保投资越高，环保设施建设越完善，则相应的污水处理率、工业固体废弃物综合利用率等污染控制率越高，这对提高环境质量有重要意义。加大对环保基础设施的建设，污水处理厂、乡镇污水管网建设、部分垃圾填埋场、危险废弃物集中处置等基础设施的扩建、规范与完善。在经济发展的同时，应努力提高环保投资比重，从而完善环保设施建设，提高污染控制力度。只有将经济与环境并重，才能更好地实现环境质量的可持续改善。

二、经济因素方面

在经济发展过程中，不能仅仅依赖加速经济增长自动解决环境问题，经济增长并不是环境质量提高的万灵药，甚至不是决定环境质量的主要因素。由于环境问题的多样性、不可逆性和未来的不可预知性，我们不能通过试验

或者试错的方法解决环境问题，寄希望于单纯的市场调节或是人类对环境的逐渐适应都会带来无法预料的风险和隐患，因此防患于未然是各国共同的选择，为达到可持续发展目标，还需要多管齐下，从经济生活的各个方面入手，作出改善环境质量的努力。

1. 将环境考察纳入政府考核体系，发挥地方政府作用

中国目前的环境问题是过分依赖传统生产要素（物资资本）投入驱动的经济增长方式的结果，这种中国特色的经济发展动力，产生了独特的政府行为，即“促发展的政府”。不再单纯追求 GDP 的增长，而是更多地关注人们的生活质量、生活环境和幸福感，是从观念上首先需要树立的正确认识。同时需要地方官员逐步树立正确的政绩观念，真正从国家和人们的长远利益出发，消除急功近利的思想，确保环境和经济的可持续发展。最后要建立有效的问责机制，对节能减排指标没有完成和发生重大环境事故的主要领导实施有力的责任追究，不能仅仅浮于形式。在确定节能减排目标的同时需要科学合理的部署，建立长效机制，不能寄希望于简单的通过拉闸限电等短期的突击行动完成目标。通过从政绩角度协调地方政府的激励，有效地将环境保护的内在要求，逐步转化为地区经济增长行为和地方政府职能的变化，才能从制度的角度推动环境质量改善。

2. 转变增长方式，调整产业结构

转变经济发展方式、调整优化产业结构、合理布局产业是降低污染产生和排放、改善环境质量的重要手段，由于我国现阶段经济发展的特点，工业增加值占国内生产总值比重的降低并不意味着工业产值的降低，无法单纯从规模上减少污染物的产生和排放。因此促进经济增长不但要由主要依靠第二产业带动向依靠第一、第二、第三产业协同带动转变，而且要从第二产业中的工业内部入手，调整产业结构，逐渐淘汰各行业落后产能，鼓励低碳产业、清洁产业、循环产业和节能产业的发展，同时对污染企业实施搬迁改造，从而减少污染物的产生和排放，提高环境质量。

3. 推动技术创新，加大环保投入

从技术进步的角度看，加大保护环境质量的科研技术投入对减少污染物排放有积极影响，因此通过各种经济手段激励低碳环保技术的发展是环境保护的必由之路，但是我国目前的环保投资效率低下，工业污染治理投资对减少污染物排放没有起到显著的作用。因此，加大环保投资的力度、提高环保投资的效率、改善环保投资的结构是未来环保投资体制改革和制度创新的方向。

4. 建立激励机制，产生内在动力

环境退化是由多种因素导致的，不同阶段的环境退化与经济增长有着不同的关系，发展中国家的环境退化与人口压力、自然资源的过度开发、非密集的生产方式、低生产率等有关，发达国家的环境退化则更多地与过度消费相关。处于不同发展阶段的国家可以有针对性地减缓环境退化。对于我国这样的发展中国家，经济平稳增长与环境质量改善可以并行，其前提条件是在人们的收入水平提高的同时，实施有效的环境政策，对企业和个人的行为形成正确的激励，引导企业和个人在污染排放和能源消费上朝着有利于提高环境水平的方向发展。而人均收入水平的提高只是为环境政策的出台和有效实施提供了必要条件，保障了污染减排的投资增加、节能减排技术的研发等物质和技术条件的满足。因此，必须同时采取提高节能治污能力和促进经济持续稳定增长的组合政策手段，才能保证均衡增长路径的实现。

5. 转变消费意识，提倡绿色生活

环境问题与我们每一个人都是息息相关的，加强环境宣传工作，充分利用广播、电视、电影、报纸等大众传播媒介进行环境知识的普及和教育，努力营造节约资源和保护环境的舆论氛围，对于提高公众的环保意识、唤起环境保护的危机感和紧迫感有重要的积极作用。从消费者的角度看，倡导低碳消费这样的绿色生活方式是节约能源、减少污染排放的有效途径。只有每个国家、每个企业、每个人都行动起来，将环境保护的理念贯彻到经济生产和日常生活的方方面面，通过我们的共同努力改善生态质量、提高环境水平，我们的后代才有希望生活在一个绿色的星球上。

三、社会因素方面

提高全民环境忧患意识，建立广泛的公众参与机制。让全社会知道环境问题的现状和风险，唤醒全面特别是各级决策层的环境忧患意识，激发全民的急迫感和责任感，树立环境道德观念，遵守环境道德规范。

1. 提高全面环境意识

把可持续发展和生态文明的发展思想作为社会主义文化和道德建设的重要内容。要通过电视、广播、报刊、网络、展览、书籍等各种媒体，加大环境警示教育力度，要增加对环境问题报道的深度，分析揭示深层次原因，引导公众进行思考和讨论；把可持续发展意识和生态文明的观念纳入基础教育、高等教育、职业教育、专业培训和党校教育中。大力弘扬环境文化，倡导生态环境文明，使中华民族珍爱自然、人与自然和谐相处的传统美德在新时期得到发扬光大；要把节约资源、保护环境的观念渗透到精神文明建设的细节中，大力提倡有益于节约资源和保护环境的绿色消费、绿色营销。

2. 建立公众参与机制

把公众参与环境保护作为新时期人民参与社会政治生活的一项内容，加强舆论导向和公众监督。要建立环境信息公开透明制度，各级政府和重点排污单位要通过建立地区水质和饮用水质监测制度、食品检测公布制度、企业可持续发展的报告制度等多种形式，公开环境质量状况及企业环保行为。要扩大公开范围，拓宽公开渠道，加大公众的环境知情权，对环境有影响的建设项目和重大举措，公众可全过程参与监督。设立环境保护投诉电话，积极实行有奖举报制度。鼓励专家学者为政府的环境保护做工作，在政府与科研单位、大专院校之间形成广泛的合作。

3. 建立和完善现代化的环境监测监控系统

按照统筹协调、资源共享、高效规范的原则，建立和完善现代化的环境监测监控系统，建成城市空气质量自动监测网络系统、地表水水质监测网络系统、重点污染源总量控制在线自动监测网络系统，全面实现环境质量的预测预报。建成全国环境信息网络系统，实行信息化管理。建立污染事故应急监测和应急处理系统，机动性强、快捷准确，全天候处理任何环境突发事件。

第三篇

中观质量经济学的范式与标准

第　八　章

产业发展质量的经济学分析

近年来，经济增长质量一直是学术界研究的热点问题，然而与经济增长密切相关的产业发展质量却较少得到关注。随着经济全球化和区域经济一体化的迅猛发展，我国采取“引进、消化吸收、创新”和“用市场换技术”的模式短期内对我国产业发展起到了积极的促进作用，但是从长期看却难以解决我国对国外技术的依赖，我国庞大的工业体系处于全球价值链的中低端，产业发展已经成为制约我国经济发展的首要问题，并成为我国制定国家战略的核心基础和主要因素。因此，从质量经济学的视角对我国产业发展质量进行综合评价，对于今后政府制定产业发展政策具有重要的指导作用。

第一节　产业发展质量的内涵

一、产业发展质量的来源

产业发展是指产业的产生、成长和进化过程，既包括单个产业的进化过程，又包括产业总体，即整个国民经济的进化过程。而进化过程既包括某一产业中企业数量、产品或者服务产量等数量上的变化，也包括产业结构的调整、变化、更替和产业主导位置等质量上的变化，而且主要以结构变化为核心，以产业结构优化为发展方向。因此，产业发展包括量的增加和质的飞跃，包括绝对的增长和相对的增长，即产业发展的数量和产业发展的质量。

迄今为止，学术界对于“产业发展质量”一词的含义并没有明确的界定，比较接近的是一些对区域产业发展状况评价的研究中较多地使用“产业发展状况”这个概念。

二、产业发展质量的评价

国内学者基本都是以产业经济学的理论为基础，以中国的经济环境为背景，以某个具体的产业为研究对象，建立质量评价指标体系。如唐葆君（2002）在相关理论分析和对我国文化产业属性、特征考察的基础上，参照国内外相关资料构建了我国文化产业综合评价指标体系的结构框架；温志宏（2004）提出，第三产业的升级优化应从数量的增长、比例的增加、结构的改善、质量与效益的提升、效率的提高、发展的潜力等六个方面来说明和评判；雍红月、李松林（2005）提出以七个指标对服务业发展进行评价；李健、贾玉革（2005）设计了一套涵盖金融产业结构、市场结构、融资结构、资产结构、开放结构五个方面，宏观、中观和微观三个层次，立体化、多视角的金融结构分析指标体系，涉及100多个指标；杨建华、卢波（2005）在对电子信息产业发展特征研究的基础上，提出了评价该产业指标体系的原则和结构；李宜春（2006）提出可用三个模块、五大要素以及若干个竞争面和若干个评价指标，来构成综合的评价指标体系，从而对省域文化产业竞争力进行总体评价；刘翀（2006）研究了“新型制造业”产业评价指标体系的定位及设立原则，并在此基础上从经济创造能力、科技竞争能力、环境资源保护能力三个方面初步构建了“新型制造业”产业评价指标体系；李道芳、陈琳、赵恒志（2007）提出产业发展现状的构成要素主要有产业规模、产业结构、产业经济效益、产业科技创新能力和产业环境资源保护能力，对产业进行评价应从以上五个方面入手，并对产业发展评价指标体系进行了研究；张毅（2007）通过麦克尔·波特的五力模型，结合国外创意产业发展规律和我国的实际，探索了符合我国国情的创意产业评价指标体系；北京世纪中经投资咨询公司（研究报告，2006）则在“跟踪产业发展，突出产业特色”的总体构想下，采用七个结合、三次论证、系统分析的方法，提出了中关村科技园区高新技术产业发展指标体系；刘义成（2009）在评价高端产业发展质量的视角、尺度、方法和原则的基础上，构建了相关指标体系；朱建民、魏大鹏（2013）在文献资料回顾梳理基础上，从产业竞争力生成能力、产业控制力、产业生态环境、产业竞争力、产业依存度五个方面构建了产业安全评价指标体系。通过以上总结可以看出，尽管评价指标体系的设计取得了具有开创性、建设性的成果，但依然存在产业发展质量内涵不清楚，过分强调产业竞争力，对国际投资过度关注和警惕，评价体系未体现产业发展是否具有可持续性及健康发展要求，只是适合于某种产业评价等问题。因此，本书在以上研究的基础上，结合对产业及其发展特性的理解，认为：产业发展质量是指区域特定产业在发展过程中所蕴含或体现出来的综合发展能力，具体包括产业规模和效率、产业结构、产业可持续发展能力、产业辐射能力、产业对外依存度、产业国际竞争力等六个方面。本书将从这六个方面入手，提出一套较为科学合理的评价视角、尺度、方法和原则，进而构建产业发展质量评价指标体系。

第二节　产业发展质量的标准

一、产业发展的自身价值

产业发展的自身价值：第一，就产业竞争力而言，在某一产业的生产效率、市场需求以及持续获利能力等方面使产业具有竞争优势。各国之间产业竞争力比较的内容就是产业竞争优势，而产业竞争优势最终体现于产品、企业及产业的市场实现能力。要努力使得企业或产业能够以比其他竞争对手更有效的方式持续生产出消费者愿意接受的产品，并由此获得满意的经济收益。同时，也应该从影响区域经济发展的产业集聚、产业转移、区位优势等方面分析和判断产业发展质量。第二，就产业结构而言，从产业结构合理化标准向产业结构高级化标准递进，从产业科技创新发展层面，评判产业发展质量的高低。经过三十多年的高速发展，我国多数产业目前已经出现产能过剩，日新月异的科技进步导致市场竞争日趋激烈，同时，消费需求呈现的“多元化、高端化、品牌化、服务化”特征，使产业结构由合理化向高级化推进的要求日趋明显。第三，就产业组织而言，从分析单个产业内部的市场结构、厂商行为和经济绩效三方面入手，评判产业发展质量。

二、产业发展的社会价值

产业发展的社会价值：第一，在产业的品牌效应方面，评价产业发展质量高低的一个重要指标就是看产业向社会提供产品和服务质量的好坏，以及产业品牌识别度和认可度的高低。第二，在产业吸纳就业人数方面，吸收一定量的人员就业从某种程度上也反映出产业发展对社会的贡献。第三，在纳税方面，反映出产业对国家和社会正常运行和发展的贡献。

三、产业发展的环境价值

衡量产业发展质量不仅要考察产业自身的经济指标和经济价值，还要考察产业发展所带来的环境价值。任何产业的发展都会对外部环境产生影响，因为产业是在外界环境的包围中发展的。随着经济全球化和技术创新速度加快，生态环境已经成为衡量产业发展好坏的一个不可或缺的因素。调整产业结构，提升技术创新水平，提高资源利用效率，倡导低碳产业发展，从创新、资源、生态方面，把握产业发展的潜力以及产业可持续发展的能力。

四、产业发展质量的评价方法

评价方法需要综合考虑评价的目的、任务、视角和尺度，以及数据采集难度及准确性等影响因素。为使评价既有定量的客观性，又能够全面、系统、深入，这里采取定性分析与定量表述相结合的方法，实现统一结构、关键描述、全面量化。

———统一结构：通过一级指标、二级指标确定产业评估的方向和结构，形成既可以评价整体产业又可以通过指标细化分析某个行业的全覆盖评价体系。

———关键描述：在每个评价方向选取关键的、有代表性的、可以量化的指标，进行定量描述。通过关键指标展现特征、引导问题的分析。

———全面量化：通过数据的标准化处理，实现全部指标的直观图表；对于部分定性指标，尽可能采取公式或判断法则实现量化。

第三节　产业发展质量的决定因素

一、“六因素模型”的提出

产业发展所涉及的范围十分宽泛，但在一些关键方面具有明显的共性，这是建立一套相对统一的评价产业发展质量的指标体系的基础。本书基于质量经济学理论、产业经济学理论、产业发展理论，结合各个已有评价体系的优点，提出了新的产业发展质量指标体系的“六因素模型”，即由产业规模和效率、产业结构、产业可持续发展能力、产业辐射能力、产业对外依存度、产业国际竞争力构成。“六因素模型”产业发展质量评价体系能够客观、准确地反映影响产业发展质量的主要因素，具有科学性和战略性、可控性和规范性、系统性和层次性、相关性和无冗余性、实用性和可操作性等特征，确保产业发展质量的决定因素更加完善，评价结果更加准确。

二、“六因素模型”的特点

第一，充分借鉴和利用国内外已有的对产业发展质量的评价成果，采用因子分析方法和层次分析方法，剔除一些相关性较高的指标，增加一些能够以反映产业发展质量动态性的关键性指标，并运用熵值法对产业发展质量评价指标进行权重设置，尽可能减少人为因素的影响，从而更加确保了指标的完整性、全面性、系统性和科学性。

第二，提出产业竞争力指标。产业竞争力是指一国重要的国民产业在竞争中具有较强的竞争力，具有满足国民经济各部门发展和国家安全需要而制造各种技术的能力，在其生存与发展中不受来自内外部因素的威胁而具有持续发展的能力。因此，拥有较高产业发展质量的标准就是具备提高产业竞争力的能力。产业竞争力的生成能力是指企业对前沿知识、先进技术以及资源进行技术化、产品化、规模化和市场化中所表现出来的选择、汲取、整合、转化和运用的能力，达到产品的自主研发、自主设计、自主制造。产业竞争力是强调在资源要素基础之上运用资源配置能力和生产能力的提高而形成的竞争优势，是生产力生成能力的优化和源泉，是一个不断上升和突变的过程。在经济开放的环境下，某国具备这种“竞争力”，就能从根本上提高产业的竞争力、控制力和可持续竞争力，从而提高国家产业发展质量。

第三，强调产业发展基础，强调提高产业发展质量的共性，即产业结构由第一产业逐渐向技术密集、知识密集、资本密集的第二、第三产业转移，产业附加值增大；产业的创新能力增强；具有较强的集聚特征并且合理的集聚能够更好地促进产业发展；都有很强的动态融合性，产业的关联性及产业链条的相互支撑作用都很强等。产业发展质量评价指标体系的构建，就是在这些共性的基础上，深刻把握产业的地位、价值、功能、发展方向与要求，确立评价产业质量的视角、依据和评价标准。

第四，强调产业可持续发展能力和产业辐射能力。从技术吸引国转化为技术创新国的转轨过程中，市场资源、自有的产业技术基础特别是基于本国企业而形成的技术开发平台、研发资源等是实现可持续发展的必要条件。因此，企业的自主创新能力，以及企业所面临的制度环境和生态环境都是产业能否可持续发展的重要因素。同时指出，产业的辐射能力是产业发展的重要因素，产业对国内就业市场的推动、对劳动者素质的提高，以及对政府税收的贡献都是产业发展质量的一个体现。就国际而言，从产业品牌的国际影响力，以及对入驻外企的影响作用，也可以判断出产业发展质量。

第五，针对以往国家技术产业战略引导下的产业和技术追赶为主要目标的战略思维、政策体系、组织能力和技术概念，书中融入了国家战略的思考。同时对于那些涉及体制、制度和政策方面的相关因素，本书在处理时适当给予分解和异化，利用熵值法和变异系数法，用一些可测性和定量性的因素替代。

第四节　产业发展质量的评价指标体系

产业发展质量的评价指标体系（见表 8-1）的建立遵循以下五大原则：（1）遵循客观性原则。在评价过程中尤其在指标筛选过程中尽可能不受主观因素影响，要反映客观事物发展的现状，特别是要有针对性地指向产业发展面临的主要问题，要尊重定量分析得出的结论。（2）遵循综合性原则。在评价过程中评价指标体系应涉及足够广的范围，要体现很强的综合性，能够全面反映产业发展质量，包括资源、环境等因素都应列入体系之中。

（3）结构性原则。每一组指标和其他组指标呈结构性关系，可以分别表示产业发展质量的不同维度。（4）一致性原则。指标设置应当和评价目标具有一致性，要侧重从产业结构、产业创新水平、产业发展效率、产业发展可持续性等方面考察。（5）简明性原则。指标体系应避免相同、含义相近或相关性较强的变量重复出现，做到简明、概括、实用，并且应尽量使用易度量、易于获取的指标数据。

表 8-1 产业发展质量的评价指标体系

方面指数	分项指标	基础指标	计量单位	指标属性		
				正指标	逆指标	适度指标
产业规模与效率	规模	产值	亿元	√		
		固定资产	亿元	√		
		企业数量	家	√		
	效率	资产利润率	%	√		
		全员劳动生产率	%	√		
		产值利税率	%	√		
	效益	增加值增速	%	√		
		利润增速	%	√		
		税收增速	%	√		
		企业数量增速	%	√		
		从业人员增速	%	√		
产业结构	产业结构	工业化率	%	√		
		产业结构高级化指数	—	√		
		第一产业比较劳动生产率	%	√		
		第二产业比较劳动生产率	%	√		
		第三产业比较劳动生产率	%	√		
		二元对比系数	—	√		
		二元反差指数	—		√	
		产业集中度	—	√		
		产业集聚度（HHI）	—	√		

续表

方面指数	分项指标	基础指标	计量单位	指标属性		
				正指标	逆指标	适度指标
产业可持续发展能力	自主创新	企业专利数量年增长率	%	√		
		新产品销售收入比重	—	√		
		企业科技研发投入	%	√		
		企业技术收入增长	%	√		
	资源消耗	单位产出耗电量	千瓦时		√	
		单位产出能源使用量	千克石油当量		√	
	生态环境	工业废水排放	万吨		√	
		工业二氧化硫排放	万吨		√	
		工业固体废弃物排放	万吨		√	
	制度环境	财政投入	亿元	√		
		当年反倾销、反调查占出口的比重	%		√	
产业辐射能力	国内	就业增长率	%	√		
		劳动力素质	年	√		
		税收	亿元	√		
	国际	国际影响力（品牌）	—	√		
		入驻机构情况	家	√		
		利用外资情况	亿元	√		
产业对外依存度	产业出口依存度	该产业出口贸易总额与该产业的国内生产总值之比	—			√
	产业进口依存度	该产业进口贸易总额与该产业的国内生产总值之比	—			√
	产业资本依存度	该产业的国外资本存量与该产业当年的总产值之比	—	√		
产业国际竞争力	产业国际市场占有率	某产业的出口额与世界该产业的出口总额之比	—	√		
	产业贸易竞争力指数	TC	—	√		

一、产业规模与效率

规模与效率是评价产业发展质量的基础性指标，它重点从产业自身规模及其增减变化和产业赢利能力的视角，评价产业的综合实力。这里选择具有代表性的规模、效益和增速三个方面来反映。

规模指标反映产业目前在人、财、物方面的基本概况，它能够从产业经济存量的绝对值方面客观显示产业发展现状。这里选用产值、固定资产和企业数量三个细分指标来反映。效益指标是产业创造的企业效益和社会效益的综合体现，主要反映产业赢利能力和对经济社会贡献的大小。这里选用资产利润率、全员劳动生产率和产值利税率三个指标来反映。其中，产值利税率=报告期产业利润与税收总额之和/该年产业产值（营业收入）。增速指标反映产业发展的扩张能力，不仅包括产业自身的增长，也包括对社会贡献的增长。这里选用增加值增速、利润增速、税收增速、企业数量增速和从业人员增速五个指标。

二、产业结构

产业比较劳动生产率的变动趋势。产业的比较劳动生产率是指该产业的产值比重与该产业的就业比重的比值。某一产业的比较劳动生产率越高，则表明1%的劳动力在该部门所创造的产值比重越高。比较劳动生产率大致能客观地反映一个部门当年劳动生产率的高低，通常第一产业比较劳动生产率低于1，而第二、第三产业比较劳动生产率高于1。比较劳动生产率越高，表明本部门的产值与劳动力比值越大。第一产业和第二、第三产业的比较劳动生产率的差距越大，经济的二元性越显著。对比三大产业，若三大产业的比较劳动生产率的值越接近，则表示产业结构越协调，产出效益就会越高。

二元经济结构。由于我国具有典型的二元经济结构特征，二元经济结构在很大程度上能够反映出地区产业结构状况。二元经济结构的典型指标是二元对比系数和二元反差指数。

二元对比系数=农业比较劳动生产率/非农业比较劳动生产率

二元反差指数=| 非农产值比重- 非农就业比重 |

二元对比系数越接近于1，二元反差指数越接近于“0”，表明二元结构在劳动生产率上的差异越小，资源配置的效率越高，非农产业产值结构和产业的就业结构越合理。

三、产业可持续发展能力

潜在影响因素决定产业的持续发展能力及发展潜力。在此选择创新、政策、制度、资源和环境五个方面来综合反映。创新的衡量需要从投入、产出两个方面进行考察。在此采用效益、投入、创新机构情况及知识产权情况四个指标来反映。

资源是指产业外部为产业内部企业生产过程所提供的资源要素，是产业得以持续发展的必要条件。在此采取具有代表性的行业关键资源来反映，如人力资源、资金资源、市场消费能力等。

环境是产业发展的支撑条件和先决条件，是产业能否获得稳定和可持续发展的重要保障。在此采用政府服务效率、节能减排、信息技术支持和基础设施四个指标来考察。

——政府服务效率指标反映政府部门办事的及时性、方便性、全面性以及服务态度的好坏。用政府对外开放度、企业满意度等定性指标反映。

——节能减排指标反映产业在节约能源、降低消耗、减少排放、提高经济运行效率方面的发展情况。主要采用万元 GDP 能耗指标来反映。

——基础设施指标反映道路、水、电等基础设施建设和完善情况。

四、产业辐射能力

判断产业发展质量除了从自身角度，还要从产业对区域经济社会发展的贡献、对区域外部的影响程度以及对提升区域品牌文化的作用等视角来衡量。这里从区域贡献、外部效应和文化影响程度三个方面来反映。

区域贡献反映产业对区域经济社会发展的促进作用的大小。在此主要从就业带动和财政贡献两个方面进行考察。外部效应反映区域产业对外部区域的影响大小，它不仅包括国内影响力，也包括国外影响力。在此选择国际影响力、入驻机构情况、利用外资情况三个方面来反映。其中国际影响力反映区域产业在国际上的知名度和渗透程度，入驻机构情况和利用外资情况反映区域产业对国际机构的吸引力以及对经济增长的推动力。品牌文化反映区域产业整体品牌文化在国内外的知名度及文化渗透力，这里用文化影响程度反映。

五、产业对外依存度

一国产业对外依存度的高低在某些方面也反映了产业发展质量。这里从产业出口依存度、产业进口依存度和产业资本依存度三个方面来反映。其中产业进出口依存度主要通过产业进出口贸易总额与该产业的国内生产总值之比来反映；产业资本依存度主要通过产业的国外资本存量与该产业当年的总产值之比来反映。

六、产业国际竞争力

产业国际竞争力是衡量一国产业发展质量的一个重要方面。本书选择产业国际市场占有率和产业贸易竞争力指数两个指标来反映我国产业国际竞争力水平。其中，贸易竞争力指数，即 TC（Trade Competitiveness）指数，是对国际竞争力分析时比较常用的测度指标之一，它表示一国进出口贸易的差额占进出口贸易总额的比重，即 TC 指数=（出口额-进口额）/（出口额+进口额）。该指标作为一个与贸易总额的相对值，剔除了经济膨胀、通货膨胀等宏观因素方面波动的影响，即无论进出口的绝对量是多少，该指标均在-1—1 之间。其值越接近于 0 表示竞争力越接近于平均水平；该指数为-1 时表示该产业只进口不出口，越接近于-1 表示竞争力越薄弱；该指数为 1 时表示该产业只出口不进口，越接近于 1 则表示竞争力越大。

产业国际市场占有率= 一国出口总额/世界出口总额。一个产业的国际竞争力大小最终将表现在该产业的产品在国际市场上的占有率。在自由、良好的市场条件下，本国市场和国际市场一样，都是对各国开放的。一种产品在国际市场的占有率，反映该产品所处产业的国际竞争力大小。这个值越高，就表示该产品所处的产业所具有的国际竞争力越强，反之则越弱。

第五节　提高产业发展质量的路径

一、坚持调整产业结构，积极实现产业升级

打造具有足够竞争力的新型制造业体系。制造业是经济增长的动力源

泉，是技术创新的源泉，也是创造就业机会的源泉。避免出现产业空心化以及发达国家“工业化—去工业化—再工业化”的困境。我国的制造业目前面临去工业化的压力，制造业处在成熟期阶段，即制造业企业普遍具备了较为先进的生产设备和强大的批量生产能力，生产的产品基本能做到数量和质量的双重保证，在国际市场具有很高的占有率。但是，这个阶段的制造业产品附加值很低，中国企业主要依靠价格优势参与国际竞争。因此，中国虽然是世界第一制造业大国，但企业真正的利润率很低，核心竞争力也较弱。一旦出现成本上升以及其他国家的产品竞争，中国制造业企业的利润空间将迅速缩小，甚至出现大面积的中小企业倒闭。因此，在面对去工业化挑战时，中国的制造业企业需要提升产品技术含量，增加产品附加值。同时还需要突出产品的差异性，打造品牌效应，提升中国制造业在国际上的核心竞争力；坚持发展新型工业化，充分利用信息技术提高制造业的技术含量，发展科技含量高、经济效益好、资源消耗低、环境污染少、人力资源优势得到充分发挥的相关产业。

二、转变经济增长模式，降低产业对外依存度

中国经济发展的一个重要问题就是太过于依赖出口和投资，消费的贡献率一直偏低。发达国家的居民消费率一般在70%左右，发展中国家的平均居民消费率也在50%上下。中国近十年的居民消费率长期保持在40%以下，并处在逐年降低的趋势中。这带来的是“投资依赖症”和“外需依赖症”。发展初期，高投资和高出口对经济增长的拉动效果非常明显，往往能带来一国经济的腾飞。但随着经济发展到一定阶段，这种依赖症就会变成经济发展的制约因素。随着中国在国际贸易中的比较优势下降以及国内投资过热、产能过剩的情况出现，可以预见到，传统的依靠投资和外需拉动经济增长的模式将会出现问题。

因此，要解决中国经济增长对出口和投资的过度依赖问题，一条有效的路径是，在结构性去工业化的大背景下，转变经济增长模式，刺激消费，扩大内需，让制造业的落后产能顺利转化成其他高附加值的产业。我们应该认识到，转变经济增长模式和扩大内需必须建立在结构性去工业化的基础上。要改变中国过于依赖投资和出口的经济增长方式，必须要实现两个目标，即

传统制造业平稳退出和国内购买力快速增长。结构性去工业化恰能实现这两个目标。中国经济的一个重要特征是二元化结构，这是中国经济发展不平衡造成的一种两极分化现象。在这样的背景下，中国各地区的经济发展也会出现参差不齐的状态。根据已有的研究，中国东部沿海发达省份已经出现了区域性去工业化，而中西部地区则还在工业化进程之中。实现区域性去工业化的沿海发达地区逐渐将制造业转移到其他省份，制造业的重心将会向中西部地区转移。而中西部地区通过承接产业转移带来的收入增加，也会增加内需，促进中国经济从投资、出口拉动型转变为消费、内需拉动型。

三、坚持可持续发展策略，实现产业生态化

环境问题已经开始影响到全世界的经济增长，未来全球需要处理的一对关键矛盾就是经济发展与环境保护的矛盾。中国制造业以劳动密集型和资源密集型的生产方式为主，并依靠低廉的生产要素价格以及宽松的环境标准取得了国际市场的竞争力。但是这种以高能耗、高污染为代价的粗放式生产模式会直接导致环境污染。随着居民对环境质量要求的提高，传统的制造业企业发展空间将会越来越小。要解决发展与环境的矛盾，就需要淘汰高能耗高污染的传统制造业，同时通过产业结构调整和经济发展模式转型，扩大国内市场，提高国内消费，保持中国经济较高的增长率。通过产业的结构性调整，保留核心制造业的竞争力，并通过技术改良以及产业结构升级，解决传统制造业带来的环境污染问题。同时，解决经济发展与环境保护的矛盾，一条较为有效的产业路径就是实现产业生态化。产业生态化是为了解决产业经济发展与环境保护和资源的可持续利用问题而提出的，这种新型的生产理念要求在产业领域倡导新的经济规范和行为准则，并最终实现产业的可持续发展，促进人与自然的协调发展。因此，产业生态化是后工业化时代全新的产业发展道路，也是未来中国结构性去工业化的一种具体实现模式。

第九章

工业化质量的经济学分析

工业化是经济发展的主题，任何一个国家的经济增长和发展都不可能脱离工业化。但是工业化的发展进程是有阶段性的，不同阶段工业化的特征也有所不同。在引入时间性的阶段因素之后，工业化可以分为初次工业化和再工业化。一次工业化是落后地区初次开发过程中的工业化，这些地区的产业结构是以农业经济为主的，为了将其产业结构转变为以工业为主，需要努力推进工业化进程，因此一次工业化的实质是推进工业化进程，加速完成某些地区的工业化，与这一过程相伴的还有劳动力从第一产业向第二产业的大规模转移。再工业化是在工业化发展有了一定基础的情况下为了提升工业竞争力，依据技术进步的需要和市场结构变化的需要对工业经济结构进行调整实现规模经济或者对工业化有了一定发展的地区或某些行业的工业化进行再开发与再发展的问题，与这一过程相伴的是城市化、现代化进程的发展，以及第三产业的繁荣和劳动力向非农部门的第二次转移。从一般意义上而言，工业化是一个结构转变的过程，是指传统农业社会向现代工业社会的转变，是工业化发展到一定阶段之后，依据自然条件、技术条件、市场需求条件以及社会经济的综合条件对原有工业化、经济结构进行重大调整并在此基础上充实工业化的产业基础和提高产业素质在更高层次上推进工业化和现代化的过程。

在世界工业化发展过程中再工业化具有一般性，发达国家和发展中国家在工业化发展到一定阶段之后都要依据技术的变化、市场的变化进行工业化发展的结构调整，在原有工业化发展的基础上进行二次工业化，从而着重提高工业化质量。例如，第二次世界大战后美国传统工业开始步入衰退期，传统产业内部再没有出现重大的技术创新，传统工业部门产量总体呈下降趋势，所占世界份额降低，在与日本制造业领域里的竞争中逐步丧失了世界领先地位。但是与此同时，美国的信息产业在美国经济中的比重不断提高，在20世纪70年代初期，其产值已占GDP的50%，信息产业成为美国的第一支柱产业。在这一情况下，美国对传统产业进行了信息化改造，改造的目的在于应用第二次世界大战后新技术革命的成果，将信息技术推广到各个部门和领域，使传统工业部门再工业化升级为技术密集型产业，给传统产业带来生机和活力，促进国民经济向更高的技术层次转化和产业升级。信息技术不断向传统产业渗透，成为美国传统产业重新焕发生机的主要推动力。发展中国家的工业化在经过20世纪40年代至70年代的发展之后，在80年代开始进行工业经济结构的调整，实施经济改革，这也是一次典型的再工业化。一次工业化是再工业化的基础，再工业化是在一次工业化的产业基础上的再开发和进一步发展，是工业化的比较优势与竞争优势的转化过程。

面对世界经济发展的新趋势，发展中国家的工业化进程就是发展方式转型的具体表现。在工业生产效率方面，发展中国家的劳动生产率、工业增加值率与世界先进水平相比也有较大的差距。同时工业的生产设备、产品质量、研究和开发能力仍与国际一流水平差距较大，这在技术密集型产业和高新技术产业中表现得特别突出。目前亚洲地区一些工业化进程较快的发展中国家虽然具有了世界工业化中期阶段的典型特征，但是也要看到，要追赶发达经济体的工业化水平还有许多艰巨的任务要完成，不仅要加快工业化的进程，而且要提高工业的现代化水平。这意味着向发达工业化演进的过程不能通过传统的工业化道路，例如只注重工业总量增加来完成，必须通过促进优化工业结构和质量来实现。

第一节　工业化质量的内涵

工业化这一概念的内涵十分丰富，既有量的规定，又有质的规定。量的规定是指工业的增长速度和工业化进程，质的规定是指工业的规模经济、技术水平、工业结构、劳动力素质、能源消耗、资源利用、工业效益以及对生态环境的影响等。总之，工业化是速度与效益、数量与质量、经济增长与社会发展及环境保护的统一。工业化质量决定城市化进程和现代化的程度，它是一个国家城市化、现代化建设中核心的经济基础与关键问题。对发展中国家而言，在实现高速经济增长之后，重视工业化质量、强调工业化质量的改善变得十分迫切，影响着一国经济未来可持续发展的能力，因此把提高工业化质量作为发展中国家工业化发展的目标是实现工业转型、产业结构调整、效率提高的基本前提。

第二节　工业化质量的标准

提高工业化质量有别于以往传统工业化的标准，工业化质量应当从以下几方面标准来考察。

一、环境标准

工业化发展趋势更加突出工业化质量的地位，强调提升工业化质量。在工业化中大力采用高新技术、新能源技术、节能技术和清洁生产技术，实行环境标志认证、清洁生产审计或环境管理体系认证等制度，要求不断提高产品的绿色化程度，提倡循环使用、回收利用、重复利用各种资源，扩大再生资源的利用范围，提高不可再生资源的利用效率，保护各种资源、保护生态环境，实现可持续发展。

二、工业生产能耗标准

工业化质量问题，突出地表现在能源、原材料消耗比较高。在我国经济高速增长的背后，单位 GDP 能耗约为世界平均值的 4 倍以上，为日本的 14 倍多。我国石化、电力、钢铁、有色、建材、化工、轻工、纺织 8 大行业的主要产品单位能耗平均比国际先进水平高 40%，这导致资源利用效率比较低。目前，我国能源利用效率为 33%，比发达国家低 10 个百分点。矿产资源综合利用率仅在 30%左右，而美国、日本等发达国家的综合利用率则达到 66%—92%。在国内生产总值 GDP 中，“黑色 GDP”所占的比重较大。

"黑色 GDP"是指以资源环境为代价换取的 GDP，是一种不健康的经济增长，是以牺牲自身生存环境取得的。

三、废物再生资源化标准

发达国家有色金属再生资源的产量一般占有色金属总产量的 30%—40%，而我国仅为 15%—20%。我国每年约有 500 万吨废钢铁、20 万吨有色金属、1400 万吨废纸及大量的废塑料、废玻璃等没有被回收利用，造成工业生产固体废弃物比例高、浪费严重，因此通过循环经济解决这一问题有利于促进工业化质量的较大提高。

四、工业项目质量标准

一些地区在招商引资中，片面追求工业项目的数量，忽视工业项目的质量，引资项目的档次比较低。特别是一些经济发展相对落后的地区为了加快本地区工业化进程，引进了不少资源消耗大、环境污染严重的企业，避免忽视质量的低水平扩张。

五、工业利润标准

传统工业化道路在丰富的资源条件下，走的是一条资源依赖型的工业化道路。在以资源为基础的工业化过程中一方面加大对资源的开采力度；另一方面也进行了些粗加工和资源转化工作。由于矿产资源等是不可再生资源，随着市场需求的扩大和资源稀缺程度的增加，产品的价格不断上涨，开采和生产相同产品和产量获得的利润在原则上会不断上升。但实际上这样的利润模式却是不可持续的，而且会引起资源过度开采，生态污染和资源富集区的贫困以及居民健康质量水平低等问题。工业化质量为原则的利润标准则以循环经济、清洁生产为途径获取。

第三节　工业化质量的决定因素

工业化质量改善的决定因素在于三个方面：加快调整优化产业结构，推进工业整体升级；以技术创新提高企业的生产效率，增强企业的创新能力实现规模经济；发展循环经济，以清洁生产、集约生产推进传统工业化向现代工业化的转型。

首先，从吸纳劳动力的角度来看，在工业化过程中产业结构的演进遵循着轻工业、重工业、第三产业的发展轨迹。轻工业劳动需求大和劳动密集型的特点引起劳动力从农业部门转向城市的工业部门，重工业是资本密集型产业，对劳动需求较小，但它却是第三产业的基础。一个国家工业化技术水平主要取决于重工业，其低技术密集性导致整个工业化体系结构的弱质。第三产业服务业也具备劳动密集型的特点，因此三次产业演变规律反映出劳动力需求的变动规律为先增加后减少最后又增加的波浪形趋势。轻工业和第三产业服务业的发展因其对劳动力需求的增加从而引起人口从农村向城市的转移。大部分国家的工业化过程都起步于轻工业，轻工业的大规模发展使城市的劳动力供不应求，收入报酬的差异引起大量劳动力向轻工业转移，并形成工业化过程中劳动力转移的第一次浪潮。随着工业化进程的加深，工业内部结构从轻工业为主转向重工业为主，重工业的资金密集和规模特征决定了它吸纳劳动力的能力并不十分强大。在重工业发展过程中技术装备水平提高而出现对劳动力需求下降即表现为资本替代劳动的现象。然而，第三产业的发展可以弥补这一结果。与第二产业不同，第三产业是以劳动密集型为特点的，第三产业的快速发展能够创造较多的就业机会，从而保证在工业化深化的过程中非农产业就业比重不断提高，这样第三产业的发展提供了吸纳非农劳动人口和劳动力转移的第二次浪潮。轻工业和第三产业是工业化过程中吸纳农村劳动力转移的主要出口。重工业的发展对工业化和产业结构升级有重要意义，除了吸纳劳动力，重工业是第三产业迅速发展的前提和基础，重工业可以造就需要广泛社会服务的现代企业和与此服务业相关的消费群体。

其次，企业是工业化的细胞，改善企业效率和竞争力是提高工业化质量的前提。企业效率来源于两方面，技术进步和规模经济。企业的技术改造投资严重不足，制造业生产效率较低，低技术、高成本、低产出造成制造业的国际竞争力不足，影响了工业化质量的总体水平。企业的创新能力是形成工业信息化程度的微观主体。工业信息化程度是反映工业化质量的核心部分，工业信息化程度主要体现在工业科技含量中。与传统工业化道路相比，新型工业化道路具有高科技、高效益、高就业、低能耗、低污染的特点。企业技术研发投入可以引导企业不断进行技术创新，促进工业化、信息化的融合发展。企业技术进步需要依靠具备高技术技能的人力资本。人力资源同其他资源一样，可以作为被开发的对象让人们认识和有效利用。人力资源转变为人力资本需要一国政府增加教育投入，从而为提高人力资源的利用率和技术创新提供不断的动力。

再次，环境代价也是衡量工业化质量的重要因素。劳动、资本和技术密集型产业会给环境带来不同的影响。工业化过程中强调产业结构的优化和升级，作为生产要素的资源、技术和劳动力发挥着重要的作用，并且反映产业结构变动的趋势。不断调整产业结构，加大放小力度，淘汰落后产能，开发节能降耗的重大技术，减少污染物排放，强化环境治理，积极发展循环经济，最大限度地减少初次资源的开发、利用不可再生资源、减少造成污染的废弃物的排放是改善工业化质量的重要途径。

第四节　工业化质量的评价指标体系

建立一套系统全面的新型工业化指标体系，对工业的技术进步、质量提高、资源节约、劳动力素质及利用、信息化、可持续发展等方面内容进行统计和监测，反映新型工业化的进程，更好地为经济建设服务和引导方向，具有重要意义。

一、指标选取的理论依据

在充分理解工业化质量内涵的基础上，建立具有中国特色的新型工业化评价指标体系和评价标准，与发达国家的标准相比既要有一些相似或相同之处，即有一定的可比性，但又要有一些不同的量化标准，以反映我国基本国情，使指标体系更加切合我国工业化、现代化发展水平。根据科学性、系统性、可比性、可行性等指标选取的原则进行评价指标的选取，以期所选取的指标能够真正地全面反映新型工业化的进程和科学发展观的要求。

二、指标的选取

本书把指标体系分为三个层次，即一、二、三级指标。一级指标反映新型工业化的最终进程；二级指标是根据工业化质量的内涵和特点，从各个方面来表示工业化的发展水平；分为反映新型工业化的进程、反映结构变动、反映科技含量、反映经济效益、反映可持续性、反映人力资源以及反映信息化七个方面（见表9-1）。基础层主要是指细化了的反映中间层各个方面的具体指标。

表9-1　工业化质量的评价指标

<table>
<tr><td rowspan="25">工业化质量指标</td><td rowspan="3">工业化总体水平</td><td>人均GDP</td></tr>
<tr><td>农业就业人数／全部就业人数</td></tr>
<tr><td>城市化率</td></tr>
<tr><td rowspan="3">工业结构</td><td>第二产业产值／GDP</td></tr>
<tr><td>第三产业产值／GDP</td></tr>
<tr><td>第三产业就业人数／GDP</td></tr>
<tr><td rowspan="3">科技含量</td><td>申报专利数量</td></tr>
<tr><td>R&D费用</td></tr>
<tr><td>高新技术产业产值</td></tr>
<tr><td rowspan="5">利润效益</td><td>工业产品销售率</td></tr>
<tr><td>流动资本周转次数</td></tr>
<tr><td>工业增加值</td></tr>
<tr><td>成本费用利润率</td></tr>
<tr><td>总资产贡献率</td></tr>
<tr><td rowspan="3">可持续发展</td><td>单位GDP能耗</td></tr>
<tr><td>环境治理费用／GDP</td></tr>
<tr><td>工业固体废物排放量</td></tr>
<tr><td rowspan="5">人力资源</td><td>受教育水平</td></tr>
<tr><td>失业率</td></tr>
<tr><td>教育投资经费</td></tr>
<tr><td>万人拥有专业技术人才</td></tr>
<tr><td>劳动生产率</td></tr>
<tr><td>信息化</td><td>信息化产业产值／GDP</td></tr>
</table>

1. 反映经济发展水平的指标

根据国际国内经验，反映经济发展水平的指标很多但是最常用的是人均

GDP、农业就业人员占全部就业人员比重、城市化率。人均 GDP 是最直接反映一国或地区发展水平或工业化进程的指标，也是应用最多的指标，在国内外均有可比性。农业就业人员占全部就业人员的比重是从农村劳动力的情况反映农村工业化、农业现代化水平，一般认为这一比重下降到 20%以下才符合实现工业化之要求。城镇化水平反映一个国家居民生活质量，同时也反映就业结构，城市化水平的提高意味着城市人口占总人口的比重相对提高，通常用城镇化率，即城镇人口占全部人口比重描述。

2. 反映经济结构变动的指标

通常反映经济结构的有三次产业结构、就业结构和消费结构。

三次产业结构是指三次产业的产值比重，该指标反映随着经济社会的发展和工业化水平的提高，三次产业产值比重的变动规律。就业结构是指在国民经济的各个组成部分中就业的劳动力之间的数量构成关系。

就业结构的变化和产业结构变化一样，反映工业化的过程中劳动力由低生产率部门向高生产率部门的转移。本书用第三产业就业人员占全部就业人员的比重来表示。

消费结构是指在一定的社会经济条件下，人们在消费过程中所消费的各种不同类型的消费资料的比例关系。它能够综合反映在恩格尔系数下的城乡居民生活消费水平以及在新型工业化进程中社会产品的价值实现程度。在本书我们分别用城镇恩格尔系数和农村恩格尔系数来表示。

3. 反映科技含量的指标

科技含量高是新型工业化的一项基本要求，一般可以从科技投入和科技产出两方面来反映一国或地区工业化中的科技含量。在本书用 R&D（研究与发展）占 GDP 的比重来反映科技投入，用高新技术产业产值占工业总产值比重来反映科技产出。高新技术产业产值占工业总产值比重反映了高技术产业在整个工业中所处的地位及其对工业经济的推进作用，同时反映了工业化的科技含量，以及采用高新技术改造提升传统产业的水平。

4. 评价经济效益的指标

新型工业化要求解决增长方式从粗放型转变为集约型，同时也对经济效益提出了更高的要求，即经济效益好。所以很有必要把经济效益纳入新型工业化的评价指标体系中来的。通常用该指标来反映一个国家或地区经济增长的质量和效益水平。本书用成本费用利润率和总资产贡献率来表示经济效益的好坏。

成本费用利润率用来反映工业企业的赢利能力，它的计算公式为：成本费用利润率=利润总额/(产品销售成本+产品销售费用+管理费用+财务费用)，成本费用利润率越高越好，所以它属于正指标。总资产贡献率用来反映工业企业的总资产创造的效益，它也是正指标，越高越好，它的计算公式为：总资产贡献率=（利润总额+税金+利息支出)/资产总额。

5. 反映可持续发展能力的指标

新型工业化是在传统工业化走到增长的极限转而寻求增长的质量的产物，是发展观从追求一时的繁荣发展转向可持续发展的产物。广大发展中国家已经丧失了发达国家在工业化进程中所具有的资源优势和环境容量，不可能走发达国家工业化的老路，只能选择人口、资源环境相互协调可持续发展的工业化道路。所以在新型工业化的评价指标体系中，可持续发展指标也是必不可少的。我们从资源节约和环境治理两方面来反映可持续发展。资源消耗节约指标主要选择工业生产重要原材料、能源品种统计其耗量并分行业计算单位总产值的消耗，以此来对比反映资源、能源的消耗和节约情况。本书用每万元产值的综合能耗来表示。环境治理我们用工业三废排放达标率来反映环境治理的情况，工业三废排放指标，主要反映工业企业生产过程中废水、废气、废渣的排放量，污染治理及回收再利用情况。考虑到数据的可得性，用废水排放的达标率来代表工业三废排放达标率。

6. 反映人力资源的指标

人才是最有价值的资源，人力资源的开发将促使经济跳跃式的发展。所以工业化要充分增加人力资本的投资，提高劳动者的素质，使我国人力资源的优势得到真正的发挥。用万人拥有专业技术人员、全员劳动生产率和失业率来表示。

科技人员是科技进步最根本和最关键的因素，考查总人口中每万人平均拥有专业技术人员的比例可以了解一个国家或地区对科技人力资源的投入。全员劳动生产率，一般用工业领域人均劳动生产率描述。工业领域劳动生产率=工业总产值/工业领域从业人员平均人数，反映劳动者的生产效率。失业率指标为负指标，用一国或地区的真实失业率（失业3个月至半年以上者占从业适龄总人口比重）来判定。

7. 反映信息化水平的指标

工业化质量改善最重要的特点就是以信息化促进工业化，以工业化带动信息化，信息化水平已经成为衡量一个国家或地区经济发展水平和竞争实力最重要的标志。所以衡量新型工业化的进程，信息化指标是必不可少的。用信息产业的产值占 GDP 的比重和人均邮电业务量来代表信息化的发展水平。信息产业产值占 GDP 的比重指标，既是衡量信息化发展程度的一个重要尺度，也可以从宏观上反映信息产业在整个国民经济发展中的地位和作用。

第五节　提高工业化质量的路径

对于广大发展中国家而言，工业化是经济起飞、发展和实现赶超的主要途径。根据世界经济发展的新趋势以及经济全球化的挑战，发展中国家需要通过新型工业化的实现推动一国经济增长和可持续发展的目标。

一、加快工业经济增长方式的转变

一是尽快转变经济增长方式，变粗放型为集约型。对发展中国家而言，一国宏观经济政策纳入资源环境的评价指标，可以促进避免以生态环境为代价的经济增长，并且遵循市场经济规律和生态经济规律，以最小的经济发展成本来改进工业化发展的环境质量。二是推动产业升级。提高支柱产业的壁垒，突出本国的产业优势。在企业技术创新中通过高科技产业化增大新兴产业和技术密集型产业的比重。三是大力发展高科技产业。以计算机、电子、通讯、新材料、生物工程等具有特征性意义的高科技产业为依托，同时重视发展高科技服务产业即知识密集的服务部门。四是促进企业家的成长，培育经济增长方式转变的体制条件。培养企业家是市场经济体制建设的重要方面，大批企业家的形成可以在一定程度上弥补市场的缺陷。这样既可以减少市场调节的盲目性，降低和节省市场的交易费用，从而提高市场调节的效率。只有造就大批企业家才可能建立起完善的市场经济体制，为经济增长方式的转变创造体制条件。

二、发展循环经济，优化产业结构

工业化质量问题已成为发展中国家现代化建设的主要制约因素。要从根本上解决工业化质量问题，就必须把工业化与发展循环经济结合起来，通过大力发展循环经济，改变资源消耗高、环境污染严重的局面。循环经济是提升工业化质量、实现经济增长方式根本转变的重要途径。同时，依靠科技进步，构建发展循环经济的技术支持体系。科学技术是发展循环经济的关键措施和基本力量。一是本国政府要加大对循环经济技术研究与开发的支持力度；二是推动企业、高等院校、科研机构三方联合，合作开发清洁生产技术、废弃物回收利用与再生资源化技术、环境无害技术和节能技术等；三是大力推广和应用节约资源、综合利用资源的新技术、新工艺和新设备。

三、优质合理的产业结构是提升工业化质量的基础

优先发展经济效益好、资源消耗低、环境污染少的高新技术产业。严格控制高能耗、高材耗产业的发展，淘汰和关闭严重浪费资源、严重污染环境的落后生产工艺、设备和企业。用高新技术和生态技术改造能耗较高、污染较重的传统产业，推动传统工业技术升级。

四、加快技术创新速度

新型工业化是科技含量高的工业化，技术创新和科技进步是增强工业综合竞争力的决定性因素。搞新型工业化建设离不开高新技术产业的发展，目前高新技术产业的发展已经成为当前世界经济发展的驱动力。尤其要发展新能源及新能源设备、智能电网等新能源产业，先进交通运输设备产业（新能源汽车、城市轨道交通等）；移动通信设备、互联网等下一代信息设备制造和信息服务业；纳米材料、新型结构材料、新型功能材料、电子信息材料等新材料产业；生物农业、生物材料、生物化学、生物医药、生物能源等生物工程及其相关产业；环保设备制造和环保工程及其相关服务产业；医药制造和医疗、保健、护理等健康产业；金融保险和商务服务业等生产性服务业；网络动漫、软件服务和电子娱乐等文化创意产业等核心战略产业和新兴增长产业。在关键领域和若干科技发展前沿掌握一批核心技术和自主知识产

权的技术改善提升工业化质量。

五、加快发展现代服务业

服务业是工业企业价值链中不可或缺的一环，服务业与工业像唇齿一样相互依赖着。拥有日益增多的专业化厂商并以人力资本作为主要的投入品是现代服务业的重要特征，工业企业通过购买服务提供着的服务，能够使社会所拥有的人力资本源源不断地参与到工业生产过程。服务业是把日益专业化的人力资本引进工业生产部门的推进器，在相当程度上构成了这些资本进入生产过程的桥梁。第三产业特别是现代服务业的高度发达，是一个国家发达程度的重要标志，大力发展服务业是加快工业化、推进经济结构转换的必然要求，有利于工业化质量和工业现代化水平的全面提高。

第　十　章

城镇化质量的经济学分析

提高城镇化水平，改善城镇化质量，是扩大内需、推动产业升级、全面建成小康社会的重要战略举措。党的十八大指出提高城镇化质量、“四化”同步发展，是全面建成小康社会的目标，党的十八届三中全会，进一步明确了城镇化的核心是推进以人为本的城镇化。2013 年的中央城镇化工作会议决定“紧紧围绕城镇化发展质量”开展城镇化工作。城镇化质量日益受到学术界的关注。不过，城镇化质量内涵是什么，如何进行测度，提升城镇化的路径是什么，仍然莫衷一是，需要进一步深入研究。

第一节　城镇化质量的内涵

城镇化质量是个规范性概念，其含义界定仁者见仁、智者见智。叶裕民（2001）较早地开始了城镇化质量问题的研究，强调城镇化质量为城市现代化和城乡一体化。[①] 将城镇化质量看作现代化的过程，注意到城镇化质量积极的一面，但忽视了城镇化付出的代价，尤其是环境代价。联合国人居中心（2001）编制的城镇发展指数，包含基础设施、废弃物处理、健康、教育、生产等方面。城镇化发展指数注意到了城镇化的代价问题，不过，并未将城镇化进程的就业结构、产业结构调整等城镇化核心的内容纳入，适用范围受

① 叶裕民：《中国城市化质量研究》，《中国软科学》2001 年第 7 期，第 28—32 页。

到限制。[①] 牛文元（2003）[②]、国家城调总队（2005）[③]、朱洪祥（2007）[④] 强调应从协调性、创新性、公平性和集约性等角度提高城镇化质量。郑梓桢（2003）[⑤]、周丽萍（2011）[⑥]、檀学文[⑦]（2012）等人注意到中国城镇化特征，土地城镇化较快，人口城镇化滞后，强调应解除制约人口城镇化的制度因素，提高人口城镇化水平。魏后凯[⑧]（2005）、郭叶波[⑨]（2013）则将城镇化质量看作包含经济结构、社会结构和空间结构变迁等较为广泛的内容。现有的关于城镇化质量的文献，对于城镇化的内涵和外延界定随意性较大，外延与城镇化的紧密度较低，仍然缺乏明确的定义和测度。

城镇化是指伴随着非农产业的发展、就业结构的改变，人口逐步向城镇集聚的过程。在此过程中，包含着生产效率的提升、生产生活方式的改变、生态环境治理等城镇化质量较为广泛的内容。

第二节　城镇化质量的标准

根据现有文献对于城镇化质量的界定，判断一国城镇化质量是否提高，应该结合以下几个方面内容进行评价。

---

① United Nations Human Habitat, *The State of the World's Cities Report, 2001*, New York: United Nations Publications, 2002, pp. 116-118.

② 牛文元：《走中国特色的城市化道路》，中国科学院高技术局、政策局和科技政策研究所联合主办，“全面建设小康社会与科技创新”战略论坛，2003 年。

③ 国家城调总队福建省城调队课题组：《建立中国城市化质量评价体系及应用研究》，《统计研究》2005 年第 7 期，第 15—19 页。

④ 朱洪祥：《山东省城镇化发展质量测度研究》，《城市发展研究》2007 年第 5 期，第 37—44 页。

⑤ 郑梓桢：《社会保险覆盖面人口基数测算与城市化质量评估》，《广东社会科学》2003 年第 5 期，第 53—59 页。

⑥ 周丽萍：《中国人口城市化质量研究》，浙江大学博士学位论文，2011 年。

⑦ 檀学文：《稳定城市化——一个人口迁移角度的城市化质量概念》，《中国农村观察》2012 年第 1 期，第 2—12、第 21 页。

⑧ 魏后凯：《怎样理解推进城镇化健康发展是结构调整的重要内容》，《中州建设》2005 年第 4 期，第 40 页。

⑨ 郭叶波：《城镇化质量的本质内涵与评价指标体系》，《学习与实践》2013 年第 3 期，第 13—20 页。

一、人口城镇化、土地城镇化、工业化发展水平是否相适应

城镇化质量的高低，衡量的重要标准是，城镇化过程中的人口城镇化是否与土地城镇化保持同步发展。在我国，由于地方政府之间竞争的需要，通过有形的、无形的政策导向，倾向于降低流入人口的公共服务水平，使我国城镇化进程中土地城镇化水平较高，人口城镇化水平却滞后。我国城镇常住人口规模超过50%，不过，户籍人口规模刚刚超过三成，公共服务供给水平和质量在户籍人口和非户籍人口之间产生了二元结构。在城镇化与工业化之间，同样也表现为城镇化滞后、工业化超前的特征。我国工业化水平突飞猛进，已接近90%，工业化虽然为城镇化提供了不竭的动力，不过，由于政策限制，城镇化水平刚刚超过50%，抑制了农业劳动生产率的提高，城镇化质量也处于较低水平。为提高城镇化质量，人口城镇化与土地城镇化、城镇化与工业化发展水平应保持同步。

二、城镇化效率是否提升

城镇化质量的提升，有赖于城镇人口的集聚、就业的增长、生产效率的提升。如果工业化、生产效率停滞，城镇化是不可持续的。城镇必须保持一定的规模和增长速度，才能发挥规模经济，专业化水平才能提高，城镇化质量才能改善。如果没有工业化、城镇化之间的融合发展、城镇就业人口的增加和一定的发展速度，城镇化质量的改善是不可能的。在关注城镇化速度的同时，城镇化质量更加关注城镇化效率的提升，包括城市部门劳动生产率、单位GDP能耗、土地利用效率等方面。如果在城镇化过程中，通过发挥城镇化的集聚效应，劳动生产率、单位GDP能耗、污染治理水平、创新效率都显著改善，说明城镇化质量得到了提升。

三、城市群之间是否形成合理分工

城镇化质量的提升，有赖于城市群的合理分工，各自发挥自身的比较优势，这就需要大、中、小城市之间能够协调发展。中国的城市化发展行政因素影响较大，行政级别较高的城市，获得了土地、资金、人才、公共服务和基础设施等方面的竞争优势，对生产要素形成了较强的吸引力，结果，行政

级别较高的特大城市人口膨胀。相反，城市化的发展战略，存在人为压制大城市的发展倾向，现有的研究业已表明，大城市的发展有利于发挥城市的规模经济，如不可分物品的共享性、产业关联、知识溢出等，同时，金融、物流、科技服务等服务业在集聚水平更高的大城市更能获得交流、学习、共享的机会，具有比较优势。大城市发展得不充分，抑制了大城市在城市体系发展中外溢效应、辐射带动作用，反而不利于中小城市的发展，更不利于城市体系的协调健康发展。

第三节　城镇化质量的决定因素

本书将城镇化质量的外延界定为与城镇化进程紧密相关的内容，具体包含城镇化速度和效率、城镇化空间格局、城镇化生产和生活方式、城镇化生态环境治理四个维度。从城镇化质量的内涵角度看，城镇化质量的高低决定于上述四个因素变化趋势。

一、城镇化速度和效率

城镇化速度和效率，是从城镇化过程的角度反映城镇化质量高低，城镇化质量的提升有赖于存在较高的城镇化速度，城镇化速度较高，说明农业人口向非农产业转移较快，经济发展水平也较高。简新华、黄锟（2010）通过国际比较发现，中国城镇化显著滞后于经济发展、非农产业发展和现有的经济发展阶段，进一步采用定性和定量方法估算了未来的城市化率，认为每年保持 1 个百分点的增长速度属于正常水平，到 2020 年达到 60%左右，指出我们应提高城镇化速度。① 在关注城镇化速度的同时，城镇化质量更加关注城镇化效率的提升，包括城市部门劳动生产率、单位 GDP 能耗、土地利用效率等方面。如果城市部门劳动生产率较低，单位 GDP 能耗、土地利用效率较低，说明城镇化的集聚效应并未得到充分发挥，城镇化质量较低。

---

① 简新华、黄锟：《中国城镇化水平和速度的实证分析与前景预测》，《经济研究》2010 年第 3 期，第 28—39 页。

二、城镇化空间格局

城镇化进程重要特征是人口、资源在较为有限的空间实现集聚，城镇化空间格局是反映城镇化质量的重要方面。城镇化空间格局包含人口密度、经济密度、人均基础设施水平等方面。城市由密度而定，集聚起来的经济密度刺激人口密度上升，而人口密度又因集合的需求不断提高分工、效率和收入。[①] 如果一个地区有较高的人口密度、经济密度，反映了该地区人口吸引力较高，劳动生产率较高，城镇化空间集聚和外溢效应能够得到有效发挥，城镇的竞争力也较强。城镇化空间集聚的效应存在自我强化机制，吸引更多的人口、资源流入，使较大规模的城市发展具有优势（Henderson，2003）。[②] 城镇化过程需要在有限的空间集聚大量的人口，需要的基础设施投入水平也较高，包含人均道路、公共服务等方面基础设施的建设。

三、城镇化生产和生活方式

城镇化进程伴随着人口由农业部门向工业部门转移，生产方式发生变化，同时，人口也由农业部门的分散居住，走向城市的集中居住，生产和生活方式将发生显著变化。一个地区农业产值占比越低，说明该地区产业结构转变越充分，工业化水平也越高，居民的收入来源也越依赖于非农产业。城镇化与工业化之间相互促进、相互融合，城镇化的进程才是可持续的。同时，城镇化的进程也伴随着生活方式的调整，农业劳动随意性较大，工业部门生产过程的组织性较强，也将改变人们的生活方式。此外，城镇化、工业化的发展过程，逐渐内生出大量的生产、生活服务业，居民更加依赖于市场满足自身的需求，娱乐产业也得到快速发展。这些都将影响人们思维观念、生活方式。

四、城镇化生态环境治理

伴随着城镇化集聚，对资源的需求也提高，污染的强度也增大，进而对城镇化的生态环境治理提出更高的要求。城镇化生态环境的治理，需要在绿

---

① 周其仁：《城乡中国（下）》，中信出版社 2014 年版，第 231 页。

② Henderson, V., "The Urbanisation Process and Economic Growth: The So-what Question", *Journal of Ecnomic Growth*, Vol. 8, 2003, pp. 47-71.

化率、生活垃圾无害化处理、生活污水处理、工业废弃物处理、空气污染治理等方面加大投入，改善城镇居民的生产、生活水平，提升城镇化质量。一个地区城镇化进程，付出的资源、环境代价越高，该地区城镇化质量越低。

城镇化质量的上述四个决定因素可看作为城镇化本身，但是，城镇化质量的高低还受其他因素的影响。从中国城镇化的实践来看，中国土地城镇化水平较高，工业化对人口向城镇转移的拉力也较大，不过，由于户籍制度因素，人口城镇化水平显著滞后于土地城镇化、工业化水平。按常住人口计算，我国总体城镇化水平已超过50%，但是，户籍人口城镇化率只有35%左右，导致人口城镇化水平显著滞后，该部分人口分享的公共服务水平、收入水平、消费水平较低，制约了城镇化质量提升。农业部门产值约占总产值的10%，但农业部门人口却高达45%，原因在于农村土地制度制约土地转让、交易，现有的土地制度过于强调土地的保障功能，但也付出较大代价，农业部门人口转移受到制约，进而限制了城镇化质量。不论户籍制度、农地制度，还是城市内部流入人口和本地人口之间公共服务水平的差异，都在阻碍要素的自由流动，增大了城镇化的成本，制约了城镇化进程，更不利于城镇化质量提高。

第四节　城镇化质量的评价指标体系

叶裕民（2001）[①] 较早地进行城镇化质量的研究，将城镇化质量看作为城市现代化的进程，认为应包含经济现代化、基础设施现代化和人的现代化三个方面。此后，许多学者开始从不同角度构建城镇化质量的指标体系，郭叶波、魏后凯（2013）对此进行了综述[②]。郭叶波（2013）[③] 依据代表性、系统性及可操作性原则，从城镇自身发展质量、城镇化推进效率、城乡协调程度三个方面构建指标体系。中国社会科学院《城镇化质量评估与提升路径研究》创新项目组（2013）[④] 认为城镇化的实质是经济结构、社会结构和

① 叶裕民：《中国城市化质量研究》，《中国软科学》2001年第7期，第27—31页。

② 郭叶波、魏后凯：《中国城镇化质量评价研究述评》，《中国社会科学院研究生院学报》2013年第3期，第37—43页。

③ 郭叶波：《城镇化质量的本质内涵与评价指标体系》，《学习与实践》2013年第3期，第13—20页。

④ 中国社会科学院《城镇化质量评估与提升路径研究》创新项目组：《中国城镇化质量综合评价报告》，《经济研究参考》2013年第31期，第3—32页。

空间结构的变迁，从城市发展质量指数、城镇化效率指数、城乡协调指数构建了城镇化质量指标体系。吕丹、叶萌、杨琼（2014）① 依据系统性、主导性、层次性、导向性及可操作性原则，更为强调公共服务均等化，构建了人口城镇化指数、经济发展指数、生态环境支持指数、城乡统筹指数和基本公共服务均等化指数五个方面指标。近年来，随着对于城镇化质量内涵的认识的不断深入，城镇化质量指标体系的构建也日趋丰富，不过，也存在城镇化质量指标体系日益泛化的问题。

本书基于对城镇化质量指数的认识，认为城镇化质量指数是个综合性概念，内涵丰富，但我们也不能穷尽城镇化质量的所有方面，我们只分析了与城镇化紧密相关的质量因素，反映了城镇化质量的主要因素。我们将城镇化质量界定为具体包含城镇化速度和效率、城镇化空间格局、城镇化生产和生活方式、城镇化生态环境治理四个维度，因此，城镇化质量指标体系也应包括上述四个维度。表 10-1 列出了城镇化质量指数的全部指标，从中可以看出，所选指标具有较强的代表性，总共包括 20 个基础指标。

表 10-1　城镇化质量指数

方面指数	分项指标	基础指标	计量单位	指标属性		
				正指标	逆指标	适度指标
城镇化速度和效率	人口城镇化率	常住人口城镇化率	%	√		
		户籍人口城镇化率	%	√		
	就业城镇化率	第二产业就业比重	%	√		
		第三产业就业比重	%	√		
	城镇化效率	城市部门劳动生产率	倍数	√		
		单位 GDP 能耗	——		√	
		土地利用效率	——	√		

① 吕丹、叶萌、杨琼：《新型城镇化质量评价指标体系综述与重构》，《财经问题研究》2014 年第 9 期，第 72—78 页。

续表

方面指数	分项指标	基础指标	计量单位	指标属性		
				正指标	逆指标	适度指标
城镇化空间格局	空间集聚程度	人口密度	——			√
		经济密度	——	√		
	人均基础设施水平	人均道路与交通面积	平方米			√
		人均建设用地面积	平方米			√
城镇化生产和生活方式	工业化率	工业产值占 GDP 比重	%	√		
		服务业产值占 GDP 比重	%	√		
	生活水平	城镇居民恩格尔系数	——	√		
	公共服务水平	万人床位数	——	√		
		万人中小学专任教师数	——	√		
城镇化生态环境治理	生态	建成区绿化率	%	√		
	环境污染治理	生活垃圾无害化处理率	%	√		
		城镇生活污水处理率	%	√		
		空气污染指数	——		√	

从城镇化速度和效率分项来看，主要包括人口城镇化率、就业城镇化率和城镇化效率指数。城镇化主要特征是人口由乡村向城镇转移，人口城镇化率是重要的衡量指标，但是，由于我国户籍制度的存在，使常住人口与户籍人口差异较大，需要综合考虑常住人口城镇化与户籍人口城镇化。城镇化如果仅仅是人口向城镇转移是不可持续的，需要转移人口具有稳定的就业岗位，我们通过第二、第三产业就业比重衡量城镇化的拉力。如果城镇化并未带来资源、生产效率的提升，那么此种城镇化是失败的，需要衡量城镇化效率水平。

从城镇化空间格局角度看，包含空间集聚程度、人均基础设施水平。城镇化表现为在较小的空间分布更多的人口，更大的产出水平。我们通过单位面积的人口数量衡量人口集聚水平，单位面积的 GDP 产值衡量经济集聚水平。城镇区域由于集聚了大量的人口，对基础设施的供给水平提出了更高的要求，我们通过人均道路与交通面积、人均建设用地面积衡量城镇基础设施建设的供给水平。

从城镇化生产和生活方式分项看，主要包括工业化率、生活水平、公共服务水平三个方面。城镇化不仅是农业生产方式向工业生产方式的转型，同时也是生活方式的转变。城镇化必须与工业化同步，为城镇人口创造就业机会，意味着必须有更高的工业、服务业产值，才能保持城镇化的生命力。城镇居民生活水平的提高，必然伴随着食品消费占比降低、其他生活服务消费占比的上升，我们用恩格尔系数衡量该水平。城镇化对公共服务提出了更高的要求，尤其是医疗、教育等方面的公共服务投入水平。

从城镇化生态环境治理角度看，由于城镇化的过程伴随着资源、人员、生产要素的集聚，必然带来环境污染集中爆发。不过，环境污染问题的集中，也为污染治理创造了有利条件，污染治理可以充分利用集聚经济，降低治理成本，提高治理效率。在我们的分析中，除了引入建成区绿化率变量，同时，也引入生活垃圾无害化处理率、城镇生活污水处理率、空气污染指数指标测度环境污染治理成效。

第五节 提高城镇化质量的路径

随着工业化进程的加快，我国城镇化水平不断得到提升，城镇化质量也得到改善，不过，仍然存在城镇化滞后于工业化、人口城镇化滞后于土地城镇化、土地利用效率低、环境污染严重等方面的问题，急需加以改进。

一、以人为本是城镇化的核心

在我国工业化水平已接近九成的背景下，城镇化水平刚刚超过五成，城镇化严重滞后于工业化，背景之一是人口城镇化滞后于土地城镇化。提升城镇化质量，首先应推动农民工市民化，促进农民向市民的有序转移，逐步实现基本公共服务全覆盖。公共服务尤其是基本公共服务的提供不应再以户籍人口为划分标准，而应以一定的本地就业年限、居住年限为参考。中小城市落户条件全面放开，尤其是对于举家迁移的人口不应再设置障碍，对于就业、医疗、教育、社会保障等公共服务应逐步实现无差别待遇。在地区竞争的模式下，有城市政府为流入人口提供基本的社会保障，不过，现有的社会保障系统无法进行跨区域转移，当流动人口离开该地时，只能获得个人账户资金，企业缴纳统筹账户资金需留存在本地，降低了流动人口参保积极性。

二、改革农地制度，提升土地利用效率，为农业人口有序转移创造条件

目前，农地制度不仅制约了农业的现代化，也不利于城镇化的发展。城镇化的重要特征是规模经济、集聚经济，主要表现为土地利用效率提升，不过，在我国城镇化进程中，农地不能有偿交易、转让，农地交易市场发育不充分，随着农业人口向城镇转移之后，大量农地被闲置，土地利用效率较低。我们应逐步建立城乡一体的土地市场，为资本、人才、技术等生产要素向农业转移提供产权保障，形成稳定的预期。允许农业用地指标跨地区进行“占补平衡”，特别是在省域范围的“占补平衡”，一方面，可以为土地利用效率较高的地区企业发展提供建设用地指标；另一方面，也有利于土地利用效率较低的地区农民获得一笔可观的资产，对进城农民也有利。通过市场化手段，在城乡之间实现土地流转，重庆“地票”交易为我们提供很好的经验，“地票”建立以市场化复垦激励机制，引导农民自愿将闲置、废弃的农村建设用地复垦为耕地，形成的指标在保障农村自身发展后，节余部分以地票形式在市场公开交易，可在全市城乡建设范围内使用。根据土地交易所记录，至2014年6月，重庆全市共复垦15万亩，交易地票13.74万亩，农民和集体共得价款279亿元，受惠农民17.2万户。重庆的实践表明，地票交易实现了城乡之间，农民、集体、市民之间的多赢。[①]

三、调整城市体系，优先发展大中城市

在我国，一直存在是优先发展小城镇还是大中城市的模式选择问题。在城镇化进入新的阶段，中小城市的发展动力明显不足，人员、资本等生产要素流入降低，表现在近年来房地产市场价格在大城市、中小城市之间发生背离，大城市稳中有升，中小城市有较大幅度的下降。魏后凯（2014）的研究表明在2000—2011年期间，我国400万以上的特大城市人口增长达

① 周其仁：《城乡中国（下）》，中信出版社2014年版，第242—246页。

126.6%，200 万至 400 万间的大城市人口增长 81.98%，20 万至 50 万间的中等城市人口增长 16.84%，20 万人口以下的小城市人口下降 21.81%。[①] 这充分说明我们应调整现有的城镇化战略，在控制特大城市规模的同时，应优先发展大中城市，一方面可降低特大城市人口流入压力；另一方面也有利于城市化体系的合理分工。大中城市可以获得较强的集聚经济，带来更多规模收益，大中城市专业化分工效应、知识扩散效应更强，同时，也有利于经济增长方式的转型，促进服务业的发展。生产性服务业需要较大的城市规模，才能生长和发育，通过发展大城市，可以为中小城市制造业的发展提供生产性服务业支持，促进整个城市群的生长和发育，提升城镇化质量。同时，大中城市可以充分利用环境污染治理的规模经济效应。在我国，只有人口规模、经济总量、财政收入满足一定条件才可建设地铁，地铁可以有效降低空气污染和碳排放。现代交通体系的完善、运输成本的降低也为大城市的发展提供了有利条件。水污染治理、生活垃圾处理之类的基础设施建设，同样存在规模经济，只有人口集聚水平达到一定规模才有利可图。

四、强化环境污染治理，提高城镇化质量

城镇化的发展有赖于集聚收益与拥挤成本之间的权衡。交通拥堵、环境污染等城市拥堵成本的高低，成为影响城市成长空间的制约因素。经过多年的高铁建设，我国城市之间的通勤效率显著提高，但城市内部的通勤成本却显著提升，有必要通过大力发展公共交通，降低拥堵成本，地铁规模经济显著，在大中城市发展较有优势。大气、水等环境污染治理也存在相应的规模经济，由于大城市服务业比重较高、单位 GDP 能耗较低，在环境污染治理方面存在相应的优势。我国在环境污染立法方面，近些年进展显著，不过，受制于现有的地区竞争的发展模式，地方政府在环境污染治理方面积极性不高。通过调整官员考核指标，提高环境污染治理权重，调动地方政府在环境污染治理方面的积极性，同时也应强化上一级环保部门的执法力度，通过强力执法，提高环境污染治理成效，改善城镇化质量。

---

① 魏后凯：《中国城镇化进程中两极化倾向与规模格局重构》，《中国工业经济》2014 年第 3 期，第 13—30 页。

第十一章

金融发展质量的经济学分析

金融发展在经济增长中扮演着重要的角色。1960 年，格利（John G. Gurley）和肖（Edward S. Show）在《金融理论中的货币》中首次分析了金融在经济中所起到的作用；1973 年，肖和麦金农分别在《经济发展中的金融深化》和《经济发展中的货币和资本》中提出了金融深化理论，认为金融发展和经济增长之间存在着相互影响和相互促进的关系。中国改革开放以来，受益于投资驱动的经济增长模式，金融得到了迅猛发展，资产规模和赢利能力大幅提升，金融增加值由 1978 年的 68.2 亿元增长到 2012 年的 28722.7 亿元，金融业占第三产业的比重由 1978 年的 7.8%增长到 2012 年的 12.4%。然而，在金融资产数量迅速扩张的背后存在着诸多隐患：金融资源配置扭曲、赢利能力单一、风险集中度较高、地区差异显著扩大等问题制约着经济的健康可持续发展。随着我国经济进入新常态，靠投资拉动的经济增长模式将逐渐转变，金融发展的外在环境和内部条件都发生深刻变化，金融也必须因时而为，因势而变，积极调整自身增长方式，从外延式扩张向内涵式增长转变，逐步回归到有质量的增长。同时，我国区域金融发展的异质性远远超过同质性，如果区域间的金融发展差异仍继续扩大，“乘数效应”的作用将使区域经济差距呈现发散而非收敛趋势，势必影响我国经济的未来发展和整个社会的和谐。因此，系统探讨金融发展质量问题，对于及时发现金融内在隐患，维护金融稳定，实践党的十八届三中全会提出的从资金筹集型金融体系向资源优化配置型转变，推动金融增长方式由数量扩张型向质量提升型转变，都具有十分迫切的意义。

第一节 金融发展质量的内涵

一、已有相关研究

国外的研究表明，在市场环境下，金融质量提升与数量扩张之间存在正相关关系，金融发展应该是一个数量扩张和质量提升相统一的过程（Levine，2004）。戈德史密斯（Goldsmith，1969）确立了衡量一国金融结构和金融发展水平的基本指标体系，包括金融相关率、货币比率、资本形成率、外部融资率、资本产出率等，奠定了金融发展理论的基础。① 麦金农（McKinnon，1973）在提出金融抑制论的同时，指出使用经济货币化指标（M2/GDP）来衡量一国金融深化程度。② 莱文（Levine，1997）采用商业银行信贷占全部信贷的比重、私人企业信贷占国家信贷的比重、私人企业信贷与 GDP 的比值和金融深度指标来衡量一国的金融发展水平。③ 奎恩（Quinn，1997）和丹尼斯（Dennis，1997）提出使用“金融自由化指数”来衡量政府对资本项目的管制程度。④ 世界银行（World Bank，1999）构建了大型数据库，将金融中介的规模和活跃性、商业银行的效率和市场结构、其他金融机构的规模和效率、股票与债券市场的发展等不同种类的指标纳入统一的分析框架中。⑤ 在金融发展理论研究的历史中，学者们主要以金融规模、金融结构、金融效率、金融发展与经济增长的关系等为研究对象，通过不断采用主流化的研究方法形成了系统的理论和实证研究成果（Bagehot，1873；熊彼特，1912；Patrcik，1966；King，1993），但对于金融发展质量的研究则相当匮乏，

① Goldsmith，R.，*Financial Structure and Development*，New Haven：Yale University Press，1969，p. 25.

② McKinnon，R. I.，*Money and Capital in Economic Development*，Published by Brooking Institution Press，1973，p. 37.

③ Levine，R.，“Financial Development and Economic Growth：Views and Agenda”，*Journal of Economic Literature*，Vol. 83，No. 6，1997，pp. 688-726.

④ Quinn，Dennis.，“The Correlates of Change in International Financial Regulation”，*American Political Science Review*，No. 3，1997，pp. 531-551.

⑤ World Bank，*Finance for Growth：Policy Choices in a Volatile World*，New York：Oxford University Press，2001，p. 455.

不仅缺少系统的理论研究框架，而且也没有相应的实证分析支撑。

在国内的相关研究中，对于金融发展质量的相关研究并不多见。由于对金融发展质量的内涵尚无统一的界定，学者们从不同角度构建评价指标体系来评价金融发展。胡章宏（1999）在研究中国金融可持续发展问题时，选用金融资产总量、金融相关比率、各类金融机构的分布、金融机构的分布密度、各类金融机构拥有资产之比重、金融机构的存贷款占比等指标作为分析依据。[①] 陈金明（2004）把金融发展细化为金融组织、金融工具、金融市场、支付体系和经济虚拟化程度五个方面。[②] 王志强和孙刚（2003）[③]、韩廷春（2005）[④] 从金融规模、金融结构、金融效率三个维度选择指标来衡量金融发展。李学文、李明贤（2004）[⑤] 在金融发展评价中加入了经济基础指标以及金融生态环境指标。张成思、李雪君（2012）[⑥] 基于金融政策与机构环境、商业环境、银行金融服务和金融市场四个方面构建金融发展指数，并运用该指数分析金融发展过程中存在的结构性问题。在对金融发展水平的具体研究中，学者们衡量了金融效率（周国富、胡慧敏，2007；谢家智、王文涛，2013）、金融结构（赵胜来、陈俊芳，2005；李健、贾玉革，2005）、金融稳定性（惠康、任保平，2010）等。

二、金融发展质量的内涵界定

金融发展质量属于规范性的具有价值判断的动态概念，对于金融发展质量的内涵非常难以准确界定。传统的金融发展理论着重于从“量”的角度来界定金融发展，如肖和麦金农（1973）对金融发展特征的分析中提出金

① 胡章宏：《金融可持续发展论》，中国金融出版社 1998 年版，第 106 页。

② 陈金明：《金融发展与经济增长：兼论中国金融发展与经济增长问题》，中国社会科学出版社 2004 年版，第 79 页。

③ 王志强、孙刚：《中国金融发展规模、结构、效率与经济增长关系的经验分析》，《管理世界》2003 年第 7 期，第 13—20 页。

④ 韩廷春：《金融发展和经济增长：经验模型与政策分析》，《世界经济》2001 年第 6 期，第 3—9 页。

⑤ 李学文、李明贤：《中国地区金融发展水平的评价与实证分析》，《云南财经大学学报》2007 年第 5 期，第 62—67 页，

⑥ 张成思、李雪君：《基于全球视角的中国金融发展指数研究》，《金融研究》2012 年第 6 期，第 54—67 页。

融发展主要指金融机构、金融工具、金融资产规模的膨胀。现有文献对它的定义比较模糊而且往往具有很大的随意性。事实上，中国金融发展的数量面和质量面却存在着明显的背离现象——庞大的金融数量和与之不匹配的金融质量是中国转型体制条件下一个重要的金融特征，在此背景下，如果仅用金融发展的数量指标代替金融发展质量，有可能会产生不小的误差。在我国金融发展的经验研究中，如果不考虑金融发展质量，就很难得到完全正确的研究结论。尽管许多学者已经从金融规模、金融结构、金融效率、金融风险等方面展开了相应的理论分析与实证研究，但这仅仅是从单一视角研究了金融发展质量问题的一个侧面，对于金融发展质量问题目前还没有形成一个统一的理论分析框架。鉴于金融发展具有指示性、垄断性、高风险性、效益依赖性和高负债经营性的特点，金融发展质量不仅包括外延式的数量提升，还包括内涵式的质量改善。结合张金清等（2010）的研究，我们将金融发展质量界定为：金融规模的扩张、结构的优化、效率的提升、稳定性的增强和风险性的降低。金融规模即金融活动在经济中所占的比重大小；金融结构可定义为构成金融各组成部分的相对规模、相对关系与配合状态；金融效率可理解为金融市场上资金融通的效率；金融稳定性是指金融机构和金融市场的运行状态；金融风险性指金融机构和金融体系的风险程度。

第二节　金融发展质量的标准

在对金融发展质量内涵进行界定的基础上我们提出金融发展质量的判断标准。金融发展质量是金融规模、结构、效率、稳定性和风险性的综合改善。金融规模是传统意义上金融发展的界定维度，即关于“量”的度量，而金融结构、效率、稳定性和风险性四个要素则更偏重于对金融发展的“质”的测度。因此，判断一国金融发展质量是否提高，应该结合以下几个方面内容进行评价。

金融规模主要强调金融机构和金融工具的完善性。

一、金融规模

金融规模与金融发展质量密切相关。一定的金融规模是实现金融发展质量的前提，较高的金融发展质量又作用于金融规模的增长。没有规模就无所谓质量，金融规模越大，金融发展质量的基础就越牢固。但如果片面追求规模必然影响金融发展质量，把主要精力用于抓规模增长上，那么必然放松对金融发展质量的管理和监控。现实金融事例告诉我们：凡是只重视规模、速度，而放松质量管理的金融发展，其资产质量和效益都比较差。因此，判断金融质量的标准不是规模越大越好，而是要把金融规模扩大与质量管理结合起来，实现有质量的增长。

二、金融结构

金融结构是指构成金融总体的各个组成部分的分布、存在、相对规模、相互关系与配合的状态，金融结构越合理，金融各业的相对规模与配合状态各方面趋于协调时，越有助于金融各构成要素之间的相互配合，金融发展质量会提高。

三、金融效率

金融效率就是指金融部门的投入与产出之比，衡量金融部门对经济增长的贡献。金融系统的主体金融中介充分动员国民储蓄资源，广泛吸收和积聚社会储蓄，通过自身金融体系的中间运作提高资本的边际生产率，最终实现经济的快速发展。

四、金融稳定性

金融稳定是一个动态、不断发展的概念，其标准和内涵随着经济金融的发展而发生相应的改变，并非是一成不变而固化的金融运行状态。金融稳定性越高，金融体系承受冲击的能力越强，有利于其发挥配置资源的功能。

五、金融风险性

金融风险包括利率风险、汇率风险、流动性风险、信用风险、市场风险等。按能否分散风险划分，可分为系统性风险（不可分散风险）与非系统性风险（可分散风险）。系统性风险是由那些影响整个金融的风险因素所引起的，这些因素包括经济周期或国家宏观经济政策的变动等，它们难以通过分散投资相互抵消或者削弱。非系统性风险是一种与特定公司或行业相关的风险，它与经济、政策和其他所有影响金融变量的因素无关，它可以通过有效的投资组合来消除。金融风险性越低，发生流动性风险和金融危机的可能性越低，金融发展质量越高。

第三节　金融发展质量的决定因素

本书将金融发展质量用函数表示为：

Z=f（Scale，Str，Eff，Stable，Risk）

其中，Z 是金融发展质量，Scale 代表金融规模，Str 代表金融结构，Eff 代表金融效率，Stable 代表金融稳定性，Risk 代表金融风险性。

上述函数满足以下性质：每一维度水平的改善会带来 Z 正的提高，但这种正向作用在边际上是递减的。

$$\frac{\partial Z}{\partial Scale}>0,\ \frac{\partial^2 Z}{\partial Scale^2}<0;\ \frac{\partial Z}{\partial Str}>0,\ \frac{\partial^2 Z}{\partial Str^2}<0;\ \frac{\partial Z}{\partial Eff}>0,\ \frac{\partial^2 Z}{\partial Eff^2}<0;$$

$$\frac{\partial Z}{\partial Stable}>0,\ \frac{\partial^2 Z}{\partial Stable^2}<0;\ \frac{\partial Z}{\partial Risk}<0,\ \frac{\partial^2 Z}{\partial Risk^2}<0;$$

第一，当金融规模扩大时，金融发展质量会提高。金融规模越大，金融机构和金融工具越完善，有利于企业融资，有利于金融发展质量的提高。

第二，当金融结构改善时，金融发展质量会提高。金融结构的优化改善，金融各业的相对规模、相对关系各方面趋于协调，有助于金融各要素之间的相互配合，有利于金融发展质量的提高。

第三，当金融效率提高时，金融发展质量会提高。金融资源有效配置，金融体系越接近于有效市场，金融资产的价格越能反映出其真正的价值，金融发展质量越高。

第四，当金融稳定性增强时，金融发展质量会提高。金融稳定性是指金融机构和金融市场的运行状态，当金融运行机制和秩序没有出现剧烈波动时，金融体系承受冲击的能力越强，有利于其发挥配置资源的功能，金融发展质量越高。

第五，当金融风险性降低时，金融发展质量会提高。金融风险性是指金融机构和金融体系的风险程度，金融产生的风险会影响企业、个人和政府。当金融机构和金融体系的风险程度越低时，发生流动性风险和金融危机的可能性越低，金融发展质量越高。

第四节　金融发展质量的评价指标体系

一、指标体系构建原则

为了科学客观地描述金融发展质量，本书遵循以下原则来构建指标体系：第一，全面性原则。金融发展质量涵盖前文提到的金融规模、金融效率、金融结构、金融稳定性、金融风险性多个层次，所以指标体系应从多个层次和不同维度选择反映金融发展质量的指标，以满足评价的全面性。第二，科学性原则。评价指标体系必须能够明确地反映金融发展质量的评价目标，同时避免指标层次过多、指标过细。第三，可比性原则。所选指标的口径（年份、单位、含义等）在不同评价对象间必须一致。第四，代表性原则。所有评价都不可能反映被评价对象的全部信息，选取的指标应力争反映评价对象的主要特征和主要方面。第五，数据的可得性原则。所选指标的含义必须明确、易于理解，选用的指标要有权威可靠的数据来源，确保数据的质量，数据具有可得性，便于具体操作。

二、评价指标体系构建

根据指标体系的构建原则，本书将金融发展质量划分为金融规模、金融结构、金融效率、金融稳定性和金融风险性五个维度，每个维度细分银行业、证券业和保险业三个行业，每一行业的分项指标对应一个匹配的基础指标，共选取了 15 个基础指标来构建金融发展质量综合评价指标体系，如表 11-1 所示。

表 11-1 金融发展质量综合评价指标体系

基础指标	方面指标	指标层	计算方法	单位	指标属性
金融规模	银行业	金融相关比率	贷款总额/GDP	%	正
	证券业	资本化率	股票市值/GDP	%	正
	保险业	保险深度	保费收入/GDP	%	正
金融结构	银行业	银行业总资产/金融总资产	银行业金融机构贷款余额/金融总资产	%	正
	证券业	证券业总资产/金融总资产	股票市值/金融总资产	%	正
	保险业	保险业总资产/金融总资产	保费收入/金融总资产	%	正
金融效率	银行业	存贷比	贷款总额/存款总额	%	正
	证券业	股票筹资额占比	股票筹资额/GDP	%	正
	保险业	赔付比率	赔付支出/保费收入	%	正
金融稳定性	银行业	贷款余额增长率	(当年银行业金融机构贷款余额-上年银行业金融机构贷款余额）/上年银行业金融机构贷款余额	%	正
	证券业	上市公司总市值增长率	(当年上市公司总市值-上年上市公司总市值）/上年上市公司总市值	%	正
	保险业	保费收入增长率	(当年保费收入-上年保费收入）/上年保费收入	%	正
金融风险性	银行业	不良贷款率	不良贷款余额/贷款余额	%	负
	证券业	资产负债率	负债总额/资产总额	%	负
	保险业	保费收入占比	保费收入/保险金额	%	负

1. 金融规模

金融规模指金融活动在经济中所占比重。衡量金融规模的常用指标是麦氏指标（M2/GDP）和戈氏指标（FIR）。参照戈德史密斯（Goldsmith，1969）、莱文（Levine，1997）、胡章宏（1998）的研究，我们选用金融相关比率来衡量银行业规模、资本化率来衡量证券业规模、保险深度衡量保险业规模，具体采用贷款总额、上市公司总市值、保费收入与GDP的比值来衡量。

2. 金融结构

金融结构可定义为金融各业的相对规模与协调程度。已有文献对金融结构进行评价时，根据其研究主旨的不同，从市场份额结构、所有制结构、区域结构、业务结构、收入结构等角度选择指标（李健、贾玉阁，2005）。本书选取各省（自治区、直辖市）银行业资产占比、证券业资产占比、保险业资产占比作为衡量不同省（自治区、直辖市）金融结构的指标。

3. 金融效率

金融效率是指金融资源的最优配置。学者们对金融效率的衡量，较多使用非国有经济所获得的银行贷款比率。但是，王志强、孙刚（2003）认为，如果考虑到我国经济结构中国有经济占主导地位的客观现实，该指标在反映金融效率时就存在着一定的缺陷。因此，本书结合我国金融机构的主要功能，用贷款余额与存款余额的比值来反映银行业效率，用股票筹资额与当年GDP 的比值来反映证券业效率，用保险公司赔款给付额与保费收入的比值来反映保险业效率。

4. 金融稳定性

金融稳定性是指金融机构和金融市场的运行状态。本书选用金融机构贷款余额增长率来衡量银行业稳定性，用上市公司总市值增长率来衡量证券业的稳定性，用保费收入增长率来度量保险业的稳定性。

5. 金融风险性

金融风险性是指金融机构和金融体系的风险程度。本书选用银行业不良贷款率来衡量银行业风险性，用上市公司资产负债率来衡量证券业的风险性，用保费收入占比来度量保险业的风险性。

第五节　提高金融发展质量的路径

通过对金融发展质量的评价标准和决定因素进行分析，可以看出要提高一国金融发展质量，则需要在以下五个方面采取积极措施。

一、金融规模

从某种程度上来讲，金融规模的扩张可以算作经济增长的必由之路，不同地区要立足自身实际，处理好金融发展与实体经济的关系，适度提高金融发展规模，发挥其服务经济整体的功能，通过提高储蓄和投资水平促进经济增长，坚持“从实体中来，到实体中去”，在提高对实体经济的服务能力中实现金融规模的扩大，防止出现空中花园式的金融发展。

二、金融结构

金融结构的优劣对能否最大限度地发挥各类金融功能、有效促进经济增长至关重要。增加金融机构的种类，有序发展中小金融机构，建立科学合理、符合客观实际需求的金融结构，加大政策扶持力度，放宽金融机构准入限制，鼓励民间资本进入金融行业，做好金融机构创新，鼓励中小金融机构走差别化发展道路，转变金融产业发展方式，提升国家金融软实力，从总量增长过渡为结构优化，实现金融的内涵式发展。

三、金融效率

通过提高资本配置效率促进经济增长，注重搞活市场投融资活动，强化市场主体财务约束，让资金价格反映资金的使用效率，鼓励金融创新，特别是依靠互联网、大数据、云计算、移动支付等信息技术的发展降低金融业融资成本，减少和停止政府对金融机构经营活动的不当干预，保证金融机构的经营自主权，才能在信息化时代不断提高金融效率。

四、金融稳定性

金融稳定性对经济实现可持续发展和社会稳定具有重要意义，金融稳定是经济可持续发展的基础和前提。利用市场的微观调节和政府的宏观调控把握经济发展的大方向，为金融稳定创造良好的内外部环境。以金融稳定为目标加强央行金融监管的工具和政策手段，构建金融机构经营的安全网，实施央行的最后贷款人功能和建立存款保险制度，增强公众对银行体系的信心，注意资产价格泡沫和通货膨胀可能造成的金融不稳定，加强对社会信用的基础建设，注重金融机构体系的多元化发展，维持金融发展的稳定。

五、金融风险性

加强金融市场基础设施建设，有效防范和化解金融风险，深化金融体制改革，设立相应的风险投资机制，推进金融机构的公司治理和内部控制建设，注重对金融机构的风险监管，强化金融立法与金融执法力度，强制信息披露制度，提高金融运行的透明度，从而降低金融风险。

第十二章

生活质量的经济学分析

生活质量是经济增长质量的重要方面，其作为学术用语首先由美国著名经济学家加尔布雷斯（J. K. Galbraith）于 1958 年在《富裕社会》一书中首先提出，其真正被学界所关注则导源于西方的社会指标运动（social in-dicators movement）的兴起，该运动旨在呼吁和倡导政府与学界对社会系统的重视，而不是单单考虑经济发展。而将城市生活质量作为一个单独领域进行研究的则以美国社会学家韦德 1967 年出版的《美国的城市生活》为标志。经过半个世纪的发展，城市生活质量已成为西方社会学、经济学、心理学、医学、哲学、地理学与规划学等学科广泛关注的研究领域。国际生活质量研究协会（ISOQOL）更是专门开办《生活质量研究》（Quality of Life Research）杂志来交流国际上关于生活质量研究的最新优秀成果，关于城市生活质量的研究也是其中的主要议题。

第一节　生活质量的内涵

1958 年，美国著名经济学家加尔布雷斯（J. K. Galbraith）在《富裕社会》一书中首次提出了生活质量这一概念，此后这一概念得到了广泛的使用。20 世纪 60 年代以后，生活质量始成为专门的研究领域，吸引了经济学、社会学和心理学等多个学科研究者的关注，并逐渐分化为客观生活质量与主观生活质量两大研究领域。最有代表性的研究是源于北欧的斯堪的纳维亚模式和源于美国的盎格鲁—撒克逊模式。这两种模式对于生活质量概念界定的不同之处在于，前者关注客观生活条件，后者则强调主观幸福感。近年来，主客观领域的结合已成为趋势，比较有代表性的是德国研究者察普夫（Zapf）提出的生活质量概念，他试图通过不同的生活领域将客观生活质量和主观生活质量的内涵结合起来。他将客观、主观生活质量分别给予好、坏两种评价，综合起来就得到四种生活质量结果，分别为幸福（Well-being）、不协调（Dissonance）、适应（Adaptation）和被剥夺（Deprivation）。

国内关于生活质量的研究也大致分为客观生活质量研究、主观生活质量研究和主客观生活质量综合研究三大类。相应的，对于生活质量概念的界定也主要分为这三种，具体如下。

第一种一般将生活质量定义为居民客观生活条件的综合反映。例如彭念一、李丽提出，生活质量不仅包含了福利的经济内涵，还包含了像健康、教育、贫困、社会及自然环境等影响人们生活条件的一些非经济要素。王国新指出，生活品质评价是基于价值角度和居住者需求层面展开的评价，是一个区域所能提供给居民以及外来人口所能感受和拥有的日常生活所需要的设施、环境、技术、服务等的总和。韩淑丽认为居民生活质量是指在一定的社会生产条件下，居民在物质生活、精神文化生活等方面所达到的水平和舒适程度，以及生活环境的便利程度。

第二种一般将生活质量定义为人们对于客观生活的主观感受及评价。例如，林南等研究者认为生活质量就是对于生活及其各个方面的评价和总结。李正龙认为居民生活质量是居民对自身发展、对物质和文化需求的满足程度以及为保证这种需求得到的经济、文化和社会保障等多方面“外部”因素的认知程度和综合评价。

第三种是将上面两种理解结合起来，认为生活质量既包括客观生活条件，又包括人们的主观感受和评价。例如，范柏乃提出，生活质量是一个评价居民生活优劣的概念，既要反映居民经济和社会生活的现实状况，同时又要体现居民现实经济和社会生活中的心理满足程度。多伦多大学健康促进中心研究人员将生活质量定义为：人们享受到的其生活中重大发展潜力的程度。而这个发展潜力取决于每个人生活中面临的机遇和局限，它反映的是个人和周围环境因素的一种互动。其中，“享受”包括这样两个部件：对自己生活满意度、物质拥有以及所达到的成就性质的一种体验，即自身体验和自身拥有的性质特征。邢占军认为生活质量指的是人的良好存在（well-being）质量，它指生活在特定环境中的人们所享有的客观福利和主观福利，体现为人们所处的生存与发展状态以及人们对自身生存发展状态的主观体验。从人与自然和谐共处的角度出发，可以将生活质量视为人的生命质量与生存环境质量的有机统一。

根据以上论述，我们认为生活质量的内涵为：生活质量指的是居民的生存状况以及对生存状况的主观感受与评价。居民的生存状况主要包括客观生活条件、个人生活状况（健康、运动、休闲等）以及与城市及社会的互动。

第二节　生活质量的标准

生活质量包括客观和主观两个方面的内容，客观生活质量是指满足人的衣食住行等的物质方面和一些非物质方面，如健康、娱乐、教育等，它关注的是宏观层次，注重社会、国家、地区整体的生活质量；主观生活质量是指人们对客观生活的主观感受和评价，关注的是微观层次，注重个人对生活各个方面的评价，是对生活质量的主观评估。这两者（主观质量和客观质量）相辅相成，缺一不可，我们更应该追求的是客观物质条件不断提高、民众主观幸福感不断提升的全面协调发展。

一、发展标准

发展理念不断变革至今，其内涵逐渐回到了哲学价值层面，更多地强调以生活质量为导向的人的发展。以生活质量为导向的发展，是充分肯定生活质量对经济社会发展的重要意义，是将发展的价值规定在以民众生活质量提升这个核心价值之上，以生活质量提升这个根本目标引领发展。从主体目的论的维度来看，人类社会发展的根本目的是为了创造更高的生活质量，生活质量导向的发展就是人们对更高生活质量的不断追求和创造过程，就是从现实生活中人们日益增长的物质文化需要出发，从政治、经济、文化、社会、生态等各个领域寻求不断满足这些需要的驱动力，寻求这些需要的满足。因此，发展是满足人的需要的发展，是生活质量不断提升的发展，这样的发展就是以生活质量为导向的发展。

首先，以生活质量为导向的发展，应当是客观生活质量各个领域的全面协调发展，即社会主义市场经济和社会主义民主政治、先进文化、和谐社会、生态文明建设的全面协调发展。第一，政治、经济、文化、社会、生态全面发展。党的十八届三中全会指出，坚持以经济建设为中心，充分发挥经济体制改革的牵引作用，坚持和完善基本经济制度，加快完善现代市场体系，加快转变政府职能，深化财税体制改革，健全城乡发展一体化体制机制，构建开放型经济新体制。加强社会主义民主政治制度建设，推进法治中国建设，强化权力运行制约和监督体系。同时，推进文化体制机制创新、推进社会事业改革创新、创新社会治理体制、加快生态文明制度建设。第二，政治、经济、文化、社会、生态协调发展。协调发展，意味着生产关系同生产力、上层建筑同经济基础相适应，经济社会协调、健康发展，意味着"五位一体"的发展不能有明显的短板，每一个领域内，也不能有制约发展的短板效应产生。否则，不均衡就成为阻碍发展的最大障碍。协调发展还意味着要正确认识和处理好个人利益和集体利益的关系、局部利益和全局利益的关系、当前利益和长远利益的关系。总之，客观生活质量各个领域的全面发展和协调发展是有机统一的，是以生活质量为导向的发展的本质要求。

其次，以生活质量为导向的发展，应当是客观物质条件不断提高、民众主观幸福感不断提升的全面协调发展。生活质量是一个同时包含物质生存质量和精神生存质量的综合性概念，民众生活质量的提升，既有不断提高民众物质文化生活条件的含义，又有促进民众的主观幸福感等主观生活质量提升的含义。但是，目前我国的现实情况就像前面章节所指出的那样，客观生活质量总体上不断提升，主观幸福感停滞不前。尽管不断上升的客观生活质量走势掩盖了许多问题，但总体而言，客观生活质量近年来得到了不断提升，民众的客观物质生活条件不断得到改善，这样一来，主观幸福感停滞不前的问题就显得尤为突出。以主观幸福感为代表的主观生活质量往往被忽视，实际上，国内外的相关研究均已证明，客观生活质量只能解释主观生活满意度（主观生活质量的另一个评价标准）的很小部分。这说明，主观生活质量是一个相对独立的生活质量构成要素，不能仅仅依靠提升客观生活质量来带动主观幸福感的提升，而应寻求主观幸福感提升的具体机制。因此，以生活质量为导向的发展，是客观生活质量不断提升的同时，主观生活质量也能够得到提升的发展，是主客观生活质量的全面提升。

再次，以生活质量为导向的发展，还应当是处理好积累与消费关系的可持续性发展。以生活质量为导向的发展，其出发点和落脚点必定是生活质量提升，从国家和社会层面来讲，要促进生活质量提升，就要为民众生活质量的提升提供必要的物质保障，将适量的社会财富投入保障和改善民众生活质量中来。支出与积累的平衡问题就显得非常重要，过度提高福利和居民收入水平，积累的占比就相对缩小，用于社会后续发展的财富积累不足，会影响经济增长速度，损害发展的可持续性；但是，用于改善和提升民众生活质量的民生支出比过小，就会直接影响民众生活质量的提升，民众生活质量不能得到有效提升，不仅加剧生产要素紧张，更会积累社会矛盾，社会发展的可持续性也会遭到损害。就目前的状况来看，一方面，我国用于民生方面的财政支出比例相对较小，应适量增加民生投入，为生活质量提升提供更多的物质保障；另一方面，从长远来看，当前保持适度的资本积累率，保持较快的经济增长速度，能够为生活质量各个领域里问题的解决提供有力的经济支持。因此，以生活质量为导向的发展，需要充分重视社会财富支出与积累的平衡，找到既能为当前提升生活质量提供更多物质保障，又能为后续发展的可持续性提供财富支撑的合理尺度。

总之，发展是目的也是手段。“社会发展的根本目的是为了创造更高的生活质量，发展的过程就是人们不断追求和创造更高生活质量的过程，发展的实质是人们生活质量的不断提高，对发展评价的根本尺度是人们的生活质量状况，发展的根本动力也在于人们对更高生活质量的追求和创造。”发展是生活质量提升的关键，在发展中寻求生活质量问题的解决，是生活质量提升的必然选择。

二、公平标准

从理论上来看，生活质量提升不仅需要强调效率带来的福利条件不断提升，同时还需要强调在效率之外倡导公平核心价值的重要性。生活质量提升是社会大多数成员生活质量的总体提升，不是特殊群体生活质量提升，公平或者作为公平本质的分配公平是将社会资源在全社会范围内按照相对差异的原则进行分配的根本保障，只有将社会发展的成果更全面、更公平地分配给全体社会成员或者社会成员的大多数，生活质量的总体提升才能实现。因此，生活质量提升的首要标准便是应该诉诸社会公平价值观，以推动社会全体成员健康与基本生存福利、经济福利、政治福利、社会福利、文化福利和环境福利的发展。

党的十八届三中全会提出，让发展的成果更多、更公平惠及全体人民。这其中便包含了两个重要含义：第一，提升生活质量、增进人民福祉是一切改革和发展的最终目的；第二，享有更高的生活质量不是少数人的特权，而应该是全体人民的普遍权利，全体人民共享发展成果，共享生活质量提升，是生活质量提升惠及全体人民的本质要求，而要实现这一点就必须依靠更加公平来实现。但反观我国现阶段经济发展的现实，当前影响和制约我国生活质量提升的诸多问题集中表现在经济领域里贫富差距不断扩大、通货膨胀的压力仍然存在、消费结构不合理、失业率出现攀升势头、产业发展不均衡；环境领域里城市环境基础设施建设存在薄弱环节；文化领域里教育资源分配不公；社会领域里农村社会保障投入水平较低等问题上。这些问题都与社会不公平有着直接或间接的联系，对民众生活质量的提升产生了消极的影响，尤其对低收入群体和弱势群体生活质量的提高产生了严重影响。这些问题主要涉及了分配公平、环境公平、教育公平、保障公平等公平问题，凸显了我国社会生活中仍然存在许多不公平现象。而维护和促进社会公平正义，就是对这些问题的解决，就是对客观生活质量提升的贡献。

第三节　生活质量的决定因素

生活质量包括主观生活质量和客观生活质量两个部分，根据这个划分，生活质量的决定因素包括以下几个方面。

第一类，社会经济发展水平以及由此决定的居民收入水平、消费水平、消费结构、服务于居民生活的商业、医疗、社会福利和社会保障、交通、通讯等行业的发展状况以及收入差距、通货膨胀方面的状况。

第二类，社会进步所决定的社会文化、教育、精神文明建设、社会制度、人际关系、社会风气和社会公德、治安和秩序、人们劳动时间的长短及闲暇时间的多少、社会生活方式等。

第三类，生活环境，包括自然生态环境、人工物质技术环境和社会文化环境及信息环境的状况。

第四类，科学技术发展的状况因为科学技术在促进经济发展方面起到重要作用，从而使许多高科技产品不断进入居民消费领域，引起消费革命；因为科学技术能改善社会管理，促进社会进步；因为科学技术能改善环境，因而科学技术的发展是决定生活质量的重要因素。

经济、社会、环境、科学技术是影响生活质量的四大因素。这每一项因素内部又包含着许许多多的具体内容。当今世界，单纯国民生产总值的增长不能代表整个社会的进步，单凭经济增长也不能解决提高居民生活质量的客观要求。改善居民生活质量的要求是很高的，社会要从各方面采取措施，形成促进经济、社会、环境、科技协调发展的机制才能有效地促进居民生活质量的提高。

第四节　生活质量的评价指标体系

生活质量主要由客观和主观生活质量两部分构成，具体包括物质生活、精神生活、环境和社会四个方面。本章构建的评价生活质量的指标体系也遵循这一原则。

一、物质生活指标

物质生活是生活质量的基础，人们只有在满足了基本的衣食住行用等物质方面的需求之后，才可能谋求其他方面的发展。物质生活可以从收入、消费、居住、交通和生活环境等方面来度量，具体选取的指标见表 12-1。

表 12-1　物质生活指标

	指标	单位
收入	人均 GDP	元
	城镇居民家庭人均可支配收入	元
	农村居民家庭人均纯收入	元

续表

	指标	单位
消费	城镇家庭居民恩格尔系数	%
	农村家庭居民恩格尔系数	%
	城镇居民家庭平均每百户拥有家用汽车	辆
	农村居民家庭平均每百户拥有摩托车	辆
	城镇居民家庭平均每百户拥有家用电脑	台
	城镇居民家庭平均每百户拥有移动电话	部
	农村居民家庭平均每百户拥有电话机	部
居住	城市人均住房面积	平方米
	农村人均住房面积	平方米
交通	城市人均拥有铺路面积	平方米
	农村通公路行政村比重	%
生活环境	城市用水普及率	%
	城市燃气普及率	%
	农村自来水普及率	%

在收入方面，选取城镇居民家庭人均可支配收入和农村居民家庭人均纯收入两个指标。城镇家庭可支配收入是居民家庭可以用来自由支配的收入，农村家庭纯收入是指农村住户当年从各个来源得到的总收入相应地扣除所发生的费用后的收入总和。城镇居民家庭人均可支配收入和农村居民家庭人均纯收入是按人口平均的收入水平，反映的是一个地区居民的平均收入水平。人均 GDP 是按市场价格计算的一个国家（或地区）所有常住单位在一定时期内生产活动的最终成果的人均值，可以从总体上反映我国居民的生活条件。

在消费方面，选取反映支出结构的恩格尔系数和家庭耐用消费品的拥有量。恩格尔系数是指生活消费支出中食物消费所占比重，虽然一个国家的食物消费总量随着其富裕程度的提高而增加，但是在生活消费中所占的比重会降低，所以，一个国家越是富裕，恩格尔系数就越低。人们只有能够获得足够的收入才会购买耐用消费品，生活水平才会随之提高。比较有代表性的可以反映生活质量的耐用消费品有城镇居民家庭家用汽车、家用电脑、移动电话和农村居民家庭摩托车、电话机，这几项都按平均每百户拥有量计算。

在居住方面，最具代表性的指标是居住面积，本书用城市人均住房面积和农村人均住房面积反映居住条件。

在交通方面，道路是连接四面八方的动脉，道路里程越长，路况越好，就越会带来经济的繁荣。本书用城市人均拥有铺路面积来反映城市道路状况，用农村通公路行政村比重来度量农村道路状况。

在生活环境方面，水和燃气是生活不可或缺的部分。本书选取城市用水普及率、城市燃气普及率和农村自来水普及率三个指标。城市用水普及率指城市用水人口数与城市人口总数的比率，城市燃气普及率指城市用燃气人口数与城市人口总数的比率，农村自来水普及率指农村用自来水人口数与农村人口总数的比率。

二、精神生活指标

一个国家人民生活的质量不仅取决于经济，而且还受诸多因素如精神生活、环境因素和社会因素的影响。而精神生活可以从休闲、第三产业和教育三方面来衡量，具体指标见表 12-2。

表 12-2　精神生活指标

	指标	单位
休闲	城镇居民家庭平均每百户拥有彩色电视机	台
	农村居民家庭平均每百户拥有彩色电视机	台
	城镇居民家庭平均每百户拥有钢琴及其他中高档乐器	架/件
	平均每百万人图书、杂志和报纸总印张数	亿印张
	平均每百万人公共图书馆数	个
	城镇居民出游率	%
	农村居民一日游出游率	%
第三产业	第三产业产值比重	%

续表

	指标	单位
教育	小学学龄儿童入学率	%
	平均每万人口中在校大学生数	人
	文盲半文盲占 15 岁及以上人口的比重	%

在休闲方面，第一，电视机恐怕是目前我国居民最主要的一种休闲方式，从黑白电视机到彩色电视机，再到彩色电视机的更新换代。第二，无论是培养孩子还是自娱自乐，乐器在城镇居民家庭中是常见的，这也是目前人们的一种休闲方式，这种趋势应该有增无减。由于相对数比绝对数更易于不同时间或不同空间的比较，彩色电视机和乐器都按每百户平均拥有量计算。第三，人们的精神生活中离不开读书，选取平均每百万人图书、杂志和报纸总印张数和平均每百万人公共图书馆数来反映人们读书需求的满足程度。第四，旅游是休闲娱乐的一种重要方式，特别是国家增加了黄金周法定假日之后，旅游几乎成了黄金周的代名词。出游率是指国内旅游人数与总人口数之比，其中城镇居民出游率指省会城市居民的出游率，农村居民一日游出游率指农村居民一日游人数与总人口数之比。

第三产业是除第一、第二产业以外的其他行业，它由流通部门和服务部门两大部门组成，包括为生产和生活服务的部门、为提高科学文化水平和居民素质服务的部门、为社会公共需要服务的部门。第三产业对生活质量显然起着非常重要的作用，用第三产业产值比重来反映。

教育是人口可持续发展的手段，是提高人口素质的途径，对一个民族的繁荣举足轻重，是生活质量的重要组成部分。本书用小学学龄儿童入学率、平均每万人口中在校大学生数、文盲半文盲占 15 岁及以上人口的比重三个指标来从教育方面测量居民生活质量。其中，小学学龄儿童入学率指调查范围内已入小学学习的学龄儿童占校内外学龄儿童总数（包括弱智儿童，不包括盲聋哑儿童）的比重，文盲半文盲人口指 15 岁及 15 岁以上不识字及识字很少人口。

三、环境指标

环境因素对生活质量的影响是不容忽视的，随着经济的发展，环境问题日益凸现。本书特选取环境方面的若干指标，来测量其对居民生活质量的影响，具体指标见表 12-3。

表 12-3 环境指标

指标	单位
环境污染与破坏事故次数	次
一年中主要城市空气质量达到及好于二级的天数所占比例	%
森林覆盖率	%
城市生活垃圾无害化处理率	%
废水排放总量	万吨
二氧化硫排放总量	吨
工业固体废弃物排放总量	万吨

环境污染与破坏事故指由于违反环境保护法规的经济、社会活动与行为，以及意外因素的影响或不可抗拒的自然灾害等原因，致使环境受到污染，国家重点保护的野生动植物、自然保护区受到破坏，人体健康受到危害，社会经济和人民财产受损失，造成不良社会影响的突发性事件。一年中主要城市空气质量达到及好于二级的天数所占比例指空气质量达到及好于二级的天数在一年 365 天中所占的比例。森林覆盖率指一个国家或地区森林面积占土地总面积的百分比，是反映森林资源的丰富程度和生态平衡状况的重要指标。城市生活垃圾无害化处理率指生活垃圾无害化处理量与生活垃圾产生量的比率，它主要反映产生的生活垃圾有多大比例得到无害化处理。废水排放总量包括工业废水量和居民排放的生活污水。二氧化硫排放总量包括企业排入大气的二氧化硫总量和生活二氧化硫排放量。工业固体废弃物排放总量指企业将所产生的固体废弃物排到固体废弃物污染防治设施、场所以外的数量。

四、社会指标

社会因素是影响居民生活质量的又一个重要方面，社会因素涉及内容繁多，主要包括医疗卫生、社会公平、就业、婚姻、社会安全、社会保障等，每个方面都有若干指标，具体见表 12-4。

表 12-4　社会指标

	指标	单位
医疗卫生	婴儿死亡率	‰
	平均预期寿命	岁
	每千人口医生数	人
	每千人口医院、卫生院床位数	张
社会公平	基尼系数	/
	城乡消费水平对比	农村=1
	全国人民代表大会代表中女代表占代表总数比重	%
	全国人民代表大会代表中少数民族代表占代表总数比重	%
就业	城镇登记失业率	%
	乡村从业人口比重	%
婚姻	离婚率	‰
社会安全	人口火灾发生率	1/10 万人
	人口交通事故发生率	1/10 万人
	公安机关受理治安案件数	起
	公安机关立案的刑事案件数	起
	性别比	女=100
社会保障	失业保险年末参保职工人数比重	%
	基本养老保险年末参保人数比重	%
	基本医疗保险年末参保人数比重	%
	财政支出中抚恤和社会福利救济费所占比重	%

医疗卫生方面选取了婴儿死亡率、平均预期寿命、每千人口医生数和每千人口医院、卫生院床位数四个指标。婴儿死亡率指某一时期内未满周岁死亡的婴儿与同期活产婴儿的比例，是衡量一个地区社会经济状况的重要指标。平均预期寿命是指0岁组的平均预期寿命，可以反映一批人出生后一生可能存活的年数。每千人口医生数和每千人口医院、卫生院床位数分别是医生数、医院和卫生院床位数与总人口数之比。

没有广大妇女的参与，社会主义的民主政治就是不健全和不完善的。我国是一个多民族的国家，同样，没有广大少数民族兄弟姐妹的参与，社会主义民主政治也是不健全和不完善的。所以，本书选取了全国人民代表大会代表中女代表、少数民族代表占代表总数比重两个指标来反映这方面的内容。

劳动是人们获得收入的主要手段，失去了工作，人们的生活就得不到保障，更谈不上生活质量的提高。就业与失业是一对相互关联的概念，一般用城镇登记失业率从反面来反映城镇居民的就业情况。城镇登记失业率指城镇登记失业人员与城镇单位就业人员、城镇单位中的不在岗职工、城镇私营业主、个体户主、城镇私营企业和个体就业人员、城镇登记失业人员之和的比。农村就业是一个相当复杂的课题，涉及农民工等太多的问题，本书不可能详细讨论这方面的内容，只是选择乡村从业人口比重来大致反映农村劳动人口的比重。乡村从业人口比重是指乡村从业人口与乡村总人口之比，其中，乡村从业人员指乡村人口中劳动年龄在16周岁以上实际参加生产经营活动并取得实物或货币收入的人员。

家庭的幸福也是生活质量的一个方面。本书从婚姻的角度，选取离婚率对这方面的内容进行度量。离婚率指某地区报告期（通常为1年）内，男女双方经过法律手段解除婚姻关系的人数占该地区报告期内平均人口的比值。

一个安全的社会环境无疑为居民生活质量的提高创造了良好的外部因素。人口火灾发生率是火灾发生起数与总人口数之比。人口交通事故发生率是交通事故发生起数与总人口数之比。公安机关受理治安案件数和立案的刑事案件数是反映社会安定方面的指标。性别比是男性与女性人口数之比，从长远来看，这也是影响社会安全的重要因素，目前我国已经出现出生性别比偏高的问题，任其发展下去，产生的负面影响是严重的。

随着社会的发展，社会保障的重要性更为明显。失业保险年末参保职工人数比重指年末参加失业保险的职工人数占总人口数的比重。基本养老保险年末参保人数比重指年末参加基本养老保险的职工和离休、退休、退职人员数占总人口数的比重。基本医疗保险年末参保人数比重指年末参加基本医疗保险的职工和离休、退休、退职人员数占总人口数的比重。财政支出中抚恤和社会福利救济费所占比重指抚恤和社会福利救济费与财政支出的比值。这些指标在一定程度上反映了我国的社会保障情况。

第五节　提高生活质量的路径

物质生活、精神生活、环境因素、社会因素是组成生活质量的四个部分，这四个方面应该协调发展，才能提高居民生活质量，忽视其中任何一个方面的做法都是不可取的。具体说来，为了全面提高我国居民的生活质量，应该采取的措施有以下几项。

一、提高收入水平

物质生活永远是居民生活质量的基石，基石不牢靠，生活质量的大厦就不会坚固。改革开放以来，我国的社会主义现代化建设取得了显著的成绩，人民生活不断改善。但与世界发达国家相比，我国的人均收入水平还是相当低的，特别是农村贫困问题仍然严重。我国应该继续加大对农村的政策扶持，给农民以最大的优惠，让占我国人口大多数的农民逐步走向富裕。

二、充实精神文化生活

精神文化生活是高水平的生活质量不可或缺的内容。大力开展多种形式的文化活动，活跃居民的业余生活是提高居民精神生活质量的重要途径。相对而言，农村居民的精神文化生活与城镇居民相比要贫乏得多。所以，丰富农村居民的文化生活是非常重要的。

三、协调社会各因素

社会是一个复杂的系统，就本书所分析的六个方面来看，社会公平、就业、婚姻和社会安全方面的许多逆指标都存在逐年升高的趋势，它们对提高居民生活质量起着反作用，社会保障和医疗卫生已经取得了一定的成绩，但仍然需要继续提高，才能真正提高我国居民的生活质量。具体的措施包括：（1）千方百计增加农民收入，努力遏制城乡差距扩大的趋势；（2）加大政府对收入分配的调节力度。强化个人所得税征管，加强对高收入群体的收入跟踪和监督；（3）建立健全城乡居民最低生活保障制度，努力提高低收入者的收入水平；（4）大力发展新兴产业，创造新的就业岗位；（5）建立和完善劳动力市场，组织开展各种就业服务工作。

四、保护环境，控制污染

科学技术以前所未有的速度和规模迅猛发展，增强了人类改造自然的能力，给人类社会带来空前的繁荣，然而，长期掠夺资源必将受到大自然的惩罚。控制污染的主要措施有：（1）要求工业生产部门采用先进设备，改革落后的生产工艺，把污染消除在生产过程之中；（2）工业生产部门应节约用水，提高原料利用率，加强生产管理，最大限度地减少工业废水和污染物的排放量；（3）应设法提高水的重复利用率，对污水进行适当处理后重复使用，对工业生产部门尤其如此；（4）调整能源结构，积极发展水能、风能、太阳能、地热等新能源和可再生能源，努力提高能源利用效率，以实现国民经济的可持续发展；（5）加大环境污染治理力度，对造成严重环境污染的违法行为坚决予以查处，追究有关领导和相关负责人的责任。

五、平衡地区以及地区内部发展

我国东、中、西部发展不平衡是在特定的历史背景下形成的，要解决这个问题不是一朝一夕可以办到的，需要找出规律，逐步解决。我国东、中、西部的生活质量指数、物质生活指数、精神生活指数、社会指数都依次降低，只有环境指数三个地区差别不大。

另外，三个地区内部也存在差异，中、西部差异类似，特别是东部内部差异较大。西部开发的同时，应该给予中部地区适当的政策倾向，不要等到西部地区生活质量提高后，再花大力气提高中部地区居民的生活质量。世界万事万物，唯有协调，才能成功，才能发展。就提高居民生活质量而言，唯有统筹兼顾，通盘筹划，才能协调。

第四篇

宏观质量经济学的范式与标准

第十三章

经济增长质量的经济学分析

传统经济增长理论研究经济增长的数量，到现代经济增长理论产生以后，才开始重视研究经济增长的质量。经济增长数量与经济增长质量就像一枚硬币的两面，是同一个问题的两个方面，它们一起构成了经济增长的全部内容。在经济增长理论发展的200多年历史里，一直把经济增长的数量问题当作是经济增长的关键内容，但是却很少讨论经济增长质量的提高。20世纪末，随着各种经济增长质量问题的不断凸显，对经济增长质量的研究才受到经济学界的广泛关注。

改革开放三十多年以来，中国经济总体上保持了长期的高速增长，形成了世界关注的中国模式。但在我国国民经济快速增长的过程中，也积累了不少结构性的矛盾。随着中国经济步入以中高速增长、结构优化升级、创新驱动为基本特征的新常态，增长下移、总量下行使得分配、就业、税收、金融等方面的隐性矛盾不断显性化，提高经济增长质量、转变经济发展方式成为我国经济发展新阶段亟待解决的重大现实问题之一。党的十八大报告明确提出，当代中国要以加快转变经济发展方式为主线，把推动发展的立足点转到提高质量和效益上来。

第一节　经济增长质量的内涵

经济增长质量是经济的数量增长到一定阶段的产物，没有一定的经济增长数量，不可能谈及经济增长质量。在经济增长问题的研究中，经济增长数量分析与经济增长质量分析是两种截然不同的分析范式，它们在判断标准、研究方法以及研究对象等方面都存在着巨大的差别。经济增长质量的定义是经济增长质量问题研究的起点，对经济增长质量问题的研究建立在对其内涵的不同理解基础之上，如何对经济增长质量内涵进行界定直接决定了这一问题的研究视角、研究范围以及研究内容。

一、现有研究对经济增长质量的界定

经济增长质量属于一种规范性的价值判断，对其含义进行界定是一个仁者见仁、智者见智的问题。较早期的研究主要是从狭义上来定义经济增长质量，将其理解为经济增长的效率（如卡马耶夫，1983；刘亚建，2002；沈利生、王恒，2005），而近几年来被广泛认同的观点则是从更广义的视角上来界定经济增长质量的，研究认为它是相对于经济增长数量而言的一个范畴，具有非常丰富的内涵（如温诺·托马斯等，2001；巴罗，2002；刘树成，2007）。

持有狭义观点的学者认为，经济增长质量是指经济增长的效率，即进行经济活动时所消耗和使用的要素投入与经济活动总产出之间的比较。对于一定时期的全部经济活动或某一项经济活动而言，如果给定投入下的产出越多，或者达到一定产出目标所使用的投入越少，就表明经济增长效率越高，经济增长质量越高。卡马耶夫（1983）认为经济增长质量是指在发达社会主义条件下，在社会总产品的扩大再生产中，所使用资源的规模及其利用效率的变化，即经济增长不只包含着对统一完整的国民经济综合体有代表性的经济过程，而且还取决于全部生产资源和非生产资源的利用效率。王积业（2000）认为经济增长过程是由生产要素积累和资源利用效率改进共同作用的结果。生产要素积累是指资本和劳动力在数量上的不断增加，构成经济增长实现数量扩张的主要源泉，而资源利用效率的改进是指资本、劳动等生产要素更加有效的使用，构成经济增长质量提高的主要源泉。刘亚建（2002）认为经济增长速度反映的是经济增长的总量变动，而经济增长质量可以理解为效率的同义语，是指单位经济增长率所含有的剩余产品量，在单位经济增长率中投入的资金物资越少，就意味着经济增长质量越高。

持有广义观点的学者则更多地强调经济增长质量是相对于经济增长数量

而言的一个概念。温诺・托马斯等（2001）发展了一个人力资本、物质资本和自然资本三种重要资产增长的分析框架，认为经济增长质量作为发展速度的补充，是指构成经济增长进程的关键性内容，比如机会的分配、环境的可持续性、全球性风险的管理以及治理结构，并从福利、教育机会、自然环境、资本市场抵御全球金融风险的能力以及腐败等角度对各个国家或地区的经济增长质量进行了比较。巴罗（2002）认为经济发展是与经济增长数量紧密相关的经济方面的因素，而经济增长质量则是与经济增长数量紧密相关的社会、政治及宗教等方面的因素。经济发展从根本上反映了人均 GDP 的增长，其基本测度指标为人均 GDP 的对数、受教育年限以及城市化率。而经济增长质量作为与经济增长紧密相关的社会、政治及宗教等方面的因素，具体包括受教育水平、预期寿命、健康状况、法律和秩序发展的程度以及收入不平等等。刘树成（2007）认为提高经济增长质量是指不断提高经济增长态势的稳定性、可持续性、协调性与和谐性。他指出经济增长的数量与质量是一个有机统一的整体，经济增长质量与经济增长数量的持续性紧密相关。钞小静、惠康（2009），钞小静、任保平（2011）的研究认为经济增长质量是从经济的内在性质上来反映经济增长的，对经济增长内在性质的判断既要从其动态过程中来考查，也涉及经济增长的后果和前景问题。在经济增长的过程方面，经济增长的结构以及经济增长的波动问题构成了经济增长质量的主要内容，而从经济增长的结果来看，经济增长质量主要涉及经济增长的福利变化与成果分配以及资源利用和生态环境代价问题。

二、经济增长质量的理论内涵

"质量"属于一种规范性的价值判断，而效率只是评判标准的一个方面。因此，对于经济增长质量内涵的界定应当从更广义的角度进行。从广义来界定经济增长质量的研究文献，由于只是从经济增长数量视角出发，把除增长数量以外的各种因素都纳入经济增长质量的范围之中，如果经济增长质量的外延无法得以确定那么经济增长质量的内涵就不能得到清晰界定。我们在经济增长和经济发展两个概念的区别与联系中引入经济增长质量，由此来进行内涵与外延的界定，这样就有一条明确的准则让我们可以清楚地把握什么属于经济增长质量的内容，而什么不是。

从经济增长和经济发展之间的联系来看，我们认为，经济增长质量属于经济增长的范畴，而经济发展与经济增长之间又是一种包含与被包含的关系。经济发展是从横向上看外延大于经济增长，包括了与经济增长紧密相关的经济、社会、政治及其他因素，而经济增长质量是从经济增长的纵深方面看，探究经济增长内在的性质与规律，是与经济增长紧密相关的经济方面的内容。经济增长数量反映的是经济增长的速度，而经济增长质量反映的是经济增长的优劣程度。

一个完整的经济增长的定义应该是数量和质量的统一，它外在表现为总数量的扩张，而内在表现为质量的提高。从与经济增长数量相对应的视角，我们认为经济增长质量是从经济增长内在的性质与规律上去刻画经济增长的，对其高低的判断既要从增长过程中来考查，也涉及经济增长的初始条件与最终结果问题。因此，我们分别从条件、过程和结果三个层次来界定经济增长质量，归纳起来主要包含以下几个方面的内容。

一是从经济增长的条件来看，经济增长质量是指国民经济整体素质的基本状况。国民经济素质是一个国家或地区国民经济系统各种内在因素有机结合形成的整体功能特性，表现为一个国家长期有效地开发和利用各种资源创造国民财富的基本条件和能力，它是经济增长运行的基础条件。

二是从经济增长的过程来看，经济增长质量是指经济增长结构的基本状况。经济增长结构是指经济系统内各要素间联结关系及要素数量间的比例关系，包括产业结构、投资消费结构、国际收支结构、收入分配结构等。

三是从经济增长的结果来看，经济增长质量是指经济增长的效率、资源消耗以及环境污染。经济增长的现实价值判断以经济增长的有效性为核心。一方面，在长期经济增长中，如果能以较少的投入换取较高的产出，则经济增长的产出质量就高。另一方面，如果在促进经济增长的同时能降低资源环境代价，则经济就实现了低代价增长。

综上所述，经济增长质量是当经济增长数量扩张到一定阶段，经济增长的条件、过程、结果同时得以改善的产物。按照系统论的观点，当经济增长系统的基础条件优良、各构成要素相互耦合、各利益主体之间、利益主体与自然生态系统之间的关系协调均衡时，整体的经济增长系统就会呈现出有序的高质量增长。

第二节　经济增长质量的标准

经济增长数量分析属于一种陈述客观事实的事实判断，而经济增长质量分析则属于一种讨论行为标准的价值判断。事实判断一直在经济学研究当中处于首要地位，现有经济增长理论中的相关研究都是以事实判断来对经济增长数量进行分析的。经济增长数量是指一个国家或者地区产品与服务数量上的不断增加，一般用国民收入、国内生产总值或国民生产总值来度量，这些指标可以对经济增长数量进行客观的描述与解释。但正如科尔奈（1988）所指出的那样："翻阅一下关于经济增长理论的浩瀚文献，我们发现，到处都在用宽泛的数量指标来描述增长过程，而发展过程的质量方面几乎完全被忽略了。"在经济增长理论研究中，事实判断和价值判断各有其不同的作用，不仅要着重于事实判断，而且也不能完全抛开价值判断。经济增长数量分析的局限性就在于它无法对经济增长过程中的各种变化以及经济增长结果上的各种成本代价进行取舍与判断，而这些内容都涉及价值判断问题，属于经济增长质量的范畴。经济增长质量分析考查的是经济增长内在的性质与规律，研究经济增长的基础条件是否良好、结构是否合理以及资源环境代价有无过高等带有规范性价值判断的命题。所以说，经济增长数量分析属于一种事实判断，而经济增长质量分析则属于一种价值判断。

第一，经济增长质量研究是一种规范分析。经济增长数量分析多采用实证分析的方法，而经济增长质量分析则以规范分析为基础但同时需要实证研究来说明其正确与否。规范分析与实证分析对应于不同的判断标准，规范分析以一定的价值标准为基础，主要解决的是经济学研究中的行为选择问题，而实证分析以事实标准为基础，排斥价值判断，所解决的主要是经济学研究中的真理属性问题。由于经济增长数量分析属于一种陈述客观事实的事实判断，而经济增长质量分析属于一种讨论行为标准的价值判断，所以经济增长数量分析与质量分析各自对应的研究方法也就存在差异。一般来说，经济增长数量分析以实证分析为基础，而经济增长质量分析则以规范分析为基础。规范分析方法以一定的价值判断作为出发点和基础，提出行为标准，并以此作为处理经济问题和制定经济政策的依据，探讨如何才能符合这些标准。经济增长质量研究主要分析一种经济增长的优劣，它从素质改善、结构优化、效率提高、资源环境代价降低等诸多方面提出衡量经济增长的价值判断，为经济增长方式和经济增长结果的评价以及经济增长政策的制定提供判断依据。

第二，经济增长质量是一个复合概念。经济增长质量包含诸多内容，教育、创新、交通以及金融等方面条件的提升体现了经济增长的基本素质和发展潜力，是创造国民财富的基础，也是提高经济增长质量的关键；结构转化体现了经济增长的协调性，如果产业结构合理，则资源配置就是有效的，它会带来经济的持续快速稳定增长；如果产业结构扭曲，无效投入就会增加，资源配置的效果就会降低，经济的持续快速稳定增长不可能实现；收入分配结构改善体现了经济增长的分享性，高质量的经济增长应使更多的人从经济增长中受益；经济增长的效率体现了经济增长的有效性，单位投入获得的产出越多，要素生产效率越高，经济增长质量越高；生态环境代价低则体现了经济增长的持续性。经济增长过程是经济要素、自然资源与生态环境有机整合的过程。忽视增长质量的经济增长给资源和环境带来了巨大压力，严重损害了可持续增长的物质基础。只有在自然资源被有效利用和生态环境得到有效保护的前提下，经济增长才是可持续的。

第三，经济增长质量关注经济增长的结果与前景。经济增长质量诸多方面都涉及经济增长的结果和前景。经济增长是数量型的，经济增长和经济发展不一定一致，可能会出现“有增长无发展”的局面。联合国《1996 年人类发展报告》的主题就是讨论增长与人类发展的联系，其中指出了五种有增长而无发展的情况：无工作的增长（Jobless Growth），指经济增长未能制造足够多的工作岗位，甚至恶化了就业形势。无声的增长（Voiceless Growth），指经济增长未能带来民众参与和管理公共事务，自由表达自己的意见和观点的可能性。在很多国家，经济增长与政治专制紧密结合在一起。无情的增长（Ruthless Growth），指经济增长导致了收入分配格局的恶化。财富的扩大带来了新的贫困阶级。无根的增长（Rootless Growth），指经济增长对文化的多样性造成的破坏，经济增长使得很多发展中国家失去了自己的文化家园和历史。无未来的增长（Futureless Growth）指的是经济增长对生态、资源和环境造成的破坏，消灭了经济增长的可持续性。当经济增长和经济发展不一致，出现上述五种“有增长无发展”的局面时，这种经济增长就是没有质量的。经济增长的前景研究则关注经济增长的潜在最大水平，这种经济增长能否长期持续。

第四，经济增长质量是经济的数量增长到一定阶段的产物。没有一定的经济增长数量，不可能谈及经济增长质量。发展中国家由于经济落后，在经济增长的初期一般都追求赶超战略，试图在较短的时期赶上发达国家的现代化水平，摆脱贫穷落后的状态。单纯追求赶超的增长方式基本上还是传统的、粗放型的，是数量型经济增长。数量型发展模式在工业化的总体水平低、市场竞争不激烈、环境和资源约束较为宽松的条件下可以促进增长。随着经济发展进入比较高级的阶段，工业化的全面推进，经济增长整体水平的提高，片面追求赶超的数量型增长方式必然要走到尽头。现实中已经和正在凸显的增长与效益的矛盾、增长与生态环境的矛盾、经济增长与社会发展的矛盾、经济增长与自主创新能力不足的矛盾，归结起来就是数量型经济模式的矛盾。因此，当经济增长达到一定阶段之后，就需要实现从数量型经济增长向质量型经济增长的转变。

第三节　经济增长质量的决定因素

经济增长数量是从整个经济量的变化上来描述经济增长的，而经济增长质量则是从经济的内在性质上来反映经济增长的。根据经济增长质量内涵的界定，我们知道经济增长质量的考察维度包括经济增长的条件、结构和结果三个方面，则经济增长质量的提高来自于各个维度发生改善的贡献。

理论假说 1：当经济增长的基础条件得到改善时，经济增长质量会得到提高

经济增长的条件表现为一个国家长期有效地开发和利用各种资源创造国民财富的基本条件和能力。人力资本是一个国家经济能否可持续增长的一个基本要素，也是一国财富状况的最终决定因素之一，人力资本投资增加、人口约束条件弱化且创新能力提升均会有效改善一国的基础能力素质，从而促进经济增长质量的提高；政府有效发挥协调经济的能力、改善交通条件并促进金融的深化与发展，不仅可以提高交易效率，促进分工，还可以为经济高质量增长创造条件。

理论假说 2：当经济增长的结构趋向于均衡时，经济增长质量会得到提高

经济增长的结构是从经济增长的过程上来反映经济增长质量的，如果经济增长结构均衡，经济增长的效率就高，国民经济的中间消耗降低，持续快速增长就有较大的潜力或可能性，从而对经济增长质量发挥正的贡献；如果经济增长结构失衡，就会导致资源配置不合理，经济运行效率低下，经济增长的有效性就会受到破坏，从而制约经济增长质量的进一步提高。除此之外，经济增长结构的优化不仅有助于各构成要素之间的发展相互协调，保持经济增长的稳定性，而且还能够促进传统部门劳动力与现代部门资本的有效结合，占我国总人口近 2/3 的农民的福利水平可能会因此而获得改善。

理论假说 3：随着经济增长效率的提高和资源环境代价的降低，经济增长质量将会得到提高

资源利用效率揭示了各种生产要素转化为产出的有效性，资源利用效率改进的关键因素是技术进步的作用。技术进步可以通过改变生产要素的组合来提高资源利用的效率，在不存在技术进步时，经济增长受到收益递减机制的限制，而当引入技术进步时，经济增长将出现收益递增，从而提高资源利用的效率，改善经济增长的质量。生态环境代价是从成本的视角来反映经济增长质量的，经济增长成本的高低从根本上取决于经济增长的方式，即生产要素的组合和使用方式。粗放型增长依靠的是生产要素数量的扩张，会在一定程度上造成对资源的过度开采和使用，并以环境污染与破坏为代价。通过转变经济增长的方式，把提高自主创新能力和节约资源、保护环境作为重要内容，可以降低投入与消耗、减少排放，从而提高经济增长的效率，提高经济增长的质量。

第四节　经济增长质量的评价指标体系

经济增长质量并不是一个简单的经济范畴，它是一系列因素的综合反映，所以用数量指标来对经济增长质量问题进行度量必须借助由多方面、多个指标所构成的综合评价指标体系。根据经济增长质量的理论内涵界定，在充分考虑数据可得性与可靠性的基础上，我们分别从经济增长的条件、结构和结果三个层次，选择各维度具有较高代表性和可比性的核心指标作为基础指标，来构建中国经济增长质量的评价指数（见表 13-1）。

表 13-1　中国经济增长质量指数构成一览表

方面指数	分项指标	基础指标	计量单位	指标属性		
				正指标	逆指标	适度指标
经济增长的条件	能力素质	教育支出/财政支出	%	√		
		人均受教育年限	年	√		
		人口抚养比	%		√	
		专利申请受理量	件	√		
	协调素质	一般公共服务支出/财政支出	%		√	
		社会保障支出/财政支出	%	√		
	交通条件	铁路货运量	万吨	√		
		铁路客运量	万人	√		
		公路货运量	万吨	√		
		公路客运量	万人	√		
	金融条件	金融机构存款余额/GDP	%	√		
		金融机构贷款余额/GDP	%	√		
经济增长的结构	产业结构	第三产业产值/第二产业产值	—	√		
		结构偏离的泰尔指数	—		√	
	消费投资结构	消费率	%			√
		投资率	%			√
	城乡二元结构	二元对比系数	—	√		
		二元反差指数	—		√	
	国际收支结构	进出口总额/GDP	—	√		
	收入分配结构	人口加权城乡收入比	—		√	
		劳动者报酬占比	—	√		

续表

方面指数	分项指标	基础指标	计量单位	指标属性		
				正指标	逆指标	适度指标
经济增长的结果	经济增长的效率	全要素生产率增长率	—	√		
		技术变动	—	√		
		技术效率变动	—	√		
	资源消耗	单位生产总值能耗	吨标准煤/万元		√	
		单位生产总值电耗	亿千瓦时/万元		√	
	环境污染	单位产出大气污染程度	倍数		√	
		单位产出污水排放数	倍数		√	
		单位产出固体废弃物排放数	倍数		√	

经济增长的条件表现为一个国家长期有效地开发和利用各种资源创造国民财富的基本条件和能力，高质量的经济增长必然要求以高质量的国民经济素质为基础。这里，我们分别从能力素质、协调素质、交通条件、金融条件四个方面来进行评价。其中，能力素质分项选择教育支出占财政支出比重和人均受教育年限来表示人力资本投资，选择人口抚养比来反映人口约束条件，选择专利申请受理量来表示创新能力。协调素质指标选择一般公共服务支出占财政支出比重以及社会保障支出占财政支出的比重。交通条件的改善可以提高交易效率，促进分工，因此我们选择铁路与公路的货运量、客运量作为基础测度指标。金融的深化与发展可以为经济高质量增长创造条件，我们选择存、贷款余额占 GDP 的比重作为金融发展规模的衡量指标。

经济增长结构是指经济系统内各要素之间的联结关系及要素数量之间的比例关系。合理的经济结构是经济高质量增长的前提，经济结构的转化可以有效改变经济增长的动力机制，因此我们分别从产业结构、消费投资结构、城乡二元结构、国际收支结构以及收入分配结构五个分项来进行测度。产业结构在一定意义上决定了一个经济体经济增长的方式，产业结构升级和转换的快慢程度构成了经济增长质量的重要内容。对于产业结构发展状况的测度，我们参考干春晖、郑若谷、余典范（2011）的研究，从产业结构高级化与产业结构合理化两个方面来反映我国产业结构的变迁，其中产业结构高级化选择第三产业产值与第二产业产值之比来衡量，产业结构合理化选择重新定义的泰尔指数进行测度。

消费投资结构的测度指标主要有全社会固定资产增长率、投资率、消费率、增量资本产出率等，由于投资与消费均存在着一个相对合适的比例，并不是仅仅投资率或消费率越高就越好，因此在消费投资结构的指标选择中我们将消费率与投资率作为适度指标纳入指标体系，其中现阶段消费率的合意区间为38%—45%，投资率的合意区间为38%—45%（蔡跃洲，2010；魏婕、任保平，2013）。常见国际收支结构的测度指标有贸易差额占GDP的比重、外汇储备/ M_2、外贸依存度、偿债率等，我们选择外贸依存度作为国际收支结构的测度指标。由于中国还具有典型的二元经济结构特征，所以在我国经济增长结构的度量中还需要考虑城乡二元结构的转化问题，选择二元对比系数和二元反差指数来衡量城乡二元结构。

经济增长终极价值判断的核心是人的发展，经济增长要实现人的福利最大化不仅涉及居民整体福利水平的改善，而且必须关注社会福利分配的公平性。只有当经济增长的成果能够被绝大多数人所分享时，它才能够成为一种长期持续的发展过程，在追求经济增长的同时要重视收入分配结构问题。经济学研究收入分配有两个角度，一是收入在居民个人之间的分配，二是收入在生产要素之间的分配。对于居民收入分配结构的测度，国际上最常用的度量收入分配差距的指标是基尼系数，但是由于现有方法和数据的问题导致我们无法准确计算出全国总体的基尼系数，而我国收入分配的差距主要表现在城乡收入差距上，所以我们使用经城乡人口权重调整之后的城乡收入比作为度量指标。对于要素收入分配结构的测度，考虑到劳动收入份额提升的重要性和紧迫性，以及劳动与资本要素收入份额之间存在的此消彼长的关系，我们选择劳动者报酬占比作为基础指标。

经济增长的效率是指各种投入转化为产出有效性的高低。高生产率是高质量增长的根本保证，它的长期增长取决于技术进步和经济制度的效率。从经济增长效率测度指标的选择来看，生产率揭示了各种生产要素转化为产出的有效性，因此我们选择全要素生产率增长率、技术变动、技术效率变动作为效率的测度指标。资源环境代价是从成本视角考察经济增长是否以可持续的方式来使用资源。降低资源环境和生态成本，可以提高经济增长的净收益，从而提高经济增长质量。我们选择单位生产总值能耗、单位生产总值电耗、单位产出大气污染程度、单位产出污水排放数、单位产出固体废弃物排放数作为其基础测度指标。

第五节　提高经济增长质量的路径

经济增长质量是当经济增长数量扩张到一定阶段，经济增长的条件、过程、结果同时得以改善的产物。因此，提高经济增长质量的路径选择有以下几个方面。

一、以创新作为经济增长的主要驱动力

数量型经济增长是要素驱动型的经济增长，质量型经济增长是创新驱动型的经济增长。随着经济发展从要素导向、投资导向进入创新导向阶段，可以对经济结构的优化、资源利用效率的提升以及生态环境的改善发挥重要的促进作用。具体而言，创新驱动对于经济增长质量的影响体现在：（1）创新驱动可以促进经济结构的优化。经济系统内各生产要素之间的联系不仅表现为社会关系，而且还表现为技术联系。技术关联的改变将决定部门关联的变动，合理的技术结构不仅能够促进生产要素在不同部门之间的流动，实现生产要素的新组合，而且可以在生产要素不发生流动的情况下带来经济结构的优化。（2）创新驱动可以促进资源利用效率的提高。经济增长主要来源于规模报酬不变基础上的规模扩张路径和规模报酬递增基础上的效率提升路径。在发展的起步阶段，资源约束相对较弱，可以通过规模扩张路径来实现增长。但是当经济增长到一定阶段，随着资源环境约束的不断强化，就需要实现经济增长路径的转化。创新驱动通过渗透到各种生产要素中发生作用，通过改变生产要素的组合来提高资源利用的效率、优化要素配置方式，从而促进发展方式从规模扩张向效率提升的转变。（3）创新驱动可以促进生态环境的改善。经济增长的成本不仅包括经济成本，而且还涵盖环境成本。要素投入驱动的增长依靠的是生产要素数量的扩张，这会在一定程度上造成对

资源的过度开采和使用，并以环境污染与破坏为代价。创新驱动可以降低投入与消耗、减少排放，从而推动传统资源浪费、环境破坏的经济发展方式向低污染、低排放的经济发展方式转变。

基于此，我们需要在经济发展中更加强调创新驱动的驱动力作用，通过充分利用知识、技术、企业组织制度和商业模式等创新要素对现有的资本、劳动力、物质资源等有形要素进行新组合，以创新的知识和技术改造物质资本、提高劳动者素质和科学管理，在减少物质资源投入的基础上实现经济发展。创新驱动的实质体现的是科技创新，利用科技创新的成果去改造旧产业或催生新产业，同时科技创新又不断地需要新的制度创新来进行激励，因此制度创新是其顺利实现的重要保障。

二、加快产业结构升级，改善产品供给

结构转化能使资源得到更有效合理的配置，从而提高增长质量。从社会供求角度来看，当经济发展到一定程度，社会需求结构就会发生变动，从而导致与社会供给结构不再适应。这时，就需要对产业结构进行及时调整，对稀缺资源在社会生产各部门、各行业重新进行更有效的配置，提高单位资源的产出效益来促进经济增长。而且经济增长是有阶段性的，由于在经济增长的不同阶段，其主导产业是不同的，因此就会形成不同的产业结构，产业结构是否合理，对一国的经济增长质量有重要影响。

制造业在一个国家的工业发展、科技进步以及国际竞争力增强中扮演着重要的角色。国际金融危机后世界各国经济进入深度调整期，国际市场需求下滑对以出口为导向的制造业造成较大的结构性制约，为了缓解失业、扩大内需、拉动本国经济增长，美国、日本、德国等发达国家选择了“再工业化战略”，要提高经济增长质量需要发展现代先进制造业、发展能够支撑未来经济增长的高端产业。此外，制造业与服务业是唇齿相依的关系，制造业是国家经济发展的基础，对带动服务业增长具有重要作用，而同时服务业也为制造业的发展提供相应的保障。生产性服务业，尤其是与知识生产、传播和使用密切相关的金融保险、信息通讯、研发设计、创意咨询、工程技术和知识产权服务等，都包含着制造业升级所需的知识和技能，即专业化的“高级要素”。因此，现有产业的深化与新兴产业的发展也离不开服务业的

支持。由此可见，发展高端制造业及相应的服务业来实现产业结构的优化升级对于提升经济增长质量至关重要。

三、调整要素收入分配结构，缩小居民收入分配差距

收入分配结构的调整是提高经济增长质量的重要保障：（1）收入分配结构的优化可以扩大消费需求。边际消费倾向较低的高收入阶层往往偏爱高档消费品，而边际消费倾向较高的低收入阶层购买力有限，消费需求受到制约，缩小收入差距有利于扩大消费需求，拉动经济持续增长。而且劳动要素分配份额过低会导致以劳动收入为主要收入来源的低收入阶层的收入水平受到影响，因此提高劳动收入份额也可以进一步扩大消费需求，从而促进经济增长。（2）收入分配结构的优化有利于人力资本投资。在中国城市和农村之间出生地的差别在很大程度上影响了劳动者接受教育、获取技能的机会。各收入阶层会根据自身财富状况以及人力资本投资后的效用大小来选择是否进行人力资本投资。当收入差距过大时，低收入阶层将无法进行人力资本投资，从而会影响到人力资本的积累。而且当要素收入分配结构失衡时，劳动要素收入份额下降会将失衡状态传导至居民收入分配结构，低收入劳动者很难通过人力资本投资渠道获得收入增长，由此居民收入分配结构与要素收入分配结构失衡状态进一步被强化，从而阻碍到经济增长。基于此，强调改革成果的分享性，在初次分配与二次分配中都注重收入分配的平等程度，扩大中等收入者的比重，在收入普遍提高的基础上缩小收入分配的差距是提高经济增长质量的重要路径。

四、加强资源管理，改善要素供给

实现提高经济增长质量总体目标的关键在于加强对资源的管理，妥善处理资源、环境、经济、社会的关系。对于加强资源管理，主要从以下几方面进行：一是实现资源的资产化管理。资源的资产化管理就是要依据各种要素对增长的贡献大小和各国资源禀赋状态，不断提高经济增长中要素的组合质量和配置质量。二是科学地评价与引导经济发展过程对于资源、环境的正负面影响，确保实现资源、环境、经济、社会等的最佳配置状态，把保护资源放在突出位置，强化对资源的管理约束，加强对资源配置的调节，提高资源

的利用效率。三是进一步完善资源开发利用的补偿机制和生态环境恢复的补偿机制，使等量的投入能够带来更多的产出，改善要素供给。

五、推动制度创新，改善制度供给

要提高经济增长质量，需要推动制度创新，改善制度供给，建立与经济发展新阶段相适应的制度环境：一是进行行政制度的创新，建立科学的政府决策机制。要鼓励政府行为长期化，“政府行为长期化重在转变经济增长方式”，在此基础上建立科学合理的政府决策机制。二是促进科技和教育制度创新，为改善供给和提高经济增长质量提供知识、技术和人才支持。通过科技制度创新鼓励在经济发展的关键技术领域和前沿核心技术领域进行创新，努力形成一批拥有自主知识产权的关键技术。通过教育体制的创新，培养高素质的人才，优化教育结构，推行素质教育，扩大教育资源，加快创新人才的培养。三是促进收入分配体制的创新，完善各项社会保障制度。加强政府对收入分配的调节职能，调节差距过大的收入；规范分配秩序，合理调节少数垄断性行业的过高收入。扩大中等收入者比重，提高低收入者收入水平，保障城镇贫困阶层和农村贫困人口的基本生活。

第十四章

国民经济运行质量的经济学分析

国民经济运行过程的质量不仅反映在国民经济短期运行的速度和效率等方面，还体现在长期运行的稳定性和协调性。本章系统地对国民经济运行质量问题进行研究，主要从国民经济运行条件、运行环境以及运行过程的质量三大方面阐述了国民经济运行质量的内涵和标准，并阐述了决定国民经济运行质量的关键因素，并在此基础上，构建全面综合评价国民经济运行质量的多维体系，提出提高国民经济运行质量的具体路径。

第一节　国民经济运行质量的内涵

国民经济是指一个国家经济各部门、社会再生产各环节相互联系、相互作用构成的整体，是各种生产要素按照一定结构组织起来、按照一定方式有规则运行的完整系统，包括生产、交换、分配、消费等各生产与非生产环节，涉及宏观、中观和微观各经济层次，并与地区间的竞争协调发展有关。国民经济的运行侧重通过有效开发和利用各种生产要素，充分发挥市场机制和完善的社会保障制度，确保国民经济各部门、各环节生产和非生产活动的可持续运行，实现经济可持续增长、提升国民财富和居民生活水平。

国民经济运行质量属于一种规范性的价值判断。狭义的国民经济运行质量主要关注国民经济运行的过程时效性特征，高效率的运行即为高质量的运行，强调要素配置效率的提高和产业生产能力提升对国民经济运行的推动作用。广义的国民经济运行质量则是指国民经济发展到一定阶段，具有一定的物质资本和人力资本积累，有较完善的工业体系和市场规模时，不再单一关注国民经济运行的速度和效率的提升，而是注重通过完善国民经济运行的支持条件、优化国民经济运行环境，通过提高运行的稳定性和协调性等阶段性质量，全面提高国民经济运行的质量。即广义的国民经济运行质量是指国民经济运行具有良好的运行条件和完善的运行环境，能够实现高效率、平稳协调的国民经济运行。

因此，国民经济运行质量主要体现在运行条件、运行环境以及运行过程的质量三大方面。国民经济运行条件是国民经济运行的基础支撑和必要条件，主要涉及作为经济运行活动的载体的基础设施条件以及为经济活动提供要素支持的要素禀赋条件。国民经济运行条件是保障各经济活动有序开展、加强产业间协同发展、优化消费投资结构的重要因素，也是保障国民生活、促进福利分配水平提高、积累人力资本、促进可持续运行的重要保障。国民经济运行环境是对经济运行条件发挥作用以及国民经济的运行过程有重要影响的因素，对国民经济运行的长期质量有着决定性作用，主要包括影响社会经济活动的自然生态环境以及直接决定经济运行活动的制度环境和国民素质情况。国民经济运行过程的质量不仅反映在国民经济短期运行的速度和效率等方面，还体现在长期运行的稳定性和协调性。广义的国民经济运行质量，一是表现为有能力为经济运行提供充足动力支持的运行条件，可以释放更多运行潜力的运行环境；二是能够实现高效、稳定以及协调可持续的经济运行。

第二节　国民经济运行质量的标准

国民经济运行质量的标准是为了实现最优的经济运行质量，分别对能够为经济运行提供动力的运行条件、为经济运行释放潜力的运行环境以及经济运行过程的状态特征的准则和评判依据。

一、国民经济运行条件的质量

由于经济运行条件直接决定了国民经济运行的动力，其质量不仅直接决定了生产部门的生产能力和生产效率，而且对经济长期运行的潜力有着重要作用，是释放经济运行潜力的基础。其中，要素禀赋条件是决定经济活动的根本因素，直接决定了企业的生产能力和生产效率；基础设施条件作为经济社会活动的载体，是国民经济运行的基本要素。

要素禀赋条件反映了一国拥有各种生产要素的丰歉程度，是指一个经济体中自然资源、劳动力和资本的相对份额，具体是指拥有多少劳动力、资本、土地、人力资本等生产要素及其不同要素间的相对比例和构成，决定了各产业生产能力与国民经济发展水平。要素禀赋条件的质量主要包括各种要素的丰裕度以及要素禀赋的配置效率两个方面。在要素禀赋丰裕度方面，充足的传统要素是经济运行起步阶段的关键原动力，是通过实施粗放式数量型的经济发展方式突破贫困陷阱的关键条件，特别是充足的能源资源。另一方面，人力资源是劳动者能运用科学知识与技术进行生产，确定各产业生产可能性边界的关键因素。在运行初期，充裕的人力资源能够弥补资本积累不足的困境。资本作为经济增长最基本的生产要素之一，是支持经济增长的长期因素，也是企业扩大再生产能力的决定因素。资本积累的速度直接反映了生产部门的生产能力以及市场需求情况。在非传统要素方面，技术进步是扩大企业生产可能性边界、提高经济运行效率、实现可持续的经济发展的核心因素。因此，自主创新能力和技术创新引进能力是经济运行效率的关键。在要素禀赋的配置效率方面，由于生产要素在各产业间的配置结构直接决定了要素禀赋条件的发挥是否能形成有效推动经济运行的动力机制，要素禀赋的配置结构与产业结构的协同性决定了各产业的生产效率与成本收益，是维护国民经济运行稳定性和协调性的关键。因此，丰裕的要素禀赋以及有效的配置结构是要素禀赋条件有效提高国民经济运行质量的标准。

二、国民经济运行环境的质量

国民经济运行的环境一方面会对经济运行条件的发挥产生影响，同时还直接对长期经济运行过程的协调性和稳定性有着关键的影响作用，是培育和释放运行潜力的关键因素。因此，国民经济运行环境的质量不仅是保障现阶段经济运行的关键，还是影响未来经济运行态势的重要因素。国民经济运行的环境主要包括整个国民经济社会运行的根本的自然生态环境、对经济活动有着直接约束和激励作用的制度环境以及对国民经济实现长期运行所需要的国民素质环境三个方面。

自然生态环境是指影响经济社会活动的自然资源的数量与质量的总称，它既为经济运行和社会发展提供物质支持，同时也影响着经济运行与居民生活。良好的生态环境一方面表现为具有良好的自循环功能，能够有效且持续地为国民经济运行提供物质要素，另一方面还能承载起经济社会活动所造成的影响，所造成的负效应能够有完善的补偿机制和治理机制。

制度环境是指为了减少交易成本，规范和保障经济活动的有序进行而制定的正式的和非正式制度所构成的经济运行环境。对经济运行效率和经济主体利益具有直接影响。制度环境既有对经济活动的约束机制也有激励机制，既有对经济主体的产权划分也有基本保障。由于政府是制定真实制度的关键主体，有效发挥制度对经济运行的正效应的关键是协同发挥政府与市场的作用。因此，完善的制度环境主要包括能够实现资源有效配置的市场机制，能够通过发挥竞争机制和价格机制提高经济运行效率。此外，还包括有限且有效的政府，一方面要保障市场机制的有效性，不直接干预经济活动，造成更大的政府失灵。另一方面还要提供有效的公共产品和服务，在国民经济运行成果分配和福利提升方面发挥积极作用。

国民素质环境不仅是政府的制度环境与市场竞争环境的综合反映，还是国民经济运行成果分配和福利共享的主要体现，同时也是影响一个国家长期有效地开发和利用各种资源创造国民财富的基本条件和能力，对未来发展的潜力有着决定性作用。国民素质一方面体现为对企业生产可能性边界的扩大有决定性作用的企业的自主创新能力，另一方面表现为影响人力资本和物质资本积累的居民生活水平。为了实现高质量的国民经济运行，需要培育和激励企业的自主创新驱动力，提高全要素生产效率，形成内生动力机制；需要公平有效的收入分配制度支持城乡居民生活水平的全面提升。

三、国民经济运行过程的质量

国民经济运行过程是运行条件和环境的作用结果，是动力发挥作用的过程，也是国民经济运行质量的主要体现。国民经济运行过程的质量主要体现在包括速度和效率的时效性特征和稳定性与协调性的阶段性特征两个方面。

国民经济运行的速度是经济运行状态的最直接表现，体现了经济运行条件是否能够满足运行需求，经济运行动力是否能有效推进经济运行。当运行速度过低，则表明经济运行的动力不足，不能满足各经济部门的生产需求。但同时以粗放式的生产方式，以扩大要素的数量所实现的高速经济运行，不仅导致运行成本过高，代价较大，还会引起部分产能过剩，通货膨胀态势严峻。国民经济的运行效率则反映了各种生产要素转化为产出的有效性，强调国民经济系统的投入产出效率。狭义的国民经济运行质量，即体现为国民经济运行的效率，从产出的角度看，体现为反等量投入带来的产出变化，等量投入带来的产出增加，经济运行质量提高。从投入角度来看，经济运行质量就是单位产出的各种要素资源消耗的变化，单位产出的资源消耗越低，则经济运行质量越高。因此，高效率的经济运行，运行速度与效率协调统一是经济运行过程时效性特征的标准。

阶段性的国民经济运行状况，不仅反映了经济运行条件是否能够满足经济运行需求，及经济运行动力机制的适用性情况，还体现了一定阶段内，经济运行的环境是否能够有效释放经济潜力，支持国民经济可持续的运行。平稳的经济运行有助于实现资源有效配置和有效利用的结合，减少经济周期波动和不确定性，从而提高经济运行质量。充分的要素禀赋、稳定的产出水平、适度的价格波动均是实现国民经济平稳运行的关键。协调的国民经济运行核心是合理化、高级化的国民经济结构。合理的国民经济结构，一方面体现为以产业间协调发展和工业化稳步推进的产业结构的优化升级，另一方面体现为不断优化对外贸易格局，注重国内需求对国民经济运行拉动作用的消费需求结构。

第三节 国民经济运行质量的决定因素

国民经济运行质量的决定因素关键在于经济运行条件是否能为经济运行提供动力，满足运行需求的因素，决定经济运行环境是否适应一定阶段内国民经济运行的需求，能否有效地释放经济运行的潜力，以及决定经济运行过程状态的根本因素。

一、国民经济运行条件质量的决定因素

投入经济活动的要素禀赋条件以及作为经济活动的主要载体的基础设施条件是国民经济运行条件的关键。充分的要素禀赋以及有效的要素配置结构是决定经济运行的动力机制，完善的基础设施条件是支持国民经济运行的载体。

在要素禀赋条件方面，一方面体现为要素的丰裕度，由于能源、土地等自然资源具有不可再生性，为实现经济长期的运行，不能过度开采自然资源，扩大现阶段资源的投入量。劳动力资源的丰裕度主要取决于人口政策，人口政策则是一国家经济社会发展决定的。因此，资本的积累是影响要素丰裕度的决定性因素。另一方面，要素的配置效率的提高取决于市场机制的有效发挥，由于自由竞争机制不仅加快了要素的流动性，更能使市场价格机制反映要素的稀缺程度，使得有限的要素能够配置到生产效率最高的行业。因此，物质资本的积累水平是提高要素禀赋丰裕度的决定因素；要素市场的完善程度决定了要素禀赋的配置效率。在基础设施条件方面，作为社会经济现行资本投入的经济性基础设施建设，不仅与政府的财政支出有关，还取决于经济主体的生产投资意愿。作为公共产品，教育医疗等非经济性基础设施的完善程度及区域分配结构取决于政府财政支出和收入再分配的公平性。

二、国民经济运行环境质量的决定因素

国民经济运行环境不仅通过影响经济运行的条件对现阶段国民经济运行产生影响，还是释放国民经济运行潜力的关键因素，决定了经济运行的长期有效性。国民经济运行的环境主要包括经济社会活动的基本生态环境，以及对经济运行质量有着约束或激励作用的制度环境和国民素质环境。

良好的自然生态环境主要表现为充裕的生态禀赋以及良好的环境承载力，限制经济生产活动对资源环境的损耗是在环境可以恢复的限度内进行的，用越来越少的资源消耗和环境破坏来获取经济的不断增长。因此，维护良好生态环境的关键在于控制经济社会活动对其索取程度和造成的负外部效应，保障生态环境的自循环功能，同时，还应在关注经济运行收益的同时，更注重经济运行的代价，加强生态补偿机制和污染治理机制。

由于制度环境是为了通过减少交易费用，降低信息不对称引起的市场低效，保障并激励生产活动，其有效性取决于政府与市场的关系。首先，制度环境的有效性表现为市场机制在资源配置方面的决定性作用，市场机制的有效性是提高经济运行效率的关键因素；其次，正确的政府职能定位，在有效弥补市场失灵的同时能够提高充足的公共产品及服务，发挥在收入再分配领域的作用，减少政府对经济活动的直接参与和强制干预，进一步加强在社会保障、基础设施建设等方面的能力。

此外，国民素质作为一个国家长期有效开发和利用各种资源创造国民财富的基本条件和能力，是政府的制度环境与市场的竞争环境的综合反映。提高国民经济素质有助于降低全社会的交易费用和生产成本，从而促进民间投资和外资的进入，有利于优化经济增长的结构，提高经济运行质量。国民素质主要包括企业自主创新素质以及居民生活水平，对技术创新有直接影响的企业自主创新素质主要取决于创新驱动的政策保护和创新协同环境的支持。对人力资本的积累和消费需求结构有重要影响作用的居民的生活水平则主要取决于国民经济运行成果分配和福利共享水平。

三、国民经济运行过程质量的决定因素

国民经济运行过程的质量不仅体现了经济运行动力是否满足该阶段经济运行的需求，还反映了国民经济是否具有充足的持续运行的潜力。经济运行的速度和效率体现了要素投入产出的方式，速度主要与要素投入的数量比，效率则与要素投入的产出比。提升生产率的关键是技术进步。此外，由于生产率来源于经济制度的效率，而效率来自于经济体的组织结构。因此，技术进步和经济体的组织结构是决定生产率水平的关键，也是影响国民经济运行的决定性因素。

国民经济运行在不同的发展阶段会面临着不同的经济条件和约束，各阶段的运行效果也有所差异。因此除了关注当下经济运行的情况，还要注重经济运行的阶段性特征。国民经济的稳定性主要表现为产能稳定和价格稳定，主要取决于产业结构的合理性以及市场机制的有效性。国民经济的协调性取决于国民经济结构，其中，产业结构升级的关键是工业化的不断深入，消费需求结构优化的关键是协调发挥外需和内需对国民经济运行的拉动作用，不断提升内需的作用。

第四节　国民经济运行质量的评价指标体系

经济运行质量是指经济运行内在的性质与规律，经济运行的条件、环境以及过程同时得以改善的产物。按照系统论的观点，当国民经济运行系统的基础条件优良、各构成要素相互耦合，各利益主体之间、利益主体与自然生态系统之间的关系协调均衡时，整体的经济系统会呈现出有序的高质量运行。

对经济运行质量高低的判断是从过程和结果以及环境三个层次来讨论的。归纳起来经济运行质量主要包含三个层次九个维度的内容：（1）从国民经济运行的条件来看，国民经济运行质量包含要素禀赋条件与基础设施建设条件两个维度。（2）从国民经济运行的环境来看，主要涉及生态环境、制度环境以及国民素质环境三个维度。（3）从国民经济运行过程来看，国民经济运行质量主要包括运行速度、运行效率、运行稳定性以及运行协调性四个维度。

如前所述，国民经济运行质量并不是一个单一经济因素，而是一系列因素的综合，所以用数量指标来对经济运行质量问题进行度量必须借助由多方面、多个指标所构成的综合评价指标体系。根据国民经济运行质量指数构建维度的界定，我们从国民经济运行的要素禀赋条件、基础设施条件、国民经济运行的生态环境、制度环境、国民素质环境以及包含速度、效率、稳定性、协调性以及可持续在内的国民经济运行过程的五个表现共九个维度构建中国经济增长质量的测度指数（见表 14-1）。

表 14-1　国民经济运行质量指数构成一览表

方面指标	分项指标	基础指标	计算单位	指标属性
国民经济运行的条件	要素禀赋	固定资本存量	亿	正
		经济活动人口	亿人	正
		单位地区生产总值能耗	吨标准煤/万元	负
		技术市场成交额	亿元	正
	基础设施	公路里程/人口数	万公里/万人	正
		教育经费支出增长率	%	正
		卫生机构数/人口数	个	正

续表

方面指标	分项指标	基础指标	计算单位	指标属性
国民经济运行的环境	生态环境	环境污染单位产出大气污染程度	倍数	负
		环境治理环境污染治理投资总额占GDP比重	—	正
	制度环境	市场化程度（投资市场化比重）	—	正
		所有制结构（私营工业企业占比）	—	正
		泰尔指数	—	负
		国家财政社会保障与就业支出占比	—	正
	国民素质环境	研究与实验发展企业资金经费支出占比	—	正
		科学技术支出占财政支出比重	—	正
		居民消费水平	元	正
		劳动者报酬占比	—	正
国民经济运行的过程	运行速度	人均GDP增长率	%	正
	运行效率	全要素生产率增长率	—	正
		技术变动	—	正
		资本生产率	—	正
		劳动生产率	—	正
	运行稳定性	经济波动率	%	负
		通货膨胀率	%	负
	运行协调性	工业化率	%	正
		第三产业比较劳动生产率	—	正
		投资率	%	适度
		消费率	%	适度
		进出口总额占GDP比重	—	正
		二元对比系数	—	正
		二元反差指数	—	正

在充分考虑数据可得性与可靠性的基础上，我们选择各维度具有较高代表性和可比性的核心指标作为基础指标，构成由31个基础指标形成的中国

经济增长质量指数。

国民经济运行的条件主要包括要素禀赋条件和基础设施建设条件两个方面，其中要素禀赋条件主要涉及自然资源、劳动力以及资本和技术等传统生产要素。因此，结合现有文献的研究思路，本书选择“固定资本存量”反映资本的投入及配置情况，“经济活动人口”反映劳动力的数量，选择“单位地区生产总值能耗”反映能源投入情况，“技术市场成交额”反映技术作为要素的投入情况。在基础设施建设条件方面，主要涉及经济性建设与非经济性建设。因此，本书选择“人均公路里程数”反映经济性建设的核心道路交通设施水平，选择“教育经费支出增长率”和“人均卫生机构数”反映教育建设和医疗卫生建设等非经济性建设方面。

国民经济运行的环境主要涉及自然环境、制度环境与国民素质环境。其中，本书从环境污染情况以及污染治理情况两个方面衡量自然环境的损耗和偿还情况，因此，选择“单位产出大气污染程度”和“环境污染治理投资总额占 GDP 比重”来表示。制度环境的关键表现在市场机制的有效性上，一方面市场化程度是市场机制的直接体现，因此本书选择从投资市场的市场化程度来反映国民经济运行在市场化的程度。另一方面微观企业的所有制结构直接反映了市场机制在微观经济主体上的影响作用以及政府直接干预经济活动的程度，因此，本书选择“私营工业企业占比”指标。在政府职能的规范方面，一方面鉴于政府在收入再分配领域的关键作用，选择反映城乡居民收入差距的“泰尔指数”体现收入再分配制度的公平与效率的统一程度。另一方面政府职能主要体现在完善社会保障制度方面，因此本书选择“国家财政社会保障与就业支出/国家财政支出比重”来表示。在国民素质环境方面，一方面企业和居民作为参与经济活动的微观主体，企业的创新能力是企业素质的关键，因此，选择“研究与实验发展企业资金经费支出占比”和“科学技术支出占财政支出比重”分别反映企业和政府参与技术创新的能力。另一方面，居民生活水平直接决定了居民的素质。居民生活水平越高，就越有利于居民素质提高，尤其是居民的收入水平和消费支出水平。本书选择“居民消费水平”和“劳动者报酬占比”来反映。

从国民经济运行的具体过程来看，运行的特征主要包括时效性特征和阶段性特征。其中速度和效率体现了运行的时效性，选择“人均 GDP 增长率”

反映经济运行的速度。由于运行效率是指各种投入转化为产出有效性的高低。高生产率是高质量增长的根本保证，生产率的长期增长取决于技术进步和经济制度的效率。从经济增长效率测度指标的选择来看，生产率揭示了各种生产要素转化为产出的有效性，因此我们选择全要素生产率增长率、技术变动、资本生产率以及劳动生产率作为经济增长效率的测度指标。另一方面，经济运行的稳定性和协调性是阶段性特征的主要方面，国民经济运行的稳定性是指经济体系的运行是否平稳。过度的经济波动会破坏经济长期稳定增长的内在机制，稳定性可以实现资源有效配置和有效利用的结合，提高经济增长质量。从经济增长稳定性测度指标的选择来看，经济增长过程中的周期波动主要是从产出波动、价格波动两个方面来进行考察，分别选择“经济波动率”和“通货膨胀率”作为测度指标。经济运行的协调性主要与经济结构有关，而国民经济运行结构是指经济系统内各要素之间的联结关系及要素数量之间的比例关系。因此我们分别从产业结构、消费投资结构以及城乡二元结构三个分项来进行测度。产业结构常见的测度指标有“工业化率”和“第三产业比较劳动生产率”反映工业化水平和第三产业发展状况，选择“投资率”“消费率”以及“进出口总额占 GDP 比重”反映消费投资结构，此外由于投资与消费均存在着一个相对合适的比例，并不是仅仅投资率或消费率越高就越好，因此在消费投资结构的指标选择中我们将投资率与消费率作为适度指标纳入指标体系，选择“二元对比系数”和“二元反差指数”衡量城乡二元结构。

第五节　提高国民经济运行质量的路径

提高国民经济运行质量的路径主要应从完善国民经济运行条件，优化国民经济运行环境，协调国民经济运行过程三个方面入手。

一、完善国民经济运行条件

国民经济运行条件作为经济运行的动力基础，是国民经济运行的必要条件。在提高要素禀赋条件方面，一是要合理开发有限的自然资源，保护不可再生资源，积极发展新能源，降低经济运行对资源要素的依赖程度。同时，要通过制度激励加大人力资本和物质资本的积累，将人力资源有效地转化为人力资本，规范资本市场，协调直接融资和间接融资，提高资本形成和配置效率，最关键的是要发展创新驱动，通过建立完善的产权制度和创新风险保障机制，提升自主创新能力，完善技术市场，发挥技术进步对经济运行的推进作用。二是要完善要素市场，减少政府对资源配置的直接调控，有效提高要素在产业间的配置效率，通过完善市场竞争的主体秩序，降低垄断导致的效率损失，提高企业投资意愿；特别是要通过调整人口政策和改革户籍制度，完善劳动力市场，促进劳动力的自由流动。

在完善基础设施建设方面，一是要协同发挥政府和企业在经济性建设方面的投入力度，在交通、电信等领域，除了要发挥政府的投资作用外，还应适度放开“公共产品”市场，引入企业投资，提高公共产品的供给效率，更好地为国民经济运行提供必要支持。二是在教育、医疗等非经济性建设方面，尽管其不能直接服务于经济活动，但是对人力资本积累、提高居民经济预期、激发市场活力等有重要影响，因此，作为经济运行成果分配与福利共享的关键，应积极推行以公共需求为主线的社会体制改革。随着经济数量的增长，私人的基本需求基本得到满足，面临社会需求方面进一步增长，城乡公共设施建设、教育、科技、文化、卫生、体育等公共服务发展不足，除了强调加大政府投资力度以外，更应关注非经济性基础设施在城乡区域间的配置差异，应以城市化为载体，推行统一的教育、医疗建设体系标准。

二、优化国民经济运行环境

国民经济运行环境是国民经济持续运行的关键因素，是发挥运行动力，释放运行潜力的重要保障。优化国民经济运行的自然生态环境方面，一是要强调发挥市场机制的资源配置作用，转变政府主导型的发展方式，特别是对能源的配置和定价，不仅可以提高能源的利用效率，还能改善激励从而倒逼企业创新能力的提高。二是要加大对生态环境的补充和环境污染的治理投入。通过健全产权制度，建立高效的生态补偿机制，协调利用激励机制和约束机制，有效制约能耗产业造成的负外部性。在生产的同时加大对污染的治理，促进经济发展与生态环境和谐发展。

在完善制度环境方面，首先需要完善市场机制，通过自由竞争机制和价格市场实现资源的有效配置，提高生产力，淘汰落后产能。其次，需要规范政府行为，政府职能的错位和缺位，以间接干预替代直接参与，用经济手段替代行政手段，从单一局部的调控转向统筹全局的规划，通过规范经济运行模式，保障资源配置效率，弥补市场失灵，以调节通货膨胀，降低失业率，平衡国际收支，维持经济持续增长。在微观上，应积极发挥在再分配领域的作用，通过转移支付以实现经济发展的成果共享，提升居民福利水平，提升综合国民素质。在推进市场化的过程中，不应盲目地推行自由化和私有化，政府应充分发挥其制度保障作用，为市场机制发挥作用提供环境，一方面，要通过建立有效的监督约束机制和利益协调机制，规范市场行为，降低负外部性的影响。另一方面，要通过完善产权制度，保障经济主体的经济利益，形成有效的激励机制，激发市场主体的活力。

在提升国民素质方面，由于国民素质是居民生活水平的体现，与居民收入水平和消费水平有重要关系。因此，一是要健全收入再分配体制，改变经济增长中的收入分配不平等，减少由于收入分配差距过大而导致的社会不稳定。提高居民生活水平，促进社会保障体系在城乡区域间的平等性，有效提高居民的消费预期。二是要转变经济发展战略，强调创新驱动战略，一方面政府应通过政策优惠和保障，刺激企业的创新驱动能力，有效提高技术创新的成果转化和适用性。另一方面，国家应加大对技术创新的投入力度，完善创新驱动环境，协调产学研等主体的技术创新合作机制。

三、协调国民经济运行过程

国民经济运行过程的质量是国民经济运行质量的具体体现，只有全面提升国民经济运行的时效性和阶段性，才能充分发挥经济运行条件，实现经济的可持续运行。

提高国民经济运行过程的质量，首先，需要提高经济运行效率，促进技术进步对全要素生产率提升的贡献。因此需要重视各创新主体间的相互协作，建立和完善产学研合作体系。整合高等院校、科研机构和企业的研发优势，基于企业技术创新需求，促进科研机构和高等院校与企业方面开展多种形式的联合与协作，扩大产学研的范围，深化产学研的合作层次。通过建立公共技术研发平台和公共技术服务平台，对产业共性的关键应用性技术联合攻关，解决高新技术企业快速发展的“技术瓶颈”。通过开展交叉创新和集成创新，强化科技成果转化能力，运用实物资本、人力资本等之间的互补和替代，使技术和资本等要素得到优化配置。着力解决科技与经济脱节的问题，注重知识转化为技术的能力，对创新机制的关注由技术的采用向知识的创造领域转变，关注科技成果的转化。强调发挥市场调节机制来配置资源，刺激知识创新、技术的交易以及内需结构合理化。

其次，减缓经济的周期波动性，提高经济运行的协调性。一是要充分发挥市场机制，通过价格机制稳定产出水平和价格水平，发挥竞争机制有效减少产能过剩和产能不足等情况。二是要优化经济结构，一方面应注重调整产业结构，提高第一产业和第二产业的现代化水平，加快第三产业的发展，提高第三产业的比重，实现产业结构从单一化向多元化的转变，不仅要实现各产业部门的多元化协调发展，更要在每个产业内部实现高级化。加大第一产业的科技和资本投入力度，提高农业的产业化和现代化水平。对第二产业和第三产业应在围绕优势支柱产业大力发展生产型服务业的同时，利用现代管理和经营理念发展生活型服务业，着力消除经济制度和固有体制的限制和障碍。新的技术不断在生产领域中应用，老的技术不断被革新或被淘汰，新的产业逐步诞生并不断扩张，产业结构由资源密集型向技术密集型转变均是提高国民经济运行质量的重要路径，以实现产业结构由多元化向高级化的转型，实现产业升级，突破产业结构的低端锁定，还应推进对低能耗、低排放型产业的发展，降低各产业生产的生态环境成本以及产生的负外部性。另一方面要引导消费投资需求结构的升级，应从投资主导走向消费主导，提高公共消费比重。数量型增长是以投资为主导和以规模扩张为主体的，以投资为主导的经济增长以扩大规模为主，需求结构单一，不仅造成了环境压力，而且经济增长的波动性比较大。高质量的经济运行要求向消费主导转变，改变投资与消费失衡的状况，改善需求结构单一的情况，使消费潜力得到有效释放，进一步提高消费率，发挥消费在经济增长中的作用。此外，还需注重工业化与城市化的协调推进，在推进新型工业化的过程中，大力发展城市化和城镇化，实现工业化、城镇化、信息化和农业现代化的同步协调发展。需要积极构建区域间的协调机制，合理优化产业布局，加大对落后地区的技术、资金支持。协调各地区产业的发展与该地区的资源禀赋条件相适宜。着力打破区域间、城乡间要素市场的流动壁垒以及产品市场的贸易壁垒。

第十五章

经济发展质量的经济学分析

传统的经济增长理论主要探讨的是经济增长的动力与源泉，以及经济如何在数量上实现快速增长，实践过程中带来了许多问题，比如环境遭到严重污染，生态平衡遭到破坏；资源严重短缺与浪费并存；能源枯竭，气候异常等，这些错综复杂的社会问题造成经济发展的高成本、高代价，经济发展质量问题提上日程。本章系统地对经济发展质量问题进行研究，包括经济发展质量的内涵是什么？经济发展质量的标准主要包含哪些内容？决定经济发展质量的因素有哪些？同时，构建经济发展质量的评价体系，从而提出提高经济发展质量的路径。

第一节　经济发展质量的内涵

从现有的研究文献来看，学者们对经济发展质量的研究主要集中在四个方面：一是经济发展质量的内涵；二是经济发展质量的标准；三是经济发展质量的评价指标体系；四是经济发展质量指标评价方法。

一、现有国内外学者对经济发展质量内涵的界定

在经济发展过程中，经济增长数量和质量是人们最初的研究重点，诸多古典经济学家把经济增长质量看作经济发展质量。但是在追求经济增长质量的过程中出现了很多经济增长之外的问题，比如资源短缺、经济社会结构失

衡、收入分配不公、环境恶化等，这些问题已经影响到经济增长的可持续性和人们生活质量的提高，于是有必要把经济增长和经济发展区别开来。维诺德·托马斯（Vinod Thomas，2001）认为经济增长是经济发展速度的补充，是经济发展质量的重要组成部分。拉蒙·洛佩兹（Ramón López）、维诺德·托马斯（Vinod Thomas）和王燕（Wang Yan）沿着维诺德·托马斯等的思路，认为发展质量指的是降低极端贫困、缩小结构性的不平等、保护环境，以及使增长过程持续的经济增长类型。

从概念上看，韩士元（2005）对经济发展质量的内涵做了明确的界定，即指各类生产要素的配置关系及它们共同作用的一切结果的总和。范舒（2011）认为经济增长是一定时期内，一个国家或地区物质财富总量以及人均财富的增加，表现出的是“量”的概念；而经济发展不仅包括量上的经济增长，而且还有一个地区的经济结构、政治结构、社会结构的变化以及各种结构内部的协调与优化，是一个综合概念，李永友（2008）分析，如果说经济增长突出了经济发展的稳定性、可持续性和效率特征，结构则更突出于经济发展内部的协调性。徐学敏（1998）认为经济发展质量实质上是一种效率的观念，主要体现在经济结构与经济增长方式之中，经济结构包括产业结构与区域经济结构。

从经济效益的角度看，经济发展质量表现为一定投入获取最多的产出，或者是保证达到一定的产出付出最小的投入。于红英（2006）从时间上进行了分析，经济增长的目标在短期和长期都有可能实现；而经济发展目标在短时期内很难实现，它需要坚持科学发展观，走可持续发展道路。

从包含的内容上来看，经济增长质量则很少考虑社会、环境等方面的因素。罗伯特·J. 巴罗（2004）认为经济发展质量除了包括经济增长，还包括政治制度、收入分配制度、健康状况、宗教信仰和犯罪等内容。郭克莎（1996）认为经济发展质量主要表现在综合要素生产率的增长及其贡献高低、产品和服务质量、通货膨胀状况、环境污染程度。何伟（2013）认为经济发展质量是指在经济增长中国民经济在稳定性、协调性、有效性、创新性、分享性和持续性等方面的优劣程度。

从衡量经济发展质量的标准上来看，毛海波（2009）把经济发展质量界定为，经济发展的过程中表现出来的国民经济有效性、稳定性、协调性、分享性、创新性及持续性等方面的优劣程度。梁东黎（2012）提出经济发展质量和效益是否提高，根本标准是有没有实现以人为本，以人为本的一个重要方面就是居民收入在国民收入分配中的比重和提高劳动报酬在初次分配中的比重。

从上述研究成果可以看出，经济发展质量有明确且直观的含义，其内涵极为丰富，是一个多维度的概念，不易把握。它是衡量一定时期内一个国家或地区国民经济发展的优劣程度，也就是经济内部、经济与社会、经济与环境之间的协调状态。不仅表现经济总量的增加、物质财富的增长，更是一种高层次价值的追求，任何单一指标或几个指标都无法对经济发展质量作出全面、准确的评价。

二、经济发展质量的理论内涵

经济增长的最终目的是增进国民福利，提高居民生活质量，经济发展质量反映经济增长的效率，也就是说，各种经济资源的配置关系及它们综合运用的一切结果的总和。自然资源、人力资源、资本、技术进步、对外开放、制度环境等资源是经济发展的主要源泉；经济资源运用效率对决定经济质量高低，即资源之间的配置关系至关重要，包括配置比例、配置方式和配置结构等。相较于经济增长速度，经济发展质量则同时强调数量和质量的要求。

从宏观上看，经济资源的配置及其相互作用的结果会影响到经济发展的各个方面。经济的持续稳定增长，经济结构的优化，同时也会考虑人类社会发展带来的影响，比如，经济发展对自然环境、社会结构、资源、教育、居民生活质量的影响等。如果一个国家或地区经济发展质量水平提高了，不仅仅意味着经济资源创造的物质财富增多了，经济结构和产业结构得到优化升级，还说明在技术水平不变的条件下，同样的资源可以使用的年限更长，可以保证人类有足够的时间寻找到替代资源、新的经营方式和先进的技术，并且可以有足够的资金支持科学技术的发明创造、提高教育水平、发展医疗卫生事业，提高人民的生活质量，改善被恶化的生态环境，转变落后的价值观念乃至文化习俗。因此，经济发展质量所包含的内容相对比较宽泛，既包括量的增加，又包含质的改善，是量和质的有机统一体。

第二节　经济发展质量的标准

GNP 是一个国家或地区所有国民在一定时期内新生产的产品和服务价值的总和。GNP 指标能够衡量经济增长，但是不能作为衡量经济发展的程度。早在 20 世纪 70 年代末，美国经济学家威廉·诺德豪斯和詹姆斯·托宾已经认识到 GNP 核算的不足，提出用经济福利尺度（NEW）来代替 GNP 指标衡量经济发展。他们把闲暇和无报酬的就业赋予积极的价值考虑到衡量经济发展质量标准中，但是他们没有把环境的成本考虑进去。随后，美国经济学家赫尔曼·戴利和约翰·科布建立可持续的经济福利指数（ISEW）衡量经济发展质量，这个指数把经济活动成本从经济收益中扣除。萨缪尔森等也发展了 NEW 理论，经济学家柯利设计了新经济福利指数（NEWBI），此指数把实际人均收入也包括进去共有七种指标，反映不平等、失业、通货膨胀和利息率的水平及其变化，从而得出综合的福利指数衡量经济发展质量。哈根、尼维阿罗斯基等人设计综合度量指标作为衡量经济发展质量的标准，包括五个指标：基本必需品的消费量、收入和分配的均等程度、识字率、健康水平和就业状况，指标采取加权方法进行合成。联合国人文发展报告按照各国人文发展指数（HDI）进行衡量各个不同国家的经济发展质量高低。但是此指标的权重确定比较困难，主观性较强，为了避免这些缺点，而且能够更加全面地衡量经济发展质量，我们参照冷崇总（2008）的经济发展质量内涵分析经济发展质量的标准。

一个国家或地区经济增长质量的高低应当用投入产出效率高低、结构布局是否合理、经济增长的发展潜力如何、不影响环境资源的可持续发展程度、国民分享经济增长成果程度以及经济是否快速发展六个方面综合衡量，而经济发展仅仅是经济量的增长，要包含质的飞越。参照冷崇总（2008）的构建经济发展质量的评价体系指标，本书认为衡量经济发展质量的标准应包含经济发展的有效性、充分性、协调性、创新性、持续性、分享性和稳定性七个方面，从而全面体现经济发展的效率、现有及新资源利用程度、经济和社会结构的协调程度、技术创新能力、经济持续发展能力、居民生活质量、国民经济运行的平稳状况。

一、经济有效增长

经济发展的有效性指的是经济增长的效率，即在经济增长过程中各种经济资源投入与产出的比例关系。每一单位经济资源投入获得的产出越多，说明其经济资源的生产效率就越高，经济增长就比较有效，经济发展质量就越高。“有效性是经济学中衡量经济增长质量的具体体现，也是经济能否持续增长的重要保障。”① 经济资源配置比例、配置方式和配置效率决定了经济发展质量。如果经济发展质量依赖于生产资源数量的增加，那么经济发展就是数量型方式，经济发展的效率就较低；如果经济发展质量依赖于经济资源配置效率，那么经济发展就是质量型方式，经济发展就有效，经济发展质量就较高。

二、经济结构协调发展

经济结构包括产业结构、城乡结构、区域结构和贸易结构等，这些结构之间需要相互协调，任何一个结构调整滞后，都会影响整个经济结构的优化，经济效益和经济发展质量就难以提高。经济结构的合理和协调程度可以作为评价经济发展质量高低的重要内容。如果经济内部各结构协调发展，经济就可以持续健康地发展。

产业结构在国民经济体系中占主导地位，包括供给结构、需求结构、国际贸易结构和国际投资结构，产业之间存在着投入与产出的关系，可以体现产业之间相互依赖和相互影响的关系，因此，如果产业之间能够相互服务和相互促进，产业之间就是协调的。城乡协调发展，优化城乡结构，提高城市化水平，通过工业化促进经济持续增长和经济质量的提高。在世界经济全球化的背景下，任何国家的经济发展总是与其他国家或地区之间经济相互联系的，因此，经济发展的协调性可以用产业结构比、最终消费水平、城市化水平和对外开放水平来衡量。

三、创新能力的提升

经济发展的创新性包含技术创新、制度创新、管理创新等。技术创新是

---

① 钞小静：《经济增长质量：一种理论解释及中国的实证分析》，西北大学2009年博士学位论文，第8—12页。

经济增长和经济发展的原动力，企业是经济增长和经济发展的载体，企业的技术水平、技术创新能力，不仅直接决定企业竞争力，并且对整个产业和经济的发展有着重要的基础作用。企业应用新知识、新技术、新工艺，采用新的生产方式和经营管理模式，开发生产新的产品，提供新的服务，提高产品质量，增加产品附加值，提高生产效率，从而推动产业结构的不断升级和经济向高质量发展。

19 世纪下半叶开始，以科学为基础的技术创新已经成为发达国家经济发展的主要动力。进入 21 世纪，知识经济的兴起使技术创新、制度创新、管理创新等推动经济发展的作用更加明显。从本质上讲，创新能力是推动经济结构优化升级、提高经济效益、加快经济社会发展的重要源泉和手段，是衡量经济发展质量的重要标准。

四、经济可持续发展

经济发展的过程是经济资源与环境、制度等有机的整合过程，在资源、环境、制度等因素的承载基础之上，经济持续发展依赖于稀缺资源的利用程度，如果能把稀缺的资源充分利用，转化为生产力，资源不会出现缺口或者浪费，经济就会充分地发展。在注重经济发展速度的同时，需要重视经济发展给资源、环境带来的巨大压力和损害。经济要得到持续性发展，前提是必须有效地利用自然资源，避免过度开发，并对生态环境进行有效保护。粗放型经济发展必然付出巨大的资源和环境破坏的代价，这会导致经济低质量的发展，人民生活质量下降。因此，经济发展质量的标准必须把资源利用和环境代价考虑进去。

五、国民经济平稳运行

经济发展的稳定性是指国民经济平稳运行的情况。国民经济平稳运行是经济健康发展的基础（马建新、申世军，2007），是提高经济发展质量的重要保障。经济发展的稳定性是国民经济发展速度在一个适度范围内波动，不出现较大的波动，使资源优化配置并得以充分利用。如果经济发展出现过热现象，总需求过度高涨，经济发展速度过快，通常会导致通货膨胀；而如果经济发展速度过慢，总需求不足，企业对未来发展预期持有悲观态度，投资急剧下降，失业率增加。因此，国民经济平稳运行，经济发展的稳定性就越好，资源就会有效配置和利用，经济发展质量就越高。这一指标可以用经济增长波动、价格波动、就业波动等来衡量。

六、居民生活质量的提高

经济发展的目的是为了满足居民日益增加的物质和文化生活的需要（焦艳玲，1999），减少贫困，提高居民生活质量。高质量的经济发展应使更多的居民从中受益，如果只注重经济发展的速度，居民的消费水平较低，储蓄水平较高，城乡之间、区域之间、产业之间居民收入差距较大，收入分配不合理，这样的经济发展是不可持续性的、低质量的。因此，应该把居民是否能够分享经济发展成果、居民生活质量是否得到提升作为衡量经济发展高低的标准之一。可以用居民收入增长率、恩格尔系数、基尼系数、泰尔指数等来衡量经济发展质量。

第三节　经济发展质量的决定因素

众多国外经济学家分析了经济发展的决定因素。索洛（1957）首次把技术进步引入经济增长理论之中，将由技术进步和资本占有量引起的经济增长率贡献划分开，得出技术进步产出贡献率越高，经济增长质量也越高。托马斯（2001）的研究报告创建了一个人力资本、物质资本和自然资本三种重要资产增长的分析框架，得出在资源总量一定的前提条件下，综合人力资本、物质资本和自然资本三方面就能引发较高的经济发展质量。巴罗（Barro，2002）提出评价经济增长质量的指标体系里不但包括投资率、通货膨胀率等，还包括收入分配、政治制度等方面的指标。随后巴罗（2005）在进一步的研究中提出，在富裕的国家收入分配不平等会促进经济的增长，而在贫穷的国家收入分配不平等则会抑制经济的增长。杜思韦特（2008）认为有质量的健康生活应该由经济增长推动，但无限制的经济增长是病态的，否定了只求经济的总量增长，更强调持续性的经济发展质量。

国内学者对此也进行了相关研究。厉以宁（2004）从知识产权、资源消耗和环境破坏三个角度对经济发展质量进行评价，指出经济发展方式的转变是提高经济增长质量的根本途径。刘伟（2006）从投入—产出比、技术进步以及资源环境三方面分析和评价了中国经济增长质量，认为这三个因素影响到经济增长质量的提升。李永友（2008）把经济结构优化程度作为评价指标，对江苏、浙江和上海的经济发展质量进行了比较研究，发现经济结构优化程度是经济发展质量的重要因素。吴敬琏（2010）从政府与财税的角度论述了制约经济增长质量提高的因素，认为政府应在经济发展过程中摒弃政府对市场的行政干预，把市场建立在法治的基础上，塑造公共服务型政府。徐学敏（1998）认为，在我国由计划经济向市场经济转变、经济增长方式由粗放型增长向集约型增长转变的过程中，我国应该提高经济发展质量，注重经济发展效益，突出产业的作用，发挥比较优势，以质的提高实现量的扩张。罗序斌（2009）把利用生产率、经济结构、技术进步、人力资源开发看作影响经济发展的主要因素，并通过这些指标研究我国中部地区经济发展质量的高低。郑伟腾、庄惠民（2009）利用经济增长、经济结构的调整、资源与环境支持、科技创新支持、经济效益等指标研究和比较浙江、上海、广东、福建及全国的经济发展方式。董正信、耿晓玉、杨晶晶（2011）认为社会总需求、产业结构、科技进步、资源环境、民生改善都可以影响经济发展质量的高低，并通过这些指标研究河北的经济发展方式的转变。沈露莹等（2010）认为经济增长、服务经济、城市功能、自主创新、资源节约、以人为本等因素影响经济发展的程度，从而通过这些指标研究上海的经济发展的程度。

以上研究大致包含了影响经济发展质量的主要因素：经济增长、经济结构优化、技术进步、人力资本、资源配置状况、收入分配状况、城市的发展状况等。这些因素不是独立存在，而是相互作用、相互影响。但是研究经济发展质量，还需要考虑环境因素、制度因素、市场的开放性等。本章把相关因素进行综合分析，主要包括以下几种。

一、基础性生产要素

人口、资源与环境是一个国家或地区经济发展的基础性要素，人口数量、人口质量和人口结构、资源可持续利用、环境污染和改善对经济发展质量的提高有着重要的作用。

1. 人口与经济发展质量

人口的数量和增长速度受到生产力水平和经济发展的制约。就人口与经济发展质量的关系而言，只要发展生产，就可以满足新增人口的需要。假如生产发展速度比人口增长速度快，人口数量的增加就会增加消费水平，从而促进经济的发展。如果生产发展速度低于人口增长的速度，人口数量的增加会增加经济发展的负担，从而阻碍经济发展。

人口质量，也称为人口素质，就是人们的思想品质、文化教育、科技以及自身的身体状况的水平。人口质量尤其是劳动力质量的状况对经济发展起着至关重要的作用。人口质量和劳动力质量的变化对经济活动中的生产、交换、分配和消费等各个方面都有很大的促进作用。当人口质量与经济发展相适应时，就会促进经济发展；如果人口质量特别是劳动力质量普遍低下时，就会阻碍经济发展。劳动力具有较高的身体素质和文化科技素质，劳动生产效率就越高，经济发展质量提高就越快。

人口结构包含人口的年龄结构、性别结构、城乡结构、产业结构和地域结构等几个方面，每一个方面涉及很多细分的反映人口结构某一方面特征的指标。有关人口结构与经济发展之间关系的研究众多，大多集中在人口的性别结构、年龄结构、城乡结构、区域问题对经济发展的影响。

2. 资源利用与经济发展质量

联合国环境规划署将自然资源定义为：在一定时间和技术条件下，能够产生经济价值，提高人类当前和未来福利的自然环境因素的总称。自然资源是物质生产活动的必要投入品，也是经济持续发展的重要基础条件。自然资源分为可再生资源和不可再生资源，可再生资源有水、森林、土地资源，可以通过人类科学的开发而达到永续利用；不可再生资源有矿产、石油资源等。然而，资源是稀缺和有限的，随着人类经济社会的发展，不可再生资源已经无法满足人类社会的长期需要，必然面临枯竭的状况，因此资源的利用必须和经济发展相辅相成，不能够过度开发和利用，同时利用技术创新的力量开发新能源、新资源是经济可持续发展的重要途径。

3. 生态环境与经济发展质量

生态环境是人类生存的物质基础，也是经济系统运行的基础，对于人类社会来说，经济发展只是手段，不是目的，其目的只是为了满足人民群众物质和文化的需求，提升人们的福祉，人民群众需要美好的环境、高质量的空气、纯净的水、没有污染的食品等。生态环境问题是由于人类长期的生产和生活等社会经济行为所引起的生态环境破坏而反作用于人类社会经济生活的不良影响，其实质是经济发展与环境保护、人与自然关系的失调。因此，经济发展与环境保护、人与自然协调发展是提高经济发展质量的基础保障。

二、资本积累

资本积累是一个国家从农业国家变为工业化社会所不可缺少的要素之一，发达国家在经济发展中都经历了持续资本积累的过程。资本积累包括物质资本积累、人力资本积累和社会资本积累。物质资本具体形态种类繁多，既包括道路、供水、供电等能够直接增进国民福利的设施，又包括厂房、设备、机器、生产工具等投资所形成的物质资本；人力资本是指正规教育和在职培训等方式形成的并体现在劳动力中的技术知识和技能存量，“人力资本积累指的是对劳动的现实量和劳动的潜在量进行积累，人力资本积累可能发生在学校、研究单位、生产过程中以及贸易过程中”[①]。社会资本积累是指对社会有秩序的调控，包括社会有序性的增强、社会欺诈的减少等。提高资本积累，把社会生产剩余价值用于扩大生产规模，采用更先进的生产技术、管理水平和更好的机器设备，提高资本的有机构成，节约可变资本，提高劳动生产效率，调整产业结构，实现经济增长方式的转型，从数量型的经济发展转变为质量型的经济发展。

三、技术进步

技术进步是居民生活水平提高的重要依赖因素。资本积累是经济增长的源泉，但是当资本积累到一定数量后，资本折旧随着资本数量的增长而增加，当投资等于折旧时，资本存量就会保持一个动态的稳定值，这时经济增长不再继续，国民收入不再增加。因此，资本积累带来的经济发展是有极限的。经济发展的依赖因素需要转变到技术进步上来，技术进步在经济增长中

① Lucas, R., “On the Mechanics of Economic Development”, *Journal of Monetary Economics*, Vol. 22, No. 1, 1988, pp. 3-42.

的贡献率很大程度上体现了一个国家或地区的经济发展质量的高低，发展经济学理论对技术进步的概念以及其对经济发展的作用进行了详细的阐述和研究。

四、对外贸易

随着经济全球化和贸易自由化的发展，对外贸易是经济增长的“发动机”，对每一个国家经济发展的推动作用非常显著。发展经济学中的国际贸易理论从不同角度研究了对外贸易对发展中国家经济发展的促进作用。对外贸易为经济发展的生产要素在区域间的流动、集聚提供了一条通道，为各种生产要素合理配置和有机结合架起了一道桥梁，通过对外贸易，不但可以使经济发展生产要素形成现实的生产力，而且也部分弥补了本国经济发展要素禀赋的非均衡分布，提高了一个国家或地区经济发展要素配置效率。因此，对外贸易对于经济发展要素的积累和效率提高起着积极的促进作用，并通过经济发展要素的作用机制推动经济发展，对外贸易对经济发展作用机制的有效发挥还取决于合理的经济政策、市场经济体制、国际收支状况、市场结构、贸易条件等。

五、制度因素

制度经济学认为，所谓的制度，就是用于约束人们行为的一系列规则，涉及政治、经济、文化等行为规范，通过一系列规则来约束人们之间的相互关系，以减少交易成本、机会主义，保护产权，促进社会的发展。经济学家道格拉斯·C. 诺斯（1995）把制度分为正式制度、非正式制度和这些制度的执行机制。正式制度是人们有意识建立起来的，以正式方式加以确定的各种制度安排，比如各种成文的法律、法规、政策、规章、制度等。非正式制度是指人们在长期社会生活中逐步形成的生活习俗、伦理道德、价值观念、文化传统、意识形态等对人们的行为产生非正式约束的规则。

诺斯在《经济史中的结构和变迁》中指出，市场制度、产权制度、政治法律制度等是制约社会经济发展的根本原因，教育、科技、资本积累、基础设施等是经济发展的前提条件，这些前提条件只有在一定制度条件下才能对经济发展发挥作用。有效的经济社会制度结构决定了经济发展的质量。有效的制度安排能够使人们行为的责、权、利有机统一起来，人们能够通过稳定的预期计算自己行为的收益，把外部性风险和交易成本降低到最低限度，从而促使人们进行积极的生产投入和提高效率，促进经济发展。

在人类的行为约束体系中，非正式制度在经济社会发展中具有十分重要的地位，即便在最发达的经济体系中，正式规则仅仅决定人们行为选择的总体约束中的一小部分，大部分行为选择主要受非正式制度来约束的。因此，非正式制度对经济发展质量的提高起着至关重要的作用。

第四节　经济发展质量的评价指标体系

根据上述有关经济发展质量的内涵、其评价标准和决定性因素分析，经济发展质量的评价指标不但应包含经济增长的效率，还应包含质上的改变，即经济社会结构的优化、创新能力提升、经济可持续发展、国民经济平稳运行、居民生活质量的提高。把这六个方面综合分析和分类，经济效益、社会效益和生态效益三个一级指标可以把经济发展质量的六个方面评价指标全部包含进来。经济效益主要是经济发展的效率，即资源投入最小获得最大的产出，投入产出的效率达到最大。表现为经济增长的效率、经济结构的优化、创新能力的提升和国民经济平稳运行等；社会效益指的是居民生活质量的提高，不但包含居民收入和福利水平的提高，还包含劳动力就业水平的提高，城乡发展差距、区域发展差距和产业发展差距的缩小等；生态效益，即环境效益，在经济发展过程中资源是否达到最大化利用，环境污染的程度是否达到最小化，经济发展不是以牺牲环境恶化为代价的，而是与环境改善实现良性循环。

本章从衡量经济效益、社会效益和生态效益三个方面构建了经济发展质量的评价指标体系，三个方面相辅相成，相互协调，相互推进，因此本章采用了李红（2014）提出的“协调发展指数”来综合衡量经济发展质量的总体状况，协调发展指数包含了发展指数和协调指数，发展指数反映经济发展质量的状况，协调指数反映了经济效益、社会效益和生态效益三者之间的协调程度。

一、经济效益指标

在经济增长质量评价指标中经济效益从经济增长效率、经济增长的创新能力、国民经济运行的平稳性、经济结构的调整性四个方面作为三级指标。

1. 经济增长效率

经济增长效率用七个四级指标测度，比如，投入产出率、社会劳动生产率、资本利用率、工业经济效益综合指标、农业耕地产出率、单位 GDP 能耗、单位 GDP 水耗（见表 15-1）。

表 15-1 经济发展质量评价指标体系

<table>
<tr><th>一级指标</th><th>二级指标</th><th>三级指标</th><th>四级指标</th><th>指标类型</th></tr>
<tr><td rowspan="31">经济发展质量</td><td rowspan="17">经济效益</td><td rowspan="7">经济增长效率</td><td>1. 投入产出率（%）</td><td>正向指标</td></tr>
<tr><td>2. 社会劳动生产率（元/人）</td><td>正向指标</td></tr>
<tr><td>3. 资本利用率（%）</td><td>正向指标</td></tr>
<tr><td>4. 工业经济效益综合指标（%）</td><td>正向指标</td></tr>
<tr><td>5. 农业耕地产出效率（%）</td><td>正向指标</td></tr>
<tr><td>6. 单位 GDP 能耗（吨标准煤/万元）</td><td>逆向指标</td></tr>
<tr><td>7. 单位 GDP 水耗（立方米/万元）</td><td>逆向指标</td></tr>
<tr><td rowspan="4">经济增长的创新能力</td><td>8. 全要素生产率</td><td>正向指标</td></tr>
<tr><td>9. 研究与试验发展经费支出占 GDP 比重（%）</td><td>正向指标</td></tr>
<tr><td>10. 高新技术产业化程度（%）</td><td>正向指标</td></tr>
<tr><td>11. 专利授权指数</td><td>正向指标</td></tr>
<tr><td rowspan="3">国民经济运行的平稳性</td><td>12. 产出波动率（%）</td><td>逆向指标</td></tr>
<tr><td>13. 价格波动率（%）</td><td>逆向指标</td></tr>
<tr><td>14. 就业波动率（%）</td><td>逆向指标</td></tr>
<tr><td rowspan="3">经济结构的调整</td><td>15. 工业化率（%）</td><td>正向指标</td></tr>
<tr><td>16. 市场化程度</td><td>正向指标</td></tr>
<tr><td>17. 对外开放程度</td><td>正向指标</td></tr>
<tr><td rowspan="8">社会效益</td><td rowspan="4">社会发展</td><td>18. 城市化程度</td><td>正向指标</td></tr>
<tr><td>19. 就业人数占 GDP 比重</td><td>正向指标</td></tr>
<tr><td>20. 人均受教育年限（年）</td><td>正向指标</td></tr>
<tr><td>21. 收入弹性</td><td>正向指标</td></tr>
<tr><td rowspan="4">社会协调与福利</td><td>22. 基尼系数</td><td>逆向指标</td></tr>
<tr><td>23. 居民收入占 GDP 比重</td><td>正向指标</td></tr>
<tr><td>24. 恩格尔系数</td><td>正向指标</td></tr>
<tr><td>25. 城乡居民人均收入比</td><td>逆向指标</td></tr>
<tr><td rowspan="6">生态效益</td><td rowspan="3">环境污染</td><td>26. 单位 GDP 工业废水排放量（吨/万元）</td><td>逆向指标</td></tr>
<tr><td>27. 单位 GDP 工业废气排放量（立方米/万元）</td><td>逆向指标</td></tr>
<tr><td>28. 单位 GDP 工业固体废物排放量（万吨）</td><td>逆向指标</td></tr>
<tr><td rowspan="3">环境治理</td><td>29. 环境污染物治理投资总额占 GDP 的比重（%）</td><td>正向指标</td></tr>
<tr><td>30. 生活垃圾无害化处理率（%）</td><td>正向指标</td></tr>
<tr><td>31. 城市污水集中处理率（%）</td><td>正向指标</td></tr>
</table>

（1）投入产出率。指的是投入资金与其所创造的产出量之间的关系，是反映投资效果的一项指标。投入产出率=所获得的产出总收入/所投资的总成本×100%。投入产出率越高，投入的经济效益越高；投入产出率越低，投入的经济效益越低。

（2）社会劳动生产率。指的是一定时期内全社会劳动者的劳动生产效率。它可以体现一个国家或地区的社会生产力发展水平，是反映该地区经济实力的基本指标之一。社会劳动生产率=考察期国内生产总值/考察期社会从业人员平均人数，社会劳动生产率越高，说明单位劳动所创造的产出越大；反之，社会劳动生产率越低，单位劳动所创造的产出越小。

（3）资本利用率。资本利用率表示的是一定时期内资本增值的程度。资本的本质是价值增值。一定量资本所带来的增值越多，其利用效率就越高；反之，所带来的增值越少，其利用效率就越低。

（4）工业经济效益综合指标。指的是综合衡量工业经济效益各方面在数量上总体水平的指标，能够反映工业经济运行效率。它是由总资产贡献率、资本保值增值率、资产负债率、流动资产周转率、成本费用利润率、全员劳动生产率、产品销售率七项指标组成，工业经济效益综合指标是以各单项工业经济效益指标报告期实用数值分别除以该项指标的全国标准值并乘以各自权数，加总后除以总权数求得，可以反映工业企业资产的获利能力、发展能力、偿债能力、营运能力、产出效率、产销衔接等方面的情况。工业经济效益综合指标值越高，表明企业资产的获利能力、发展能力、偿债能力、营运能力、产出效率、产销衔接等方面就越强，反之，工业经济效益综合指标值越低，说明企业资产的获利能力、发展能力、偿债能力、营运能力、产出效率、产销衔接等方面就越低。但是此指标测算难度较大，所以大多数学者用工业企业总资产贡献率来代替，工业企业总资产贡献率（%）=（利润总额+税金总额+利息支出）÷平均资产总额×12÷累计月数×100%，可以评价和考核企业赢利能力的核心指标，与经济发展质量成正比关系。

（5）农业耕地产出效率。指的是在一定面积的农业耕地上投入一定的劳动和资金与相应增加的农产品产出量之间的关系。它可以反映农业集约经营的经济效果。一般来说，农业耕地产出率与其经济基础和科技水平成正比例，与经济发展质量成正比。

（6）单位 GDP 能耗。又叫万元 GDP 能耗，是指一定时期内（通常为一年）每生产万元 GDP 所消耗掉的能源，可以用来反映一个国家或地区在经济活动中对能源的利用程度、经济结构和能源利用效率的变化情况。单位 GDP 能耗越大，说明该国能源利用效率就越低，单位 GDP 能耗越低，说明该国能源利用效率就越高。

（7）单位 GDP 水耗。又叫万元 GDP 水耗，指一个国家或地区总用水量与国内生产总值（GDP）之比，以立方米/万元（GDP）表示，可以反映一个国家或地区水资源的利用情况和利用效率。单位 GDP 水耗值越大，说明水资源利用效率越低；反之，单位 GDP 水耗值越小，说明水资源利用效率越高。

2. 经济增长的创新能力

衡量经济增长的创新能力用四个四级指标来衡量。比如，全要素生产率、研究与试验发展经费支出占 GDP 比重、高新技术产业化程度、专利授权指数。

（1）全要素生产率。全要素生产率是指人类生产活动在一定时间内的产出效率。从经济增长的角度来说，生产率与资本、劳动等要素投入对经济增长都有贡献，产出增长率超出要素投入增长率的部分为全要素生产率（TFP），全要素生产率主要来自包括技术进步、组织创新、专业化和生产创新等的贡献。全要素生产率的增长率常常看作科技进步的指标，因此，全要素生产率指标越高，说明这个国家或地区的技术创新对经济发展的贡献就越大，反之，全要素生产率指标越低，说明这个国家或地区的技术创新对经济发展的贡献就越大。

（2）研究与试验发展经费支出占 GDP 比重。研究与试验发展经费支出占 GDP 比重是指用于研究与试验发展（R&D）活动的经费占地区生产总值（GDP）的比重。用来衡量一个国家或地区科技投入强度和科技发展水平的评价指标。研究与试验发展（R&D）活动指在科学技术领域，为增加知识总量，以及运用这些知识去创造新的应用而进行的系统的创造性的活动，包括基础研究、应用研究、试验发展三类活动。研究与试验发展经费支出占 GDP 比重越高，说明科技投入强度比较大，科技发展水平较高，对经济发展质量的影响就大，反之，就越小。

（3）高新技术产业化程度。高新技术产业化程度用高新技术产品增加值占 GDP 比重（%）来衡量。高新技术产业化是指一个高新技术创新成果形成一定规模并进行生产的过程，高新技术创新成果经过产业化过程，才有可能在国民经济的各个领域得到日益广泛的应用，并形成一定经济规模的产品。高新技术产业化程度越高，说明高新技术创新成果商品化和市场化程度越高，对经济发展的贡献率就越高；反之，高新技术产业化程度越低，对经济发展的贡献率就越低。

（4）专利授权指数。专利授权指数指的是当年每万人口专利授权量。专利授权指数是创新活动中间产出的重要成果形式之一，专利授权指数可以反映一个国家或地区研发活动的产出水平和效率的重要指标。专利授权指数越高，说明该国家或地区研发产出水平较高，创新能力较强，推动经济发展。

3. 国民经济运行的平稳性

在经济增长过程中，经济活动都会出现有规律的扩张和收缩的趋势，即为经济周期，主要表现为国民总产出、总收入和总就业的波动。因此，国民经济运行的平稳性可以从产出波动、价格波动和就业波动三个方面来进行考察。

（1）产出波动率。经济波动大多数研究常用实际 GDP 波动率来度量，产出波动幅度越大，国民经济运行就不平稳，经济发展质量的提高就会受到严重的阻碍，反之，如果产出波动幅度越小，国民经济运行就平稳，经济就会平稳发展。

（2）价格波动率。价格指数包括居民消费价格指数、生产资料价格指数、固定资产投资价格指数等，本书中用居民消费价格指数（CPI）的波动来衡量。价格波动会影响到居民消费和储蓄的水平，如果价格波动幅度较大，居民不能准确地预期未来，居民消费水平就低，经济持续增长就会受到抑制，反之，就会促进经济发展。

（3）就业波动率。就业波动用失业率来衡量。就业人数直接影响经济产出，就业波动会影响产出波动，同时也会影响就业人员的福利状况，对经济发展质量的提高尤为重要。

4. 经济结构的调整

经济结构是个经济系统，系统中各个要素之间互相关联、互相结合，有着数量对比关系。研究任何一个经济结构，不但要重视它的要素特性及其结合形式，同时也要重视它的比例关系。一定的社会经济和技术条件，要求有与它相适应的一定的经济结构。经济结构包括产业结构、城乡结构等，因此我们用工业化率、市场化程度、对外开放程度来衡量。

（1）工业化率。工业化通常被定义为工业或第二产业产值在国民生产总值中比重不断上升的过程，以及工业或第二产业就业人数在总就业人数中比重不断上升的过程。因此，工业化率用第二产业增加值占全部生产总值的比重来测度，在工业化进程中，产业结构不断调整，经济得到迅速发展。

（2）市场化程度。市场化是指用市场作为解决社会、政治和经济问题等基础手段的一种状态，意味着政府对经济的放松管制，减小市场化工业产权的私有化的影响，利用价格机能达到供需平衡的一种市场状态。市场化程度用非国有企业总产值占 GDP 的比重来衡量，该指标值越高，表明市场化程度越高，民营经济就越发达，经济发展就越灵活。

（3）对外开放程度。对外开放程度用进出口额在 GDP 中的比重来衡量，反映一国或一地区经济对外开放规模和水平的重要指标。对外开放程度越高，企业的发展可以根据国际市场进行调节其贸易结构、生产结构等，经济发展质量水平就会提高；反之，经济发展质量水平就会越低。

二、社会效益指标

社会效益是指最大限度地利用有限的资源满足人们日益增长的物质文化需要。随着经济的不断发展，社会也会随着进步和发展，因此，社会效益可以从社会发展和社会协调与福利两个方面进行分析。

1. 社会发展

社会发展从城市化程度、就业人数占 GDP 比重、人均受教育年限、收入弹性等方面考察。

（1）城市化程度。随着经济的不断发展，信息化程度增强，资本和劳动力的流动性增加，人口和产业活动不断向城市聚集，城市化水平会越来越高，因此，城市化是工业化发展的必然结果。城市化水平，一般用一定地区内城市人口占总人口比重来表示。城市化水平越高，说明经济发展质量越高；反之，城市化水平越低，说明经济发展质量越低。

（2）就业人数占 GDP 比重。随着经济的不断发展，就业的人数就会增加，此指标反映了经济发展容纳就业的能力。就业人数占 GDP 的比重越大，说明随着经济发展，其容纳就业的能力越强；反之，就越弱。

（3）人均受教育年限。人均受教育年限是指某一人口群体人均接受学历教育（包括成人学历教育）的年限。用这一指标可以反映人力资本水平的高低，如果人均受教育年限增长，说明一个国家或地区人力资本水平较高，劳动生产效率增加，能推动经济发展质量的提高。

（4）收入弹性。收入弹性是居民收入增长率与国内生产总值（GDP）增长率的比值，此指标反映了经济增长带动居民收入增长的能力，即经济增长 1 个百分点带动居民收入增长的百分点。收入弹性系数越大，表明经济增长带动居民收入增长的能力越强；反之，就越弱。居民收入水平增长越快，直接影响居民消费水平，对经济发展质量也是至关重要的。

2. 社会协调与福利

社会协调与福利从基尼系数、居民收入占 GDP 比重、恩格尔系数、城乡居民人均收入比等指标衡量。

（1）基尼系数。基尼系数（Gini Coefficient）是 1943 年德国经济学家阿尔伯特·赫希曼，根据劳伦茨曲线所定义的判断收入分配公平程度的指标。其具体含义是指，在全部居民收入中，用于进行不平均分配的那部分收入所占的比例。基尼系数处于 0 和 1 之间，其值越大，说明收入分配不公平程度越高，反之，其值越小，说明收入分配越趋于公平。

（2）居民收入占 GDP 比重。此指标是衡量一国国民收入初次分配是否公平的主要指标。如果居民收入在 GDP 中所占比重较低，不利于人民福祉和尊严的提升，说明人们分享经济发展成果的程度越低；居民收入在 GDP 中所占比重越高，说明人们分享的发展成果越多。

（3）恩格尔系数。恩格尔系数是居民用于食品支出总额占个人总消费支出总额的比重。如果一个国家较穷，居民用于食品支出总额占个人总消费支出总额的比重就越高，如果一个国家比较富裕，居民用于食品支出总额占个人总消费支出总额的比重就越低。

（4）城乡居民人均收入比。城镇居民可支配收入与农村居民人均纯收入之比是衡量城乡居民收入差距的重要指数。城乡居民人均收入比=城镇居民人均可支配收入/农村居民人均纯收入。

三、生态效益指标

经济生产活动中人们应根据生态平衡规律，不应以破坏自然界的生物系统为代价来发展经济，而应考虑长远利益和生态利益，合理地开发、利用和保护自然资源，以保证经济稳定持续地发展。生态效益指标应包含环境污染的代价和治理的成本。

1. 环境污染

（1）单位 GDP 工业废水排放量。工业废水排放量指报告期内经过企业厂区所有排放口排到企业外部的工业废水量。万元 GDP 工业废水排放量是指每万元国内生产总值工业废水排放量，用以反映工业用水技术效率和环境被污染的程度。该指标值越大，表明工业用水的技术效率就越低，环境被污染程度就越高，反之，工业用水的技术效率就越高，环境被污染程度就越低。

（2）单位 GDP 工业废气排放量。工业废气排放量是指企业厂区内燃料燃烧和生产工艺过程中产生的各种排入空气的含有污染物的气体总量。万元 GDP 工业废气排放量指每万元国内生产总值工业废气排放量，用以反映企业节能降耗的水平。该指标值越大，表明企业节能降耗水平就越低；反之，就越高。

（3）单位 GDP 工业固体废物排放量。工业固体废物排放量指企业将所产生的固体废物排到固体废物污染防治设施、场所以外的量。单位 GDP 工业固体废物排放量是指单位国内生产总值所排放的工业固体废物量。此指标越高，说明对环境污染程度越高；反之，此指标越低，说明对环境污染程度越低。

2. 环境治理

环境污染物治理投资总额占 GDP 的比重是指用于环境污染防治、生态环境保护和建设投资总额占当年国内生产总值（GDP）的比重，是国际上衡量环境保护问题的重要指标。此指标越高，说明国家对环境保护程度越高；反之，就越低。

城镇生活垃圾处理是城镇管理和环境保护的重要内容，是社会文明程度的重要标志，关系人民群众的切身利益。在此选择生活垃圾无害化处理率这一指标，是指无害化处理的城市市区生活垃圾数量占市区生活垃圾产生总量的百分比。

城市污水集中处理率是指城市、市区经过城市集中污水处理厂处理，且达到排放标准的污水量与城市污水排放量的百分比。反映一个城市污水集中收集处理设施的配套程度，是评价一个城市污水处理工作的标志性指标。

第五节　提高经济发展质量的路径

提高经济发展质量，必须把立足点放在提高经济发展质量和效益上来，同时重视资源的开发、利用和保护，改善民生，减少环境污染带来的危害和加强环境保护，更加重视经济社会全面发展。

迈克尔·波特（1990）通过研究发达国家的经济发展历程，把经济发展分为要素驱动、投资驱动、创新驱动和财富驱动四个阶段，其中经济发展的第三阶段，即创新驱动阶段是国家或区域经济转型发展的必经阶段，他认为创新驱动是经济体系、技术、制度、组织机构、环境等多个方面综合协调作用的结果，企业依赖自主创新获得竞争优势，并会带动一系列相关企业的发展，形成比较完善的产业集群，形成推动经济发展的新动力，提高经济发展质量。

一、以科技创新形成经济发展依赖的技术创新体系

在提高经济发展质量的过程中，要以科技创新形成技术创新支持体系，通过建立完善的技术创新体系，促进企业发展新产品、新材料，扩大新品种、新花色，加速老产品的更新换代，这样企业才能不断适应市场的需要，扩大原有市场，开辟新的市场，不断提高管理水平和技术含量，从而推动经济发展质量的提高。提高经济发展质量的科技创新目标是：大力推动自主创新，实现从模仿创新到自主创新的转型，形成完备的技术创新体系。

二、以产业创新构建新型产业支持体系

提高经济发展质量需要形成新的产业体系来支撑，需要在产业结构多元化的基础上实现产业结构的高级化。目前，全球面临着第三次产业革命的挑战，以“智能制造”为核心的第三次工业革命可能使全球技术要素与市场要素的配置方式发生革命性变化。在提高经济发展质量的过程中，依据全球第三次产业革命的发展趋势加快产业创新，构建现代产业体系。由于创新是产业技术创新、管理创新和市场创新的集成，通常用产业转型的能力来衡量，在现代产业体系的构建过程中还要提高产业转换能力。因此，提高经济发展质量的产业创新目标是：提高产业转换能力，构建以高端制造和低碳发展为特征的新型现代产业体系。

三、以制度创新为提高经济发展质量提供激励导向

新制度经济学学派认为，良好的制度安排是经济发展的首要保证。影响经济发展的因素很多，制度是决定经济发展质量提高的最根本性因素。只有在制度安排能够促进生产力发展时，才会出现经济发展。制度经济学学者已经证明了制度是经济发展的内生因素。格莱尔德·斯库利（2000）发现：“制度结构的选择对经济效率和增长有深远的影响。法律条件、个人财产、资源配置与市场相结合的开放社会，与那些自由被限制和剥夺的社会相比，其增长率是后者的3倍，其效率是后者的2.5倍。”制度的功能在于激励和约束经济快速、有序和健康地发展，因此，在提高经济发展质量过程中，首先，需要尊重市场规律，依照市场规则、市场价格和市场竞争配置资源，减少政府对资源配置的直接干预，打破要素市场的行政性垄断和区域行业部门的市场分割格局，实现资源最优化配置和效率最大化。其次，市场和政府要相辅相成、优势互补、有机结合。最后，深化产权制度改革，明晰企业各主体的权责利关系，降低交易成本，协调好各方之间的利益关系，鼓励企业自主创新，建立质量效益型激励，为提高经济发展质量提供有利的激励导向。

四、以战略创新为提高经济发展质量形成战略支持体系

过去对于创新的认识中，往往重视技术创新、制度创新与产业创新，而

对战略创新认识不足。从宏观上来看，战略创新实质上是通过发展战略的调整来统筹各方面资源，进而达到协同创新的目的。从微观上来看，现代企业发展受到环境影响的程度越来越大，企业间的竞争越来越激烈，企业运作的风险也越来越大，需要加强战略创新。战略是方向，是力量的有效整合，推行战略管理是提高经济发展质量的必然要求。提高经济发展质量的战略创新目标是：通过引进国外高新技术并进行进一步创新，同时加大对高新技术人才的培养与引进，形成具有自主知识产权的创新体系，在此基础上发展具有比较优势的产业链，带动经济持续健康的发展。

五、以人的全面发展为提高经济发展质量提供持续动力

经济发展的根本出发点和落脚点是不断提高人民群众的生活水平和生活质量，把资源开发与利用、经济发展同改善人们居住环境和提高居民生活水平有机联系，把经济发展的成果更大程度地惠及广大人民群众。在很多发展中国家，企业能源利用效率和产能效率低下，造成企业运营成本高，能源消费现象严重，因此，提高企业特别是中小企业的能效，节约资源，使其有更多的能力投资到设备更新或是优化生产流程上来，进而提高企业的生产效率和竞争能力，增加就业规模和劳动者薪酬水平，以提高劳动者的生活水平。同时，企业减少污染物的排放量，降低人们生病的概率，延长人们的预期寿命，提高人们的健康水平，为经济发展质量的提高提供持续的动力。

六、市场与政府有机结合，优化资源配置，保护环境

市场机制具有优化资源配置的作用，但是存在道德失灵、产品定价失灵等问题。政府可以对宏观经济进行调控，但是也会有干预经济过多的行为，不利于环境保护的现象发生。因此把市场的自发调节机制和政府的宏观调控有机结合，充分发挥市场机制优化资源配置的基础作用，加快经济发展方式的转变。同时，健全和切实落实资源有偿使用制度、生态环境补偿机制和严格的环境保护目标责任制。大力发展节能和环保产业，开发节约能源、可以循环利用、减少污染的先进技术，提高能源利用效率，做好重点流域水污染处理，优化生态环境建设，提高生态效益和经济发展质量。

特别是随着经济的快速增长和人口数量不断地增加，经济发展规模将进

一步扩大，工业化和城市化进程也会不断加快，居民消费结构逐渐变化，资源需求持续增加，资源供需矛盾和环境压力将越来越大。面对这一严峻挑战，必须要加快资源节约型社会建设步伐，否则资源难以为继，环境难以承受，新兴工业化难以实现。这就要求我们在努力推进资源节约型社会建设的过程中，形成有利于节约资源和保护环境的生产方式和生活方式，以最少的资源消耗、最小的环境代价来实现经济社会的可持续发展。

第十六章

公共服务质量的经济学分析

公共服务是公共产品的重要组成部分，它是指由政府或公共组织提供的具有共同消费性质的公共物品和服务，是市场中占有很大比重的一种社会消费。公共服务的质量决定着经济增长和经济发展的水平与质量，一方面公共服务体系的完善有助于减少居民的预防性动机，从而促进消费、扩大消费需求，为经济增长提供驱动力；另一方面公共服务的质量决定人力资本积累的质量，通过公共服务质量能够提高人力资本积累的水平，从而促进经济发展。因此，本章主要研究公共服务质量的内涵、特征、标准及其评价指标。

第一节　公共服务质量的内涵

一、公共服务的内涵

目前学界是从经济学和市场营销学角度定义服务的。亚当·斯密《国富论》中提出“非生产性劳动”，诸如家仆、律师、医生和演艺活动等均属“非生产性活动”。此后的马克思认为“服务这个名词，一般地说，不过是这种劳动提供的特殊使用价值，……但是这种劳动的特殊使用价值在这里取得了‘服务’这个特殊名称，是因为劳动不是作为物，而是作为活动提供服务的……"[①]，指出服务为劳动的特殊使用价值，提供各种活动形式，与商品具有实物形式，只是形式上的不同。

20世纪中期市场营销学对服务开始进行界定，1960年美国市场营销协会最先对服务定义为"用于出售或者是与生产品连带出售的活动、利益或满足感"[②]。进入90年代，著名服务营销学家格罗鲁斯教授在前人基础上，提出服务为"或多或少具有无形特征的一种或一系列活动，通常发生在顾客同服务的提供者及其有形的资源、商品或系统相互作用的过程中，以便解决消费者的有关问题"。此外，1999年市场营销专家菲利普·科特勒认为，"服务是一方能够向另一方提供基本上是无形的任何活动或利益并且不导致任何所有权的产生，它的生产可能与某种有形产品联系在一起，也可能毫无关联"[③]。

依据公共产品理论，学界研究通常将公共服务和公共产品混合使用。公共经济学对公共产品的阐述为，纯公共物品具有完全非竞争性消费和非排他性的特征，比如国防，在这个意义上，政府提供的许多公共物品都不是纯公共物品，但是在一定程度上具有其中的一个特征。[④] 从一定意义上，公共服务源于公共产品理论，公共服务也具有或部分具有非竞争性和非排他性，公共服务也会由于市场失灵而存在外部性，而无法通过市场机制解决。但在公共经济学理论中经济学家并没有具体阐述公共服务，只是将私人产品作为对应概念进行解释，因此，公共服务又区别于公共产品，体现在服务的抽象性（无形性）、不可分割性（生产和消费同时进行）、易逝性、无产权转移性。

二、公共服务质量的内涵

关于公共服务领域中"质量"一词始于西方国家公共部门质量管理运动的兴起，但它并不是一个新概念，在新的行政范式下，质量不再被视为隐

① 《马克思恩格斯全集》第26卷，人民出版社1972年版，第435页。

② 雷江升：《服务及服务质量理论研究综述》，《生产力研究》2007年第20期，第148—150页。

③ 郭国庆等：《服务营销管理》，中国人民大学出版社2005年版，第4页。

④ ［美］约瑟夫·E. 斯蒂格利茨：《公共部门经济学（第三版）》，郭庆旺译，中国人民大学出版社2005年版，第110—115页。

含的辅助性要求，而是作为一个独立的概念出现，贝尔特米（Beltrami，1992）将公共部门质量的演变划分为三个阶段，遵守规范和程序意义上的质量、有效性（效益）意义上的质量、顾客满意意义上的质量。第一个发展阶段强调公共部门在服务中的规则性及准确性，是否按规章制度办事。到第二个发展阶段，随着城市化进程加快，公共需求不断增加，公共服务供给往往低于最优数量，这时“经济、效率和效益成为公共行政的核心价值取向”[①]，这个阶段更强调公共服务的有效性。公共服务的主体是公民，以公民需求为归宿应是公共服务的初衷，因此随着社会经济发展，公共服务质量以顾客满意度为诉求，调整其行政理念和价值取向。

三、公共服务质量的特征

公共服务质量作为一种特殊的服务，不仅具有服务的一般性属性，而且还具有特殊性属性，即公共服务质量是一种主观评价的质量。

1. 互动性

公共服务的抽象性决定其无法通过实物来体现，公共服务质量只能在供给与需求互动过程中形成，因此互动过程中需求者满意度最为重要。

2. 滞后性

公共服务生产和消费的同时性决定对公共服务质量的评价具有滞后性，因而存在供给不能满足有效需求的问题，带来公民对公共服务质量的抱怨。

3. 差异性

对公共服务质量的评价与服务对象直接相关。不同的需求者由于自身条件的约束导致对公共服务的感知也是不同的，即存在差异性。

4. 依附性

公共服务质量需要依附于有形产品上，美国詹姆斯·A. 菲茨西蒙思等人的“服务包”理论认为，服务应由支持设施、辅助物品、显性和隐性服务组成。

① 张锐昕、董丽：《公共服务质量：特质属性和评估策略》，《北京行政学院学报》2014 年第 6 期。

第二节　公共服务质量的标准

标准化是工业领域进行产品管理的重要方法，为经济全球化、提高人民生活质量、促进技术进步以及企业高效管理等方面作出重要贡献。随着公共服务供给的不断增加，标准化管理在公共服务领域发挥重要的作用，对于提升公共服务质量、改善民生有着内在的必要性。有关公共服务标准化思想起源于20世纪下半叶的西方，20世纪80年代开始逐步得到广泛应用和发展，新公共管理理论强调将生产管理的方法引入公共服务领域，标准的制定要满足科学性、公平性和全面性。推行政府公共服务标准化，能够提升政府的公共服务质量，促进我国服务型政府的建设。

一、公共服务质量标准的界定

公共服务涉及政府供给和公众需求，为提高公共服务质量其标准化也要涉及这两大领域，并能够在公共领域中实现社会效益最大化。由于学界并没有对公共服务质量的标准进行界定，那么我们根据对公共服务标准的界定及公共服务质量的内涵和外延对其进行内涵界定。为提高公共服务质量而制定公共服务标准，使得公共服务遵守预定的法律程序和行政规范，公共服务方法合规，从而使公共服务质量达到预先设计的结果，使公众获得优质的公共服务。

二、公共服务质量标准体系

公共服务质量标准是公共服务标准体系中的核心部分，主要包括政府公共服务质量指标标准系列、政府公共服务流程质量标准系列、政府公共服务质量控制标准系列、政府公共服务软件体系质量标准系列。[①]

1. 公共服务质量指标标准

设立公共服务质量指标体系，体现对各项公共服务质量控制要求，这些指标设计要分层次、多维度，我们通过判断公共服务是否满足指标体系来判

① 钟瑛：《政府公共服务标准体系研究》，世界图书出版社2011年版，第80—81页。

断其服务质量，以此使公共服务质量有根本的改进。

2. 公共服务流程质量标准

将公共服务组织中所有部分按一定的逻辑顺序和规则连接起来完成服务目标的相关活动。公共服务流程质量标准体现一种逻辑顺序、确定规则的原则和基本思路。[①] 通过将公共服务的各个环节进行规划，比如服务设计、服务提供、服务管理、服务反馈等来使公共服务质量满足质量标准。以此杜绝传统官僚体制下的官场病以及不断膨胀的政府机构。

3. 公共服务质量控制标准

对各项公共服务质量制定出检验标准。对任何服务需求都要面向公众，以公众满意度作为服务质量评价准则。公众评价的方法可以定性，比如便捷程度、安全、健康等，也可以定量分析，比如时间长短、数量多少等。

4. 公共服务软件体系质量标准

该标准主要考查公共服务水平，包括公共服务人员配备（具有执业资质的服务人员）、公共服务信息标准、公共服务组织标准。公共服务过程可能是人与人的接触，也可能是人与物的接触，制定软件体系质量标准既可以使公共服务人员更好地服务公众，又可以促使机器设备（信息）功能的极大发挥和公共服务对物质资源的有效供给。

第三节　公共服务质量的决定因素

一、增加公共服务领域的财政支出

在公共服务领域，为防止政府失灵而增加第三部门和私人部门，通过市场化运营机制来提升公共部门服务质量，但政府是公共服务提供主体，财政在这方面投入的多少很大程度上决定了公共服务质量，同时也反映出政府在公共服务领域的政策导向。比如社会保障支出占财政支出的比重，社会保障制度由政府主办，并由财政兜底，社会保障支出在财政支出中的比重越大说

① 李上：《公共服务标准化体系及评价模型研究》，中国矿业大学2010年博士学位论文，第43页。

明财政用于社会保障制度的支出越多，社会保障制度抵御风险的能力越强[①]，越能满足公众的需求。

二、城乡公共服务均等化

改变城乡公共服务现状，实现公共服务均等化，是提升公共服务质量的重要因素。但长期以来，城乡二元经济社会结构不仅造成城乡经济社会发展失衡，也造成公共服务不均等化，更加剧社会不公现象以及城乡收入差距等问题。提供公共服务是政府实施国民收入再分配的重要职能，应该面向全体社会成员，不应有所偏颇，要满足农村居民对公共服务的需求，帮助他们摆脱贫困，缩小城乡在公共事业领域的差距。只有城乡公共服务均等化，才能谈如何提高公共服务质量。

三、转变政府执政理念

在中国向市场经济体制转轨之后，经济发展速度很快，我们利用 30 年的时间创造了“中国经济增长奇迹”，但政治体制改革滞后于经济体制改革，“官本位”政府执政理念在两千多年之后依旧得到延续，公务人员往往将仕途作为事业选择追求，而不是考虑如何更好地为公众服务。自党的十六届三中全会对服务型政府作出全面部署，标志着一个为公众提供公共产品和公共服务的全新政府建立。服务型政府是关注百姓利益、需求和愿望的，因此要增加在义务教育、医疗卫生、社会保障、就业和培训、环境保护、社会安全等方面的公共服务。只有政府秉承“民为贵，社稷次之，君为轻”的执政理念，才能真正在服务过程中，提高公共服务质量。

第四节　公共服务质量的评价指标体系

公共服务是基于公共物品基础上的延伸，提供者是政府，需求者是公众，公共服务质量评价指标体系反映的是公众在社会生活中享受到公共服务带来的便利以及福利程度。2004 年前总理温家宝在中央党校省部级主要干

① 朱楠：《基于转型风险的中国经济安全机制研究》，中国经济出版社 2014 年版，第 73 页。

部研修班结业式讲话中指出，提供公共产品和服务，包括加强城乡公共设施建设、科技、文化、卫生、体育等公共事业，发布信息等，为公众生活和参与经济、政治、文化等活动提供保障和创造条件。基于我们对公共服务的界定，在中央对公共服务的描述和其他文献研究的基础上，将公共服务质量体系分为：基础教育、医疗卫生、社会保障和就业、公共安全、基础设施、公共环境、科技信息、文化传媒八个维度。

基础教育主要衡量九年义务教育阶段政府对基础教育的投入和扶持，因此从每个教师负担学生数、财政对公共教育的投入、义务教育机构密度、大众识字率等内容描述基础教育领域公共服务质量。医疗卫生主要从财政对公共卫生保健的支出、公众对卫生技术人员和卫生设施的拥有量、传染病发病情况来考察。社会保障和就业维度应该使用城乡各项社会保险的覆盖率（参保率）等指标来描述，但没有相关数据只能用社会保障和就业支出占财政支出比重、新农合补偿受益人次、老年福利、失业率等方面来考察。公共安全本应使用各省刑事、民事、行政案件立案数量、生产事故死亡人数、信访人数等指标，但数据不可获得，只能使用城乡收入水平差异、公共安全占财政支出比重、万车死亡率等指标从其他侧面来反映公共安全。基础设施以燃气的普及、公共交通、交通运输路线密度和通达率来说明基础设施公共服务质量情况，其中有个别省份燃气的用气人口数据缺失，改为城市天然气的普及率。公共环境使用节能环保支出占财政支出比重、城市生活垃圾无害化处理率、森林覆盖率、人均绿地面积等指标能够很好地表述公共环境的公共服务质量情况。科技信息本应使用每百万人中从事研究与开发的科学家和工程师数量、每百万人中从事研究与开发的技术人员数量两个指标来反映公共服务在科技方面的情况，但由于数据缺失，改为科技支出占财政支出比重，在信息方面使用公用电话拥有量和互联网普及率两个指标。文化传媒从文化传媒支出占财政支出比重、有线广播电视和广播节目覆盖率、公共图书馆馆藏量等方面对其进行描述。以上八个维度的具体指标体系和指标计算方法见表 16-1。

表 16-1　公共服务质量评价指标体系

目标层	准则层	指标层	各指标计算	属性
公共服务质量评价指标体系	基础教育	每十万人口小学平均在校生数（人）	—	正
		每十万人口初中平均在校生数（人）	—	正
		普通小学生师比	—	逆
		普通初中生师比	—	逆
		义务教育机构密度	（小学+初中数量）/各省土地面积	正
		公共教育支出占财政支出比重（%）	公共教育支出/财政支出	逆
		文盲率（%）	15 岁以上的文盲人数/15 岁以上总人口数×100%	正
	医疗卫生	医疗与计划生育支出占 GDP 比重（%）	医疗与计划生育支出/GDP	正
		每千人口拥有卫生技术人员（人）	—	正
		每千人口医疗卫生机构床位（张）	—	正
		甲乙类法定报告传染病发病率（%）	—	逆
	社会保障及就业	社会保障和就业支出占财政支出比重（%）	社会保障和就业支出/财政支出	正
		每千人口社会服务床位数（万张）	—	正
		住房保障支出占财政支出比重（%）	住房保障支出/财政支出	正
		城镇登记失业率（%）	—	逆
		新农合补偿受益人次	—	正
	公共安全	公共安全支出占财政支出比重（%）	公共安全支出/财政支出	正
		城乡收入水平差异	城乡居民人均可支配收入与农村居民人均纯收入之比	逆
		万车死亡率（人/万车）	交通事故的死亡人数/机动车拥有量×10000%	逆
	基础设施	城市天然气普及率	城市天然气用气人口/城市人口总数×100%	正
		每万人拥有公共交通车辆（万人次）	公共交通运营车台数/城市人口数	正
		公路里程/人口数	—	正
		铁路里程/人口数	—	正
	公共环境	节能环保支出占财政支出比重（%）	环境保护支出/财政支出	正
		城市生活垃圾无害化处理率（%）	—	正
		一般工业固体废物利用率（%）	一般工业固体废物利用量/产生量	正
		森林覆盖率（%）	—	正
		城市人均绿地面积（%）	—	正
	科技信息	科技支出占财政支出比重	科技支出/财政支出	正
		R&D 经费/GDP	—	正
		每千人拥有公用电话数（部）	—	正
		互联网普及率（%）	—	正
	文化传媒	文化体育传媒支出占财政支出比重（%）	文化体育传媒支出/财政支出	正
		广播节目综合人口覆盖率（%）	—	正
		有线广播电视用户数占家庭总户数的比重（%）	—	正
		人均拥有公共图书馆馆藏量（册）	—	正
		每万人拥有公共图书馆建筑面积（平方米）	—	正

第五节　提高公共服务质量的路径

一、建设服务型政府，提高公共服务供给质量

党的十六届六中全会首次提出建设服务型政府，强化其社会管理和公共服务职能。党的十八大强调建立职能科学、结构优化、廉洁高效、人民满意的服务型政府。这种服务型政府是区别于以往的全能型和审批型政府的，其主要职能是为全社会提供公共产品和服务，其核心围绕着公共财政和预算以及转移支付的财政导向，通过财政预算硬约束保障公共财政的合理使用，这种合理使用是把钱投入民生项目中，比如基础教育、公共安全、公共环境、基础设施、社会保障和就业、医疗卫生、科技信息、文化传媒等方面。各省建立服务型政府，提高公共服务质量关乎各省经济发展和社会稳定，关乎整个国家未来改革结果和人心向背。

二、缩小公共服务质量在区域间和省份间差距

我国不仅存在经济间区域发展不平衡，而且存在公共服务质量的不平衡，公共服务质量关乎公众的安居乐业，关乎政府的执政能力，若任其发展将造成整个经济社会不可持续发展。首先，缩小公共服务质量在区域间的不平衡，不发达地区的公共服务质量总体低于发达地区，除中央重点扶持的西部省份，一些西部省份包括部分中部省份，由于自然、地理和历史问题制约着这些地区公共服务质量的发展，西部大开发、中部崛起、东北老工业基地振兴、“一带一路”等项目实施过程中，不仅仅关注对本区域经济的发展，还应重视对公共服务领域的扶持，落实基础公共服务均等化。

缩小公共服务质量在省份间的差距，由于我国实行财政分权制度，教育、社会保障等公共服务的提供由地方政府来配置，因此各省的经济发展水平决定了公共服务质量水平，在我国省级以下政府是公共服务的主要提供者，而可支配财政却比较低，这种财权和事权的分离，不利于统筹公共服务质量均衡发展。因此，我们财政分权的目的在于调动地方经济发展积极性，利用地方政府比中央政府拥有更多的信息，更了解当地居民对公共服务的需

求，但要注重合理分配中央与地方政府，以及各级政府在财权和事权之间的关系，在基本公共服务领域全国一盘棋，中央政府要统筹协调全国公共服务质量，地方各级政府辅助实施。

三、构建以公共服务质量为核心内容的政府考核体系

中国分权式改革的一个重要机制是，上级政府通过考察下一级政府辖区的经济发展（尤其是 GDP）的相对绩效来晋升地方官员。[①] 这种将 GDP 作为相对绩效考评指标，导致各省政府会关注可测度指标而忽略长期影响，会优先考虑资本拥有者的利益，而公众的利益则很容易被忽略。因此，一方面树立政府公务人员的公共服务观念，受传统行政管理影响一些公务人员缺乏公共服务的意识，仍倾向城市的经济增长，因此形成公共服务意识显得尤为重要。另一方面科学构建以公共服务质量为核心的考核评价体系，对公共服务进行数量和质量上的评价，尤其是质量上的评价，可以借鉴西方公共管理理念，以公众需求为导向，形成以公众满意度为导向的公共服务质量，有效形成“投入—生产—满意度”的考核体系。

四、建立公共服务质量监督体系

目前，我国公共服务质量监督体系不完善也影响了公共服务质量的提升，一是各级政府构建政务信息网络，借助信息平台加快政务信息透明化和公开化；二是健全社会保障、医疗卫生、公共安全、文化传媒、公共安全、基础教育等领域的法律法规，并将公共服务的监督工作纳入法制化管理轨道；三是调动公众、媒体、服务供给方在内的利益相关者参与到公共服务监督中，并形成政府内部自我监督监管机制。

五、政府供给主导下的多元化供给机制

梯布（Tiebout）公共品提供模型指出，分权式的财政可以提高资源在不同地区之间的配置效率，比如教育，地方政府比中央政府更了解当地居民

---

① 王永钦等：《中国的大国发展道路——论分权式改革的得失》，《经济研究》2007 年第 1 期，第 4—16 页。

的真实偏好，因此地方政府在教育资源的数量和性质方面配置效率更高。由于我国存在基础公共服务不均衡现象，在分权财政体制下，公众可以通过搬迁居住地“用脚投票”形式，提高公共品资源利用的组织效率。但这就会引起完全按收入分层的群分现象，因此有必要引入其他机制提高公平和配置效率：一是引入竞争机制，比如在教育领域中，引入私立学校，形成公立学校和私立学校竞争的机制，有利于优质教育资源的合理分配；二是引导社会力量进入，在公共服务领域中除纯公共物品需要政府提供外，其他公共物品可以由市场、非营利社会组织、社区、志愿者等社会力量进行供给；三是运用多元化的供给方式，政府可以通过购买公共服务、外包服务、委托项目、特许经营等多种形式实现公共服务供给。

第十七章
对外贸易质量的经济学分析

对外贸易质量不仅应该包含贸易自身发展的因素，也应该包含贸易对经济、社会、生态等方面的积极影响，是衡量一国贸易发展水平的重要指标。全面准确地评价一国对外贸易质量，不仅需要关注对外贸易规模是否增长、贸易结构是否优化以及贸易条件是否改善等因素，还需要判断对外贸易发展是否促进了国民经济的增长、是否改善了一国生态环境、是否调节了福利分配的平衡。因此，需要各级政府和市场主体在扩大贸易规模的过程中，逐步依靠科技提高产品质量，优化进出口产品与市场结构，同时鼓励收入分配体制和环境规制政策创新，强化贸易发展对收入分配的调节作用，降低贸易发展对生态环境的影响，从而实现提高对外贸易质量的目标，最终发挥对外贸易对一国或地区经济发展的促进作用。

第一节　对外贸易质量的内涵

从现有文献来看，学界对中国贸易质量的认识经历了从狭义到广义的过程。学者潘永源（2002）较早在狭义层面探讨了对外贸易质量问题，认为贸易质量取决于外贸基本功能的发挥，需要从贸易产品结构、进出口商品数量、贸易条件以及涉外企业生产状况等角度进行评价。杨倩（2006）主要从贸易发展角度探讨了对外贸易质量问题，从对外贸易地区结构、产品结构、贸易方式等角度进行分析，虽然没有对贸易质量做具体评价，但其强调了贸易质量对经济安全、经济增长、社会福利等方面都具有重要影响。之后的学者为了研究需要，将贸易产品质量经常等同于贸易质量，认为贸易产品质量越高则对外贸易质量越好，需要通过转变贸易方式、优化贸易产品结构逐步改善中国对外贸易质量较低的不利局面（武敬云，2012），或者通过完善资本市场体系、规避市场风险逐步提高中国贸易质量（姚博，2013），也有学者从贸易价格条件指数角度分析中国贸易质量，认为环境代价、生产效率以及家庭消费对贸易质量有显著影响（喻志军和姜万军，2013）。

可是从狭义角度的分析并不能全面涵盖对外贸易质量的主要内容，于是有学者开始试图通过构建指标体系讨论对外贸易质量的变化趋势及其影响因素，较有代表性的研究是黄国华等（2007）对中国城市贸易质量的评价，他们选取2005年城市统计数据，利用18个具体指标测度了中国部分城市的外贸质量情况，指出提高城市贸易质量还需在贸易产品结构、贸易方式等方面作出调整（张曙光，2007）。后来的学者如何莉（2010）将贸易质量的界定延伸到了社会效益层面，在研究过程中将贸易质量分为贸易发展质量和贸易效益质量两个维度，再从10个指标对中国对外贸易质量进行评价。可是由于该指标体系并未涵盖广义层面贸易发展对经济、社会以及生态效益的影响，故而在其后续研究中，重新从贸易条件、贸易结构、经济效益、社会效益等维度选取18个指标，利用层次分析法（AHP）对1990—2009年中国对外贸易质量进行了综合分析（何莉，2011）。和前述界定相比，朱启荣和言英杰（2012）进一步将贸易对生态环境的影响也纳入贸易质量的评价框架体系之内，同时构建的指标体系更强调了对外贸易发展对经济、社会、生态三方面的影响。

归纳来看，对于对外贸易质量的界定不仅应该包含贸易自身发展的因素，也应该包含其对经济、社会、生态等方面的积极影响，所以本章强调对外贸易质量的提高应该是在对外贸易总量提高的过程中，对外进出口贸易产品质量有所提高，同时对外贸易进出口产品结构、贸易条件、贸易方式等方面进一步优化，而且贸易增长能够对国民经济增长发挥促进作用，能够对一国的福利分配起到调节作用，也能够不断改善一国经济发展面临的生态环境。

第二节　对外贸易质量的标准

根据对对外贸易质量的理论界定，判断一国对外贸易质量是否提高，应该结合以下几个方面内容进行评价。

一、贸易产品质量是否提高

贸易产品质量主要强调贸易产品的单位价值的高低，一国贸易产品单位价值越高，说明消费者对于该产品具有较高的支付意愿，反映出该贸易产品具有较高的质量水平，也进一步说明本国产品在国际贸易垂直化分工体系中具有一定的地位和优势。基于此，评价一国对外贸易质量的标准，应该先衡量其在对外贸易过程中，产品质量是否有所提升。

二、对外贸易条件是否改善

传统贸易理论认为，贸易条件是反映一国对外贸易福利水平是否改善的重要指标和衡量工具，学者们普遍通过比较进出口商品价格指数的变化情况来衡量一国贸易条件是否改善：如果贸易条件改善，意味着通过贸易规模的扩大能够对本国全体居民福利水平的提升起到显著的促进作用，能够在不改变出口产品数量的条件下获取更多数量的国外商品，是一国贸易质量提升的重要体现。

三、对外贸易结构是否优化

贸易结构的优化设计体现在对外贸易的多个方面，其中既包括进出口贸易产品的结构，也包括对外贸易的国别结构以及区域结构等。贸易产品结构改善主要看高新技术产品以及工业制成品在对外贸易中的比重是否提升，也是反映进出口产品质量改善的重要内容，而对外贸易的地区结构和国别结构主要强调了贸易市场的分散程度，通常来讲一国对外贸易的市场和国别越分散，对外贸易活动受到外国某一市场的冲击就越小，本国的贸易质量也就越高。

四、对外贸易的增长效应是否发挥

按照支出法核算的国民收入，贸易是拉动经济增长的三大因素之一，对外贸易质量的评价离不开其对经济增长的贡献。一般来讲，如果贸易规模扩大，尤其是伴随净出口的增长，对外贸易能够拉动本国经济平稳增长，构成本国国民收入增长的动力因素之一，表明对外贸易的增长效应得到了充分体现；另一方面，对外贸易的增长效应，还体现在对本国增长效率的提升，由于贸易具有技术模仿和溢出的作用，能够为本国贸易部门以及相似产业部门的生产和管理提供借鉴，从而提高整个产业乃至行业的生产效率，成为促进本国增长效率的有利因素。所以，衡量对外贸易质量，需要将贸易的增长效应考虑在评价标准当中。

五、对外贸易的环境效应是否发挥

对外贸易对于生态环境的影响是多方面的，多数情况下，受“污染天堂”假说的影响，认为发展中国家在较低的环境规制标准下，吸引了大批发达国家产业的转移，发达国家则利用发展中国家低廉的生产环境成本，很可能在生产过程中增加污染物的排放，在实现东道国贸易总额快速增长的过程中，对本国环境产生了较大的负面影响。所以，在讨论对外贸易质量标准的过程中，不能忽视贸易对生态环境的影响，而如何有效评价对外贸易的生态环境效应也是当前学者讨论的热点问题之一。

六、对外贸易的福利分配效应是否发挥

国际贸易对于一国的福利分配影响是多方面的：一方面，通过贸易规模的扩大，为本国居民提供了消费品的多样性，促进了居民福利水平的提高；另一方面，贸易总额的扩张，按照传统要素禀赋理论，随着贸易部门增长，相应行业劳动力收入份额也会增加，进一步通过初次分配和二次分配，将对本国国民收入分配起到有效的调节作用。相反，若一国贸易结构不合理，或者贸易收入机制不完善，随着贸易总额的增长，反而会加剧本国国内收入分配的不平衡，降低了本国对外贸易质量水平。

第三节 对外贸易质量的决定因素

一、要素禀赋条件

从古典贸易理论开始，至当期比较流行的国际贸易新理论，它们都强调了一国本身具有的要素禀赋条件是决定一国开展对外贸易的基础，尤其是一国的对外贸易产品结构往往受到要素禀赋条件的制约。发展中国家往往劳动力资源丰富，资本相对匮乏，相比较而言劳动力成本具有比较优势，而发达国家由于工业化进程中劳动力转移基本结束，劳动力成本较高，资本和技术相对使用成本较低，这也正如贸易理论所预测的结果，发展中国家贸易结构往往呈现出口劳动密集型产品、进口资本密集型产品和技术密集型产品的贸易模式，而发达国家普遍表现为出口技术密集型产品和资本密集型产品、进口劳动密集型产品的贸易模式。这也在一定程度上表明，一国贸易产品、贸易结构等内容的调整和变化应该与本国要素禀赋条件相适应。

二、技术研发和进步水平

贸易规模的扩大、贸易结构的优化等因素依赖于国家以及相关产业技术进步水平的支撑，尤其是贸易产品的技术含量是决定一国贸易产品国际竞争力的首要因素。一方面，从静态角度考虑，国家和产业整体科学技术研发水平的高低是决定一国出口产品质量的核心因素，产品质量越高越有利于提高产品的国际竞争力，从而为贸易规模的扩张提供前提。另一方面，从动态角度来看，技术进步速度的快慢，也是影响发展中国家贸易模式转换的重要因素，尤其是在国际技术贸易环节处于“落后地位”的发展中国家，可以通过有利的技术创新发挥“后发优势”，实现一国经济的“蛙跳”，从而“赶超”处于领先地位的发展中国家，实现贸易模式的转型。

三、制度基础

要素禀赋、技术进步两个因素主要影响一国对外贸易质量的产品质量、贸易结构等因素，而一国的制度基础则在很大程度上制约着对外贸易增长效应、福利分配效应以及生态环境改善等内容的发挥。首先，对外贸易战略和政策直接影响未来贸易模式的转化，发展中国家为了实现经济快速发展和转型，往往采用“以邻为壑”或者“进口替代”“出口导向”型的贸易政策，通过贸易政策严格限制进出口产品的结构、进出口总量，从而对本国贸易质量进行调整；其次，一国的金融发展和货币政策也是影响对外贸易质量的重要因素，例如在金融发展过程中，如果仅强调对外资总量引入做要求，而不注重外资质量的引入，很可能导致进出口产品不协调，甚至是产业链“低端锁定”的困境，不利于本国贸易质量的改善，尤其是低质量的外资引入，由于不能产生较好的技术外溢效益，对于本国技术水平和增长效率的提高，将不能发挥有效的促进作用，如果在外汇管理制度方面，通过调整汇率变化可以在短期内直接影响一国对外贸易的进出口结构，从而对对外贸易质量产生影响；再次，收入分配制度是约束对外贸易收入分配效应的重要因素，根据斯托尔帕—萨缪尔森定理，随着贸易部门扩大，参与贸易部门的劳动力收入份额会逐步提高，不仅提高了本国居民收入水平，同时也能够有效改善本国收入分配的不平衡局面；最后，一国的环境规制政策对于提高贸易质量有重要意义，目前比较流行的理论假设“污染天堂”认为，发展中国家由于生产水平和技术能力有限，往往在生产过程中设置较低的环境标准，这使得发达国家能够将具有污染的生产线转移到发展中国家，利用低廉的环境成本获取贸易收益，而对于东道国而言贸易规模的扩大，将伴随生态环境破坏的加剧，会限制贸易质量的改善，因此设置恰当的环境规制政策，对于提高对外贸易的环境改善效应有着积极作用。

第四节　对外贸易质量的评价指标体系

根据前述对对外贸易质量的理论界定以及相应的评价标准，我们将从五个维度、八个分项维度、二十四个基础指标对对外贸易质量进行评价（见表 17-1）。

表 17-1　对外贸易质量的指标评价体系

方面指数	分项指标	基础指标	计量单位	指标属性
对外贸易的产品质量维度	——	出口产品单位价值	元	正指标
对外贸易的发展维度	对外贸易的规模维度	人均贸易总额	元/人	正指标
		贸易依存度	%	适度指标
		贸易增长率	%	正指标
	对外贸易的结构维度	工业品贸易占贸易总额比重	%	正指标
		高技术产品占贸易总额比重	%	正指标
		出口市场分散度	—	正指标
		进口市场分散度	—	正指标
	对外贸易的竞争力维度	货物贸易占国际市场份额	%	正指标
		货物贸易竞争力指数	—	正指标
		服务贸易占国际市场份额	%	正指标
		服务贸易竞争力指数	—	正指标
对外贸易的经济效益维度	——	贸易条件	—	正指标
		加工贸易增值率	%	正指标
		出口增长贡献率	%	正指标
		进口增长贡献率	%	正指标
对外贸易的社会福利维度	——	外贸就业贡献率	%	正指标
		进口占社会消费总额比重	%	正指标
		外贸的收入分配影响力	—	正指标
对外贸易的生态环境维度	对外贸易的能源效率维度	出口贸易的能源利用效率	%	正指标
		进口资源性产品占进口比重	%	正指标
	出口贸易的环境效率维度	出口行业废气排放强度	—	负指标
		出口行业废水排放强度	—	负指标
		出口行业固体废弃物排放强度	—	负指标

一、对外贸易的产品质量维度

主要利用出口产品单位价值进行测度，具体计算过程利用出口产品价值除以产品数量表示。

二、对外贸易的发展维度

该维度主要分三个指标进行测度，包括对外贸易的规模、对外贸易的结构变化情况以及对外贸易的竞争力，其中贸易规模维度主要利用人均贸易总额、贸易依存度以及贸易增长率进行衡量，其中贸易依存度为适度指标；对外贸易结构变化主要利用贸易产品结构、地区分布结构进行测度；竞争力分项指标的测度主要考虑货物贸易和服务贸易在国际市场中的份额。

三、对外贸易的经济效益维度

主要通过外贸对经济增长影响的强度进行衡量，具体利用贸易条件、加工贸易增值率以及进出口增长的贡献率三个基础指标进行测度。

四、对外贸易的社会福利维度

该维度从三个方面进行衡量，一是贸易部门扩张对就业的影响，反映了贸易增长的就业效应；二是贸易规模扩张对消费者选择的影响，主要通过进口贸易与社会消费总额比较判断进口为本国消费居民提供可供选择产品的范围的大小；三是外贸的收入分配效应，主要考虑各地区贸易发展对收入分配的调节作用，这里在计算过程中主要利用各地区贸易部门占各区域收入总额比重的方差来衡量。

五、对外贸易的生态环境维度

该维度主要从两个方面进行衡量，一个是贸易发展对资源的利用程度，另一个是贸易发展对环境的影响，前者主要从贸易部门的能源利用率角度进行测定，后者则主要考查出口部门在工业“三废”方面的排放情况。

第五节 提高对外贸易质量的路径

通过对对外贸易质量评价标准和决定因素进行分析，可以看出要提高一国的对外贸易质量，则需要在以下几个方面采取积极措施。

一、依靠科技创新，提高产品质量

首先，依靠本国要素禀赋条件，逐步构建起完善的科技创新体系，逐步实现本国创新效率的快速提升；其次，选择和培育一批具有开发潜力的出口企业和行业，促进高科技技术产品的出口，提高出口产品附加值，提高出口产品的国际竞争力，实现出口产品由低附加值向高附加值转变；再者，政府要准确评估本国要素禀赋结构变化的演变趋势，从而积极发挥政府在产业结构变迁过程中的引导作用，通过相关政策扶植具有发展潜力的高科技产业，为本国高技术产品的成熟和发展提供政策保障；最后，积极调整相应的对外贸易政策，实施一定的出口优惠和相应的进口限制，鼓励出口部门相关企业，积极“走出去”参与国际市场竞争，在竞争的过程中提高本国出口产品竞争力，尤其是在高新技术产业还不够成熟的前提条件下，要积极引进和管理高技术产品的技术引进工作，注重发展中国家与技术成熟发达国家之间谈判和合作能力的提升，维护本国利益不受侵害。

二、优化进出口产品结构，提高对外贸易质量

第一，对于发展中国家而言，往往要在发展高新技术贸易的过程中，充分发挥本国固有传统产业的比较优势，尤其是巩固劳动密集型和资源密集型行业相关产品的对外贸易，通过加快发展相关产业的出口，为发展中国家的劳动力转移以及缓解资金缺口等问题的解决提供一定的支持条件，而且还有在扩大传统贸易过程中，注重对劳动密集型和资源密集型行业的生产技术进行升级改良，提高相关出口产品的科技含量，走集约型的出口增长方式，从而使现有具有出口优势的产品能够在长期的发展过程中，实现产品的换代升级，保持持久的竞争力。第二，大力发展具有战略意义的新兴产业，尤其是通过税收和财政补贴等措施，鼓励重点企业实现局部领域的关键突破和跨越

式发展，为高新技术产品出口提供技术支持。第三，强调外资的引进，吸收先进的管理经营和模式，引导外资向未来具有比较优势的高新技术产业转移，积极利用外资加快本国出口贸易结构升级，为进出口结构的调整提供条件。第四，在积极开展传统货物贸易过程中，要强化对服务贸易和技术贸易的支持和开发力度，目前国际服务贸易往往处在价值链的高端，所以需要根据本国产业调整的需要，挖掘具有服务贸易潜力的部门和企业，发挥一国在产业链中的比较优势，开拓金融、运输、保险等领域的国际市场，从而为进出口产业的优化和提升提供方向。第五，在扩大进口贸易的过程中，要适时调整进口产品结构，尤其是尽量避免低端技术和产业在本国的重复建设，鼓励本国企业在有能力的条件下对进口产品实现引进—吸收—生产的转变。第六，要注意在贸易扩张过程中，重视平衡贸易部门和非贸易部门之间的比较收益，特别是在发展本国比较优势产业过程中，注重本国居民生活资料和生产资料的进口和引进，从而保障居民基本的生活权利。

当然，在调整产品出口结构过程中，始终要保证其与本国产业结构调整相适应，产业结构的转变方向往往决定了一国进出口结构的转变进程，通过进出口产品结构的调整，能够为产业结构的调整形成具有潜在优势的产品和行业，逐步改善本国要素资源配置向技术含量较高的产业转移，最终为贸易增长方式的转变提供有利条件。

三、注重对外贸易的市场结构和区域结构，防范市场风险，提高对外贸易质量

首先，要巩固和维护好原有比较优势产品所占据的市场份额以及市场空间，鼓励对外贸易企业要适时调查国际市场和需求群体的变化情况，积极改进产品生产工艺，促进产品换代升级，满足国际市场需要，在激烈的国际竞争中，维护固有的市场地位。其次，要积极开拓新兴市场，优化贸易产品区域地理结构，采取恰当的营销和管理模式，向具有消费潜力和能力的国家和区域推广相应的消费品和工业品，使出口产品市场的需求结构趋于扁平化。再者，要密切关注特定贸易伙伴的经济发展状况，适度调整与特定贸易伙伴的贸易依存度，在对外贸易伙伴依存度较高的情况下，当伙伴国经济存在经济下行压力时，也会对本国经济发展产生一定冲击，所以需要在贸易增长的

过程中促进贸易市场结构和区域的多元化，降低对技术进口或产品出口国的依赖，提高本国经济的自生能力。另外，采取积极的税收优惠和外汇管制政策，鼓励有实力的企业积极开拓国外市场，尤其是涉及与国家重点发展领域相契合的重点产品和项目，提高支持力度，培育新的竞争优势，鼓励企业“走出去”，特别是针对不同的市场和贸易国，有差别地实施退税和贸易政策，从而达到调节一国贸易市场结构的目的。最后，对于贸易市场结构的稳定性来讲，还需要政府和企业借助专门的机构处理与贸易国、贸易伙伴的贸易摩擦及纠纷，注意结合贸易规则、双边协定等协调机制，维护与贸易伙伴的合作关系，从而在维护市场结构的过程中，保证本国贸易活动正常进行，本国的贸易福利得到有效保障。

四、通过创新制度安排，提升对外贸易质量

第一，优化收入分配机制。随着对外贸易规模的扩大，在初次收入分配机制影响下，贸易部门的生产要素首先获得要素分配成果，但是要使对外贸易成果被全社会居民共享，那就需要优化收入分配机制，尤其是二次收入分配机制的调整，通过税收转移和补贴等方式，提高贸易收入在全社会成员中的分享性，而且在调节收入分配过程中，要注意收入分配之间的平衡，协同贸易部门与非贸易部门之间、贸易部门内部等要素收入分配的平衡问题，提高对外贸易在调节收入分配中的积极作用。第二，设计完善的环境和能源管理制度。贸易规模的扩大对于能源和环境有重要影响，一方面通过能源控制和管理，限制甚至有可能要禁止一些能源的进出口贸易，尤其是涉及战略意义的矿产资源，严格控制其出口和贸易，同时减少高能耗产品和行业的重复建设和运营，合理规划产业布局，加大对贸易部门生产技术方面科研投入，提倡节能技术的应用和推广，提高贸易部门的能源效率，降低贸易部门对自然资源的依赖程度；另一方面建立严格的环境规章制度，限制污染企业和行业的投资和建设，尤其是限制具有污染性质的外国直接投资的引入，降低贸易部门生产过程中污染的排放，规避“污染天堂”在正常贸易过程中出现。第三，调整财税政策和外汇管理制度。关税调整和税收补贴一直是调整贸易结构和方式的重要措施，通过恰当的关税政策鼓励具有潜在优势的产品出口，限制相应产品的进口，从而达到优化贸易结构的目的，加之有效的外汇

管理制度和汇率调节制度，能够为本国产品的价格和成本优势提供必要的支撑条件，保障本国产品国际竞争力持续有效发挥。

五、提升人力资本水平，完善知识产权保护，加大基础设施建设，打造提高外贸增长质量的坚实基础

首先，任何创新离不开人才的支持，贸易产品的创新和发展更是如此，新贸易理论始终强调人力资本在产品创新中处于核心地位，尤其是作为发展中国家而言，由于教育力量薄弱，人力资本储备往往不足，所以需要加大对科技人才培养的投入，注重海外人才的引入和交流，提高人力资本水平，为提高贸易产品质量、转变贸易产品结构、创新人才的储备提供条件。其次，加强对知识产权的保护，建立和完善技术贸易法律法规体系，通过有关法律法规的颁布实施进一步规范高新技术出口企业的贸易行为，形成符合 WTO 规则且较为完善的促进高新技术产品出口的政策法律体系、管理体系和配套服务体系，为企业提供公平竞争、正当竞争的法律环境，打造优良的投资环境，吸引更多高质量的海外投资和融资来本国生产，加快本国产品质量、贸易结构的调整步伐。最后，就是加大对基础设施的投入力度，例如，建立优良港口、完善港口基础设施建设，完善本国与贸易伙伴之间铁路与公路建设和衔接，提高产品和货物的运输效率，降低运输成本，为贸易产品获取竞争优势提供条件，最终为贸易质量提升提供全面支持。

第十八章

经济政策质量的经济学分析

经济增长伴随着物理规律必然会走向终结，然而质量的提高却可以不断进步，因此当经济增长已经处于“稳态”的极限时，如何通过各种经济政策促使经济增长质量的提高成为我们需要进一步关注的话题。在经历了异常繁荣的 35 年的高速增长，中国如同所有先驱高速发展国家一样开始迈向“以增长质量为核心”的经济新常态，因此我们的经济政策也必须从以“不惜代价地提高增长”转向“关注增长质量各个维度提高”的政策当中，即以往的货币政策、财政政策、产业政策等以国家宏观调控的形式影响着增长模型中的利率、货币以及资本等要素，而现在由于增长函数维度的扩大，增长质量的评价更多包含了关于收入分配、增长稳定以及环境友好等多重维度，使得经济政策必须在各个方面予以配合，从而形成了新常态时期政府经济增长质量也必须提高的评价体系。卢卡斯（2003）曾指出：在考虑政策对于经济的影响时，除了关心其对经济增长的影响，更重要的是需要了解政策改变对于社会福利在内的一系列变化，从而才有可能正确地评价经济政策的好坏。政策质量是基于这样一种理念：好的政策（即高质量的政策）能够促进经济增长质量维度的提高，而坏的政策（即低质量的政策）要么不能提高经济增长质量、要么提高了经济增长质量的某些维度而以牺牲另外某些维度为代价而使得经济增长质量维持原来水平。我们还可以这样理解政策质量：利用帕累托最优的规律，政策质量是一种能够提高增长质量部分维度而不使其他维度受损的一种质量。既然政策有质量，也有质量高低，那么就需要我们通过一定的手段和一定的方法去甄别出好与坏的政策，高质量与低质量的政策。依托高质量的经济政策，使我们能够更快达到经济目标，从而在新常态经济下，实现高质量的经济发展。

第一节　经济政策质量的内涵

对于经济政策质量，学界目前没有明确的界定，而且对于经济政策质量的评价标准也少有涉及。戴维·伊斯顿（David Easton）将公共政策的质量等同于“有良好的配置效率和制度效率”。他认为“公共政策是对全社会的价值作有权威的分配”。丁煌（2005）则认为高质量的公共政策具有合法性、合理性、明确性、协调性、稳定性、连续性、科学性，目标具有弹性、政策之间能够良性循环的特征。罗芳（2007）认为对于政策质量应当包含合法性、科学性、成本控制、社会价值和自身价值的标准。显然，这些概念都是从公共政策的特点出发而忽略了公共政策本身的属性，对于研究经济政策质量来说范围过大，因此，笔者认为，从经济政策的属性出发，以价值观作为判断标准，经济政策的质量是指在从政策制定到执行的过程中能够对经济增长质量各个维度产生正面影响的程度视为经济政策质量，因此若一项经济政策能够使经济增长质量提高，则是较高的经济政策质量；反之，如果经济政策的制定或执行以牺牲经济增长质量中的某方面为代价使总体质量维持不变或降低，则是较低的经济政策质量。因而，经济政策质量的评价标准应当概括为以下几点。

从政策制定的过程来看，经济政策质量是指：第一，政策制定符合相关法律的规定而不是游离于法律约束之外，政策制定从一开始就是根据科学严谨的方法制定，经济政策的最终目的就在于解决人们在经济社会当中出现的各种问题，诸如如何在经济增速降低的情况下开发新的增长动力，如何激励创新实现更大的产出，如何优化居民的收入分配结构。这些问题的解决都需要一个依托经济学、社会学以及自然科学在内的理论支撑，即需要一个科学决策，从而才有可能完成经济政策的使命，这也是衡量经济政策质量的一个重要指标。第二，政策制定的效率要高，优于公共财政有限的资源约束，如何依托现有的资源以最小的投入获得经济政策结果的最大收益，这是经济政策制定的效率问题。如果一个经济政策的制定需要耗费大量人力物力而得到较小的收益，或者这些收益本身是以牺牲其他公共利益为代价，那么这项经济政策的制定效率就较低，也是一个低质量的经济政策。

从经济政策执行的结果来看，经济政策质量是指政策执行后不但能与预期目标相符，而且能够带来经济效率的提高、经济结构的优化、居民福利水平的变化分配状况以及资源利用和生态环境的代价。

第一，较高的经济增长效率，经济增长效率是增长质量的核心，因此，尤其是对于发展中国家来讲，一国的经济增长效率的提高，是衡量其政策质量的关键，我们所制定的货币政策、财政政策、产业政策等一般是以提高经济增长效率为核心，只有这样才能保证人们的福利总量能不断提高，从而为提高经济增长质量的其他方面提供物质保证。狭义的经济政策质量可以等同于政策效率的提高，但是广义上的经济政策质量不仅限于此。

第二，经济政策制定必须能够优化经济结构并且使经济运行稳定。经济增长结构决定了经济增长方式的变化，产业结构升级和转换的快慢程度是经济增长质量非常重要的内容之一。而经济增长的稳定性指短期经济增长对长期经济增长趋势的偏离应保持在较小的范围内，这也是经济增长质量的重要方面，也是经济政策应该能够达到的要求。

第三，经济增长的最终目的和结果应该是居民福利水平的改善，也就是居民人均拥有财富的增加，而居民人均财富不仅仅包括实物形态的物质财富，还包括人力财富以及自然、社会环境财富等方面的内容。只有当经济增长的成果能够被绝大多数人所分享时，它才能够成为一种长期持续的发展过程，在追求经济增长的同时要重视成果的分配问题。资源损耗、环境破坏是经济增长的代价，良好的经济增长质量是指经济的数量增长应以较少的资源消耗为代价且与资源环境的承载能力相适应，以可持续的方式使用资源，而不以牺牲环境为代价。

此外，经济政策的结果应当符合社会价值观标准。由于“质量”这个概念本身属于规范研究，那么它在很大程度上依托于评价者的社会价值观标准，而后者往往又受制于一定历史时期的文化、风俗等非正式制定的影响。因而一项经济政策的出台不能违背社会主流价值观，因为它可能受到来自被执行者的心理抵抗，从而降低了经济政策实施的效率。

第二节　经济政策质量的标准

从经济政策本身的特性来讲。高质量的经济政策本身具有有效性和发展性的特征，而且具有科学的评价方法。因而评价标准有三方面。

一、经济政策应当是有效的

即政策执行应当符合预期的结果。一个无效的政策，也就谈不上经济政策质量，因为它不仅不能解决当下的问题，更有可能妨碍新政策对于该问题的制定。政策的制定往往需要一定时间的讨论、研究和修改，一旦政策成立，那么这个问题起码在一段时间内不会再进入决策议程，对于一个能够解决当下问题的新政策来说，无疑是浪费了时间和人力物力资源。因此，判断经济政策质量的第一要义应当是这项政策是否高效。

二、经济政策本身应当是发展的

经济政策的制定应当具有前瞻性和创新性，从而能够适应不断变化的情况，也能够与其他政策相互兼容，如果该政策达不到这种前瞻性和创新性，那么这种政策应当具有明确的时效性，即限定政策的使用时效，以便后续政策的出台能够与其相互兼容，而不至于发生企业和个人需要面对两种矛盾的政策而阻碍了正常的生产生活。因而，高质量的经济政策一定本身具有发展的状态才能不断适应新的经济形势，从而有利于经济质量的提高。

三、经济政策的评价方法科学

对于经济政策质量研究的根本问题在于识别政策的优劣之分，通过发现政策对于自然环境和社会环境以及经济发展的影响找寻政策制定的规律，因此对于政策评价的科学性则显得尤为重要。政策评价的方法基本有两类：

（1）评价某一项政策对于经济社会领域内某种现象的影响，常见的方法是利用计量经济学的方法，如最小二乘法、结构模型、工具变量法以及广义矩估计法来估计一项政策对其目标影响的大小；由于政策改变通常可视作一种准自然试验，因此最新的研究往往利用双重差分（DID）或倾向得分匹配法（PSM）估计这种政策改变对于经济问题的影响。这种估计的方法较为准确，可直接判断政策制定对于经济问题某一方面的影响，但缺陷在于它要求被估计的变量仅仅只能是经济问题的一部分，从而无法总览政策变化对于经济全局的影响，考虑到这种情况，以研究动态问题的 DSGE（随机动态一般均衡）模型应运而生，它能够考察政策变化带来的不同时间段各个市场上均衡的变动情况，DSGE 模型现已广泛运用到大型经济政策的评价之中。

（2）由于政策作用关系的错综复杂，仅仅依靠学术研究并不能解决所有问题，因而政策随着时代的变化发生了巨大变化，伴随着政府和非赢利性组织越来越多地参与社会生活领域，在有限的资源约束下如何促进经济政策的目标顺利实现，如何检测经济政策的执行状况，要求经济政策的评价不仅局限于经济学领域，而且应当通过系统管理理论重构政策评价过程。以管理学的方法研究政策评价问题成为另一种评价方法，Weiss（1998）指出，由于社会计划是相当复杂的，它是一个由政策目标、执行者个性、政策实施空间、政策理论、实施机构以及客户等组成的复杂系统，因此以系统论的方法研究政策系统的效果成为主流。20 世纪六七十年代，政策评价逻辑模型应运而生，它探讨了如何通过系统科学与政策评价有机融合，探究政策系统内部过程，解析政策“黑箱”中资源投入与目标产出之间的关系。该模型根据政策规划和政策评价系统的分析框架，绘制出政策路线，从系统论角度强调了政策的运行和结果分析。这个模型的运行如图 18-1 所示。

由此我们大体看到了评价经济政策的一般方法，针对具体问题我们可以利用现代计量经济学的估计方法，而针对经济政策对整个系统的影响，可利用政策评价逻辑模型进行评价。

第三节　经济政策质量的决定因素

在明确了评价经济政策质量的维度与方法后，还必须了解影响经济政策质量的因素，从而成就高质量的经济政策，具体来说，影响经济政策质量主要有以下几个因素。

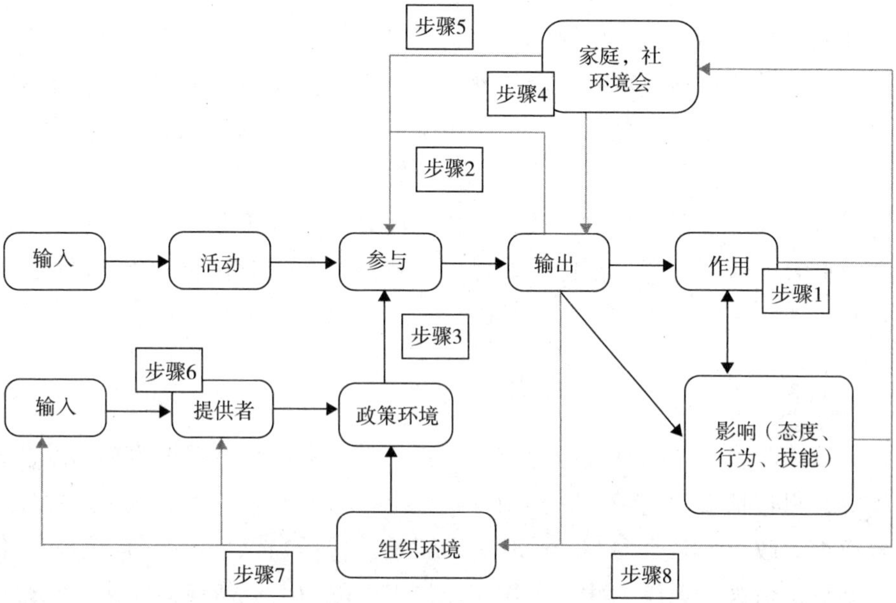

图 18-1　政策评价逻辑模型

一、宏观经济环境

任何经济政策的制定与执行都要受到宏观经济的影响，因此探究经济政策质量必须首先考虑宏观经济环境。经济政策的制定缘起于经济社会的需要，而经济社会则根植于一国乃至世界的宏观经济环境，后者决定了在该环境下会产生怎样的问题以及问题发生的目标和走向。如一国处于经济发展的起飞阶段，其宏观经济政策势必以大规模引进资金实现工业化为主；而当一国完成工业化阶段，则其经济政策主要思考如何提高经济发展的质量问题。因此，宏观经济环境决定了政策行动者的思维方式、行动目标和技术方法等。

二、经济政策本身的特性

经济政策的特性决定了经济政策质量的高低，政策的目标是否清晰、问题是否明确直接关系到经济政策质量的高低。政策的侧重点是专业还是普适，如果政策更侧重于专业上，那么对于其评价就不应当有广泛公众参与；

如果普适大众，则评价必须需要公众参与，从而能够客观评价经济政策质量。如果一项虽然能解决问题的方案，但是没有充分尊重民意，得不到公众的理解和支持，也将违背政治合法性，甚至由于公众的不合作而违背政策的时效性，还要承担被推翻重新设计的风险，无疑也难以成为高质量的经济政策。

经济政策一般没有非此即彼的选择，而是要在众多选择当中寻找一个适合质量提升的最优选择，因此需要更多的备选方案从而有助于经济政策质量的提高。

三、政策参与者的自身能力

政策参与者主要包括政府及与政府相关的决策机构、咨询机构以及监督机构等，也包括非政府组织，如高等院校、科研机构、广大群众以及媒体等监督组织。政策的各个参与者，其个人素质，包括知识存量、知识结构、伦理道德、价值观、思维方式、工作习惯、工作能力、创新精神等是影响政策质量的主要因素；而作为组织的行动者，其人员组合、权责搭配、分工合作、结构功能、组织文化等方面也影响着经济政策的质量。在经济政策执行的过程中，政策行动者能否准确捕捉到政策的缺陷所在，又是否有不断反思的勇气、不断修正既有方案的魄力将进一步影响到政策的最终质量。在对经济政策的评估过程中，政策行动者能否克服个人偏好及能力上的局限性，全面、客观、公正地作出评价，将影响经济政策能否沿着正确的方向进行下一步调整，也会对经济政策的质量产生影响。

四、资源与技术

经济政策的制定需要成本，这些成本必定耗费各个资源，然而公共财政的资源并不是无限的，它受国家经济发展和税收制度的影响。此外，这些资源还包括非物质资源，如政策制定者的个人素质等；如何利用整合这些资源，从而制定高质量的经济政策，还依托于现代技术的发展，如现代云计算的信息技术和科学决策评价方法与手段等，能否充分利用这些技术，是提高经济政策质量的关键。当代宏观环境风云变幻，政策问题更加复杂，高质量的经济政策制定需要借助于现代化的决策技术。因此，应当注意到这些影响因素，从宏观经济出发，注意依托科学信息和科学决策，合理利用资源从而提高经济政策的质量。

第四节　经济政策质量的评价指标体系

对于政策质量的影响因素，应首先看到评价主体和客体的地位，由于评价主体的不同，因而对于经济政策质量评价的高低也就不同，从而影响了政策质量评价的科学性。评价主体应当是由决策者、利益相关者和社会观察者共同组成的整体。其中，决策者是政策制定与行动的主体，利益相关者包含了政策对其具有直接或间接影响的团体和个人，而社会观察者与这两者均无直接联系。评价客体主要是指经济政策的质量，包含政策执行是否有效，政策效果是否提高增长质量，政策体系的完备性、政策是否缺失、是否有缺陷等，从评价的主客体出发，我们进一步分析对于经济政策评价的基本维度。

明确了经济政策质量的含义、判断标准与一般评价方法，我们可以得到经济政策质量的评价维度与方法，具体来说，从经济政策质量的含义与判断标准出发，其评价维度应该包含决策过程和政策影响效果两个维度。

一、决策过程维度

即经济政策在制定之前应当符合相关法律规定，并以科学知识为支撑形成科学的决策。高质量的决策过程不一定形成高质量的政策结果，但高质量的政策结果一定是经过高质量的决策过程形成的，从这一点来说，一个良好的决策过程是形成经济政策质量的必要条件。而决策过程的科学性可以由以下几个指标来衡量：一是决策目标。利用同行专家打分的方法判断决策目标是否合法和科学，一般来说，设计成为正向指标，即专家对于经济决策的合法性和科学性判断越高，经济政策质量越高。二是政策投入。包括：1. 政府在进行政策制定时必要的经济投入和非经济投入，政府投入量越大表明经济政策的期望越高，越有可能产生与目标相一致的结果，但投入过大有时也会影响政策绩效，所以投入物指标为适度指标；2. 政府的管理成本，即政府为了进行政策制定所带来的管理成本，如人员经费与监测系统等；3. 政府素质指标，较高的政府素质可以减少决策的失误，因而有可能制定出高质量的经济政策。

二、政策影响效果维度

即经济政策在制定之后对于经济增长质量结果是否有正向影响。这是政策制定的最终目的，因此也是经济政策质量评价的最主要的环节。政策影响效果包含了：政策产出是否符合预期目标，用合意产出物的量进行衡量，一般来讲该指标越高意味着政策越有效，因而是高质量的经济政策；政策产出的经济效率，即由于政策执行后对于经济效率产生的影响，越高则表示政策质量越高；政策产生的影响是否对经济增长质量有正向影响，因此选取经济稳定性指标、居民收入分配指标、经济结构指标以及绿色生产指标等衡量。一般来说，由于经济政策总是更趋向于平稳经济运行、优化经济结构、降低收入分配差距和降低污染，因此如果一项政策在实施后能够降低经济波动、优化产业结构、降低收入分配或实现了绿色 GDP 生产这几个指标中的一项或几项而又不以牺牲其他几项指标为代价，则说明其具有较高的经济政策质量。利用主成分分析法可将所有指标合成，如表 18-1 所示。

表 18-1　经济政策质量的评价指标与方法

<table>
<tr><th>维度</th><th>指标</th><th>指标实现情况</th><th>方法与数据来源</th></tr>
<tr><td rowspan="2">政策目标</td><td>1. 目标的合法性</td><td>正</td><td rowspan="2">相关专家打分</td></tr>
<tr><td>2. 目标的科学性</td><td>正</td></tr>
<tr><td rowspan="3">政策投入</td><td>1. 投入物定量指标</td><td>适度</td><td rowspan="3">统计数据调研</td></tr>
<tr><td>2. 政府管理成本</td><td>负</td></tr>
<tr><td>3. 政府素质指标</td><td>正</td></tr>
<tr><td rowspan="2">政策产出</td><td>1. 产出符合预期目标物定量指标</td><td>正</td><td rowspan="2">统计数据调研；
参数估计法</td></tr>
<tr><td>2. 政策绩效</td><td>正</td></tr>
<tr><td rowspan="4">影响结果</td><td>1. 经济稳定性指标</td><td>正</td><td rowspan="4">统计数据调研</td></tr>
<tr><td>2. 居民收入分配指标</td><td>适度</td></tr>
<tr><td>3. 经济结构指标</td><td>适度</td></tr>
<tr><td>4. 绿色生产指标</td><td>正</td></tr>
</table>

第五节　提高经济政策质量的路径

目前为止，我国还尚未形成具有法律效应的政策评价制度与法律法规，使得我们忽略了对于经济政策质量评价的重要作用。近年来非政府组织和学术机构对于现行经济运行情况作出了大量的评价，使得政府逐渐认识到对于政策评价的重要意义，从而推动了政府科学决策和全面质量管理的进行。这些政策的不断调整从而适应了经济发展的需要，从某种程度上来讲是政策评价带来的改变。目前对于政策评价运用较多的是环保部门和科技主管部门，他们对于政策评价开展了一系列事前事后的评价，从而带动了环保部门和科技主管部门的发展。为此，在分析经济政策质量的评价后，借鉴以往的政策评价方法，在未来提高政府经济政策质量的主要路径有以下几种。

一、明确政策评价的主体与客体，使之真正意识到经济政策的重要性

如前所述政策评价主体包含了决策者、相关利益者和社会观察者，而在目前的评价体系当中以决策者居多，相关利益者和社会观察者的参与较少，从而放松了对于政策制定的监管。如果没有一定数量的参与者及时参与政策供给，那么就会出现经济政策制定的垄断性局面，企业、组织和个人这些市场经济的主体没有参与到政策评价当中，不能发挥其应有的政策研究和提案功能，阻止了经济增长质量的进一步提高。因此，应当呼吁政策的相关利益者和社会观察者们踊跃进行政策评价的参与，从而提高经济政策质量。

二、保证决策的科学性

科学的决策来源于对现有法律和知识的尊重，因此应当完善各项评价法律法规体系，提高经济政策的权威性。然而我国现在还没有一部较为权威的政策评价法律来规范经济政策质量。因此，可以借鉴日本等国的《政策评价法》来构建对于经济政策的评价过程，明确政策评价的原则、程序、组织体制、评价的对象、评价的方法、评价的主体、评价中信息的使用和评价的责任追究机制；以及明确各级政府在政策评价中的地位、义务和责任。从而在完善《政策评价法》的基础上，保证经济决策的科学性。

三、保证政策的时效性并适时进行制度变革与创新

高的经济政策质量也只能适应一个阶段，因此经济政策在制定过程中必须具有时效性，在政策出台后保证相似相冲突的政策没有再运行，使政策不至于林立丛生而无法遵从。在保证政策的时效性后必须进行制度变革与创新以适应新的经济环境。如西部大开发的招商引资策略原意是通过外商投资改善西部经济环境，但是盲目招商使西部脆弱的生态环境受到了破坏，因而需要适时建立生态补偿制度遏制这种“外资污染”的现象，从而保证西部地区经济增长质量的提高。

四、建立政策评价信息公开制度，推进透明政府建设

经济政策的决策信息应当使参与组织与个人共享，只有信息透明化，才能提高经济决策的质量，防范因为个体组织决策带来的经济风险和偏颇。因此，我国政府在建构政策评价制度的过程中，必须完善信息公开机制，提高政府政策运行的透明度，加快推进透明政府建设，不断公布与政策运行有关的信息，为各种政策评价者提供准确、客观的信息，确保政策评价部门与各种评价主体有充分的信息资源，提高政策评价的客观性和科学性。

五、以经济政策事前评价与事后评价相结合，考察经济政策质量

在经济决策过程中我们往往注重事后政策效果的评价而忽视了事前以及事中对于经济政策的评价，应当在政策设计之初作好政策效果的预评，对政策可能达到的目标进行初步的研判，并对此目标实现过程中可能遇到的问题进行方案规划与策略的设计，这样一方面减少政策运行的失误，另一方面为提高政策事后评价奠定基础。

六、大力发展宏观经济

任何经济决策质量的高低都与经济发展息息相关，都应当以保证经济不发生倒退为主要目标，在此基础上实现经济增长质量的提高，只有宏观经济运行良好，其他的经济政策才能保证经济结构优化、居民收入分配差距降低，才有可能依托资源技术实现清洁生产，从而提高经济增长质量。

参考文献

1. ［美］阿尔弗雷德·钱德勒：《企业规模经济与范围经济——工业资本主义的原动力》，中国社会科学出版社1999年版。

2. 白小滢：《环境库兹涅茨曲线与长期经济增长——内生增长模型与中国的实证研究》，武汉大学，2010年。

3. 白重恩、路江涌、陶志刚：《国有企业改制效果的实证研究》，《经济研究》2006年第8期。

4. 白重恩、钱震：《国民收入的要素分配：统计数据背后的故事》，《经济研究》2009年第3期。

5. 北京世纪中经投资咨询公司：《中关村科技园区高新技术产业发展指标体系研究报告》，2006年。

6. 常亚青、宋来：《中国企业相对效率和全要素生产率研究——基于37个行业5年数据的实证分析》，《数量经济技术经济研究》2006年第11期。

7. 钞小静、惠康：《中国经济增长质量的测度》，《数量经济技术经济研究》2009年第6期。

8. 钞小静、任保平：《中国经济增长质量的时序变化与地区差异分析》，《经济研究》2011年第4期。

9. 钞小静、任保平：《中国的经济转型与经济增长质量：基于TFP贡献的考察》，《当代经济科学》2008年第4期。

10. 钞小静、任保平、惠康：《收入分配不平等、有效需求与经济增长》，《当代经济科学》2009年第3期。

11. 陈德铭、周三多：《中小企业竞争力研究》，南京大学出版社 2003 年版。

12. 陈芳、赵彦云：《中国汽车制造企业群的国际竞争力评价与分析》，《统计研究》2007 年第 5 期。

13. 陈佳、吴润衡、刘喜波：《2004 年我国经济发展水平分析评价》，《数学的实践与认识》2007 年第 5 期。

14. 陈佳贵：《培育和发展具有核心竞争力的大公司和大企业集团》，《中国工业经济》2002 年第 2 期。

15. 陈佳贵、吴俊：《中国地区中小企业竞争力评价——对 2003 年规模以上工业中小企业的实证研究》，《中国工业经济》2004 年第 8 期。

16. 陈金明：《金融发展与经济增长：兼论中国金融发展与经济增长问题》，中国社会科学出版社 2004 年版。

17. 陈立敏、谭力文：《评价中国制造业国际竞争力的实证方法研究——兼与波特指标及产业分类法比较》，《中国工业经济》2004 年第 5 期。

18. 程抱全：《质量经济学》，科学普及出版社 1985 年版。

19. 程虹、李清泉：《我国区域总体质量指数模型体系与测评研究》，《管理世界》2009 年第 1 期。

20. 程虹：《2012 年中国质量状况——消费者感知与模型构建》，《宏观质量研究》2013 年第 1 期。

21. 程永宏：《改革以来全国总体基尼系数的演变及其城乡分解》，《中国社会科学》2007 年第 4 期。

22. ［美］道格拉斯 · C. 诺斯：《时间进程中的经济成效》，《比较经济体制》1995 年第 5 期。

23. 董正信、耿晓玉、杨晶晶：《河北省经济发展方式转变进程评价》，《统计与管理》2011 年第 1 期。

24. 杜传忠、郭树龙：《经济转轨期中国企业成长的影响因素及其机理分析》，《中国工业经济》2012 年第 11 期。

25. ［英］理查德 · 杜思韦特：《增长的困惑》，中国社会科学出版社 2008 年版。

26. 范舒：《西三角地区经济发展质量的比较与实证分析》，西北大学，

2011年。

27. 范晓屏:《企业竞争力多项测度指标体系的构造》,《中国工业经济》1997年第5期。

28. 干春晖、郑若谷、余典范:《中国产业结构变迁对经济增长和波动的影响》,《经济研究》2011年第5期。

29. 高帆:《中国各省区二元经济结构转化的同步性:一个实证研究——兼论地区经济结构转变与经济增长差距的关联性》,《管理世界》2007第9期。

30. 龚六堂:《政府政策评价的改变:从增长极大到社会福利极大》,《经济学动态》2005年第10期。

31. 关晓光、葛志杰:《质量经济效益的模糊综合评价》,《管理工程学报》2000年第4期。

32. 郭克莎:《论经济增长的速度与质量》,《经济研究》1996年第1期。

33. 郭克莎:《质量经济学概论》,广东人民出版社1992年版。

34. 郭天配:《中国环境质量评价方法及实证研究》,东北财经大学,2010年。

35. 郭叶波:《城镇化质量的本质内涵与评价指标体系》,《学习与实践》2013年第3期。

36. 国家城调总队福建省城调队课题组:《建立中国城市化质量评价体系及应用研究》,《统计研究》2005年第7期。

37. 国家科委:《中国21世纪议程——中国21世纪人口、环境与发展白皮书》,中国环境科学出版社1995年版。

38. 韩平、徐翠梅:《海南省经济增长质量评价指标体系研究》,海南省统计局网2013年4月3日。

39. 韩士元:《城市经济发展质量探析》,《天津社会科学》2005年第5期。

40. 韩庭春:《金融发展和经济增长:经验模型与政策分析》,《世界经济》2001年第6期。

41. 郝颖等:《地区差异、企业投资与经济增长质量》,《经济研究》

2014 年第 3 期。

42. 何莉：《基于 AHP 的中国对外贸易质量综合评价》，《国际经贸探索》2011 年第 9 期。

43. 何莉：《基于 AHP 的中国对外贸易质量评价体系研究》，《财经科学》2010 年第 2 期。

44. 何莉：《中国对外贸易质量综合评价》，《国际经贸探索》2011 年第 9 期。

45. 何伟：《中国区域经济发展质量综合评价》，《中南财经政法大学学报》2013 年第 4 期。

46. 何伟：《我国大中型工业企业研究与开发费用支出对产出的影响：1990—2000 年大中型工业企业数据的实证分析》，《经济科学》2003 年第 3 期。

47. 何晓晴：《质量经济学、质量经济性与质量经济辨析》，《企业家天地(理论版)》2007 年第 7 期。

48. 洪银兴：《关于创新驱动和创新型经济的几个重要概念》，《群众》2011 年第 8 期。

49. 胡大立：《企业竞争力论》，经济管理出版社 2001 年版。

50. 胡宏章：《金融可持续发展论》，中国金融出版社 1998 年版。

51. 黄国华等：《中国城市外贸竞争力排行榜》，《中国海关》2007 年第 2 期。

52. 黄建英：《质量经济学》，中国经济出版社 1990 年版。

53. 黄培、汪蓉：《基于质量尽收益的质量经济性评价方法》，《科学与科学技术管理》2002 年第 3 期。

54. 惠康、任保平、钞小静：《中国金融稳定性的测度》，《经济经纬》2010 年第 1 期。

55. 简新华、黄锟：《中国城镇化水平和速度的实证分析与前景预测》，《经济研究》2010 年第 3 期。

56. 蒋冠红、蒋殿春：《中国工业企业对外直接投资与企业生产率进步》，《世界经济》2014 年第 9 期。

57. 焦艳玲：《论经济增长质量统计》，《上海统计》1999 年第 11 期。

58. 金碚：《论企业竞争力的性质》，《中国工业经济》2001 年第 10 期。

59. 金碚：《企业竞争力测评的理论与方法》，《中国工业经济》2003 年第 3 期。

60. 金炳椽等：《私有企业的发展是改革和发展的关键：来自主要转轨经济的企业层面证据》，《经济学报》2014 年第 4 期。

61. ［苏］卡马耶夫：《经济增长的速度和质量》，陈华山、左东官、何剑等译，湖北人民出版社 1983 年版。

62. 孔翔、［澳］Robert E. Marks、万广华：《国有企业全要素生产率变化及其变化因素：1990—1994》，《经济研究》1999 年第 7 期。

63. 冷崇总：《构建经济发展质量评价指标体系》，《宏观经济管理》2008 年第 4 期。

64. 李斌、江伟：《金融发展、融资约束与企业成长》，《南开经济研究》2006 年第 3 期。

65. 李丹、胡小娟：《中国制造业企业相对效率和全要素生产率增长研究——基于 1999—2005 年行业数据的实证分析》，《数量经济技术经济研究》2008 年第 7 期。

66. 李道芳、陈琳、赵恒志：《产业发展现状评价的指标体系及实证研究》，《中国行政管理》2007 年第 9 期。

67. 李方静：《企业生产率、产品质量与出口目的地选择——来自中国制造业企业微观层面数据》，《当代财经》2014 年第 4 期。

68. 李风雷：《关于产品质量标准建设的思考》，《商品与质量》2014 年第 11 期。

69. 李红：《新疆经济发展质量与效益评价》，《新疆财经》2014 年第 5 期。

70. 李健、贾玉革：《金融结构的评价标准与分析指标研究》，《金融研究》2005 年第 4 期。

71. 李涛等：《企业增长的决定因素——中国经验》，《管理世界》2005 年第 12 期。

72. 李小平：《自主 R&D、技术引进和生产率增长：对中国分行业大中型工业企业的实证研究》，《数量经济技术经济研究》2007 年第 7 期。

73. 李宜春：《省域文化产业竞争力评价指标体系初探——以安徽省为例》，《经济社会体制比较》2006 年第 2 期。

74. 李永友：《基于江苏个案的经济发展质量实证研究》，《中国工业经济》2008 年第 6 期。

75. 李永友：《经济发展之路的实证研究：江苏的经验》，《财贸经济》2008 年第 8 期。

76. 李玉红等：《企业演化：中国工业生产率增长的重要途径》，《经济研究》2008 年第 6 期。

77. 李哲、张燕：《产品质量综合评价方法的研究进展》，《质量探究》2014 年第 4 期。

78. 李正：《企业社会责任与企业价值的相关性研究——来自沪市上市公司的经验证据》，《中国工业经济》2006 年第 2 期。

79. 李政大、袁晓玲、杨万平：《环境质量评价研究现状、困惑和展望》，《资源科学》2014 年第 1 期。

80. 李志德：《中国产品质量发展的长效机制研究》，武汉大学，2012 年。

81. [美] 理查德·R. 纳尔森：《经济增长的源泉》，中国经济出版社 1999 年版。

82. 厉以宁：《以人为本，坚持科学的发展观》，《北京社会科学》2004 年第 4 期。

83. 梁东黎：《我国区域经济发展质量的新研究》，《探索与争鸣》2012 年第 4 期。

84. 林本初、冯莹：《企业竞争力的一般理论及其定量分析》，《当代经济科学》1999 年第 6 期。

85. 林汉川、管鸿禧：《我国东中西部中小企业竞争力实证比较研究》，《经济研究》2004 年第 12 期。

86. 林汉川、管鸿禧：《中国不同行业中小企业竞争力评价比较研究》，《中国社会科学》2005 年第 3 期。

87. 林青松、李实：《企业效率理论与中国企业的效率》，《经济研究》1996 年第 7 期。

88. 林炜：《企业创新激励：来自中国劳动力成本上升的解释》，《管理世界》2013 年第 10 期。

89. 刘翀：《“新型制造业”产业评价指标体系研究》，《技术经济》2006 年第 7 期。

90. 刘海波、靳宗振：《政策过程与政策质量》，《科学与社会》2011 年第 3 期。

91. 刘海英、张纯洪：《中国经济增长质量提高和规模扩张的非一致性实证研究》，《经济科学》2006 年第 2 期。

92. 刘瑞明：《中国的国有企业效率》，《世界经济》2013 年第 11 期。

93. 刘瑞明、石磊：《国有企业的双重效率损失与经济增长》，《经济研究》2010 年第 1 期。

94. 刘树成：《论又好又快发展》，《经济研究》2007 年第 6 期。

95. 刘思明、侯鹏、赵彦云：《知识产权保护与中国工业创新能力——来自省级大中型工业企业面板数据的实证研究》，《数量经济技术经济研究》2015 年第 3 期。

96. 刘伟、李绍荣：《产业结构与经济增长》，《中国工业经济》2002 年第 5 期。

97. 刘伟：《和谐社会建设中的经济增长质量问题：2000—2011》，《当代经济研究》2006 年第 12 期。

98. 刘小玄：《中国工业企业的私有制结构对效率差异的影响——1995 年全国工业企业普查数据的实证分析》，《经济研究》2000 年第 2 期。

99. 刘小玄、李利英：《改制对企业绩效影响的实证分析》，《中国工业经济》2005 年第 3 期。

100. 刘小玄、李双杰：《制造业企业相对效率的度量和比较及其外生决定因素：2000—2004》，《经济学(季刊)》2008 年第 3 期。

101. 刘小玄、吴延兵：《企业生产率增长及来源：创新还是需求拉动》，《经济研究》2009 年第 7 期。

102. 刘亚建：《我国经济增长效率分析》，《思想战线》2002 年第 4 期。

103. 刘义成：《高端产业发展质量评价指标体系构建》，《兰州学刊》2009 年第 6 期。

104. 刘志彪：《从后发到先发：关于实施创新驱动战略的理论思考》，《产业经济研究》2011 年第 4 期。

105. 卢亮、许永兵：《河北省经济发展质量评价》，河北经贸大学，2012 年。

106. 陆铭、陈钊、万广华：《因患寡，而患不均——中国的收入差距、投资、教育和增长的相互影响》，《经济研究》2005 年第 12 期。

107. 陆铭、陈钊、杨真真：《平等与增长携手并进——收益递增、策略性行为和分工的效率损失》，《经济学(季刊)》2007 年第 2 期。

108. 路江涌：《外商直接投资对内资企业效率的影响和渠道》，《经济研究》2008 年第 6 期。

109. [美] 罗伯特 · J. 巴罗：《经济增长的决定因素》，中国人民大学出版社 2004 年版。

110. 罗芳：《影响公共政策质量的主要因素分析》，《湖南行政学院学报》2007 年第 4 期。

111. 罗序斌：《中部地区经济发展质量评价》，《当代经济》2009 年第 7 期。

112. 罗雨泽等：《外商直接投资的空间外溢效应：对中国区域企业生产率影响的经验检验》，《经济学(季刊)》2008 年第 2 期。

113. 罗长远、张军：《经济发展中的劳动收入占比：基于中国产业数据的实证研究》，《中国社会科学》2009 年第 4 期。

114. 吕冰洋、郭庆旺：《中国要素收入分配的测算》，《经济研究》2012 年第 10 期。

115. 吕铁、周叔莲：《中国的产业结构升级与经济增长方式转变》，《管理世界》1999 年第 1 期。

116. 马建新、申世军：《中国经济增长质量问题的初步研究》，《财经问题研究》2007 年第 3 期。

117. 马小平：《宏观质量指数研究》，《数理统计与管理》2009 年第 5 期。

118. [美] 迈克尔 · 波特：《国家竞争优势》，李明轩、邱如美译，华夏出版社 2002 年版。

119. 毛海波:《浅谈经济增长质量的内涵》,《企业导报》2009 年第 4 期。

120. 聂辉华、贾瑞雪:《中国制造业企业生产率与资源误置》,《世界经济》2011 年第 7 期。

121. 聂辉华等:《创新、企业规模和市场竞争——基于中国企业层面面板数据的证据》,《世界经济》2008 年第 7 期。

122. 牛文元:《走中国特色的城市化道路》,中国科学院高技术局、政策局和科技政策研究所联合主办,2003 年"全面建设小康社会与科技创新"战略论坛。

123. 欧燕燕、黄衍电:《转变经济发展方式的生态文明建设》,《财政经济评论》2009 年第 6 期。

124. 潘永源:《试论我国外贸质量现状及其优化对策》,《苏州大学学报(哲学社会科学版)》2002 年第 2 期。

125. 彭德芬:《经济增长质量研究》,华中师范大学出版社 2002 年版。

126. 彭丽红:《中国企业国际竞争力水平及分析》,《管理世界》1999 年第 1 期。

127. 曲振涛、王涛:《经济质量的综合评价系统研究》,《哈尔滨商业大学学报(自然科学版)》2003 年第 10 期。

128. 权衡、徐琤:《收入分配差距的增长效应分析:转型期中国经验》,《管理世界》2002 年第 5 期。

129. 任保平:《以质量看待增长:对新中国经济增长质量的评价与反思》,中国经济出版社 2010 年版。

130. 沈坤荣、孙文杰:《市场竞争、技术溢出与内资企业 R&D 效率——基于行业层面的实证研究》,《管理世界》2009 年第 1 期。

131. 沈露莹等:《上海转变经济发展方式评价指标体系研究》,《科学发展》2010 年第 6 期。

132. 石培忠、谢承义:《质量经济分析》,贵州人民出版社 1987 年版。

133. 宋立刚、姚洋:《改制对企业绩效的影响》,《中国社会科学》2005 年第 2 期。

134. 宋明顺等:《经济发展质量评价体系研究及其应用》,《经济学家》

2015 年第 2 期。

135. 孙浩：《制度与中国经济增长》，华中科技大学，2009 年。

136. 谭崇台：《影响宏观经济发展质量的要素》，《宏观质量研究》2014 年第 3 期。

137. 檀学文：《稳定城市化——一个人口迁移角度的城市化质量概念》，《中国农村观察》2012 年第 1 期。

138. 汤向俊、任保平：《福利分配平等性与中国经济增长质量：基于新中国六十周年数据的理论和实证分析》，《社会科学战线》2009 年第 9 期。

139. 唐葆君：《我国文化产业结构和评价指标体系的研究》，《环渤海经济瞭望》2002 年第 12 期。

140. 田虹：《企业社会责任与企业绩效的相关性——基于中国通信行业的经验数据》，《经济管理》2009 年第 1 期。

141. 田钊平：《民族地区经济发展质量评价体系的构建与应用：基于恩施州与湖北省的对比分析》，《三峡论坛》2011 年第 5 期。

142. 涂正革、肖耿：《中国的工业生产力革命——用随机前沿生产模型对中国大中型工业企业全要素生产率增长的分解及分析》，《经济研究》2005 年第 3 期。

143. 王爱群、郭庆海：《中国各地区农业产业化龙头企业竞争力比较分析》，《中国农村经济》2008 年第 4 期。

144. 王春雷、黄素心：《基尼系数与样本信息含量》，《数量经济技术经济研究》2007 年第 2 期。

145. 王积业：《关于提高经济增长质量的宏观思考》，《宏观经济研究》2000 年第 1 期。

146. 王建华、王方华：《企业竞争力评价系统及应用研究》，《管理科学学报》2003 年第 2 期。

147. 王金南、逯元堂、曹东：《环境经济学在中国的最新进展与展望》，《中国人口、资源与环境》2004 年第 5 期。

148. 王军强：《多维成本视角的经济发展质量研究》，中国农业大学，2014 年。

149. 王立志、李钊：《产品质量概念模型及其评价指标体系研究》，

《未来与发展》2010 年第 5 期。

150. 王少平、欧阳志刚：《我国城乡收入差距的度量及其对经济增长的效应》，《经济研究》2007 年第 10 期。

151. 王少平、欧阳志刚：《中国城乡收入差距对实际经济增长的阈值效应》，《中国社会科学》2008 年第 2 期。

152. 王雅林、何明升：《论现代化的发展质量》，《社会学研究》1997 年第 3 期。

153. 王铮、葛昭攀：《中国区域经济发展的多重均衡态与转变前兆》，《中国社会科学》2002 年第 4 期。

154. 魏博通、王圣云：《中部六省经济发展质量的综合评价与比较分析》，《湖北社会科学》2012 年第 12 期。

155. 魏后凯：《中国城镇化进程中两极化倾向与规模格局重构》，《中国工业经济》2014 年第 3 期。

156. 魏后凯：《怎样理解推进城镇化健康发展是结构调整的重要内容》，《中州建设》2005 年第 4 期。

157. 魏婕、任保平：《中国各地区经济增长质量指数的测度及其排序》，《经济学动态》2012 年第 4 期。

158. 温军、冯根福：《异质机构、企业性质与自主创新》，《经济研究》2012 年第 3 期。

159. ［美］温诺 · 托马斯等：《增长的质量》，中国财经出版社 2001 年版。

160. 温志宏：《第三产业升级优化的评价指标》，《统计与决策》2004 年第 9 期。

161. 邬爱其、贾生华：《国外企业成长理论研究框架探析》，《外国经济与管理》2002 年第 12 期。

162. 吴敬琏：《转变经济发展方式遇到了许多体制性的障碍》，《中国改革》——财新网 2010 年 4 月 12 日。

163. 吴晓晖等：《资本自由化、企业绩效与区域经济增长——来自企业层面的中国证据》，《中国工业经济》2008 年第 5 期。

164. 吴延兵：《R&D 与生产率：基于中国制造业的实证研究》，《经济研究》2006 年第 11 期。

165. 伍来定、周林：《规模经营性企业：区域经济增长的主要元素》，《南京理工大学学报（社会科学版）》1999 年第 4 期。

166. 武敬云：《中美双边贸易质量研究——基于 2001—2010 年细分产品贸易数据的实证分析》，《国际经贸探索》2012 年第 9 期。

167. 夏良科：《人力资本与 R&D 如何影响全要素生产率：基于中国大中型工业企业的经验分析》，《数量经济技术经济研究》2010 年第 4 期。

168. 夏清华：《企业为什么只有增长而没有赢利》，《珞珈管理评论》2007 年第 1 期。

169. 夏清华、刘海虹：《扩张与企业增长》，《数量经济技术经济研究》2002 年第 10 期。

170. 夏艳清：《中国环境与经济增长的定量分析》，东北财经大学，2010 年。

171. 项俊波：《中国经济结构失衡的测度与分析》，《管理世界》2008 年第 9 期。

172. 肖欢、庄子银：《经济增长与企业规模动态变化研究新进展》，《经济评论》2013 年第 4 期。

173. 谢家智、王文涛：《金融发展的经济增长效率及其分布特征》，《中国经济问题》2013 年第 1 期。

174. 谢千里：《中国钢铁工业企业效率源泉和改革影响》，郑玉歆、罗斯基主编《体制转换中的中国工业生产率》，社会科学文献出版社 1993 年版。

175. 熊彼特：《经济发展理论——对于利润、资本、信贷、利息和经济周期的考察》，商务印书馆 1990 年版。

176. 徐学敏：《经济发展质量的内涵》，《财经问题研究》1998 年第 12 期。

177. 许永兵：《河北省经济发展质量评价》，《河北经贸大学学报》2013 年第 1 期。

178. 杨建华、卢波：《区域电子信息产业发展的评价指标体系研究》，《哈尔滨工业大学学报(社会科学版)》2005 年第 7 期。

179. 杨俊、李雪松:《教育不平等、人力资本积累与经济增长：基于中国的实证研究》,《数量经济技术经济研究》2007 年第 2 期。

180. 杨其静:《企业成长：政治关联还是能力建设?》,《经济研究》2011 年第 10 期。

181. 杨倩:《优化我国对外贸易质量问题研究》，东北财经大学，2006 年。

182. 杨雅南、钟书华:《政策评价逻辑模型范式变迁》,《科学研究》2013 年第 5 期。

183. 杨颖、汤万金、高晓红:《浅析宏观质量评价指标体系的构建》,《标准科学》2009 年第 3 期。

184. 姚博:《资本市场支持、比较优势与国际贸易质量》,《财经科学》2013 年第 12 期。

185. 姚洋:《非国有经济成分对我国工业企业技术效率的影响》,《经济研究》1998 年第 12 期。

186. 姚洋、章奇:《中国工业企业技术效率分析》,《经济研究》2001 年第 10 期。

187. 叶文虎、仝川:《联合国可持续发展指标体系述评》,《中国人口、资源与环境》1997 年第 3 期。

188. 叶裕民:《中国城市化质量研究》,《中国软科学》2001 年第 7 期。

189. [英] 伊迪丝 · 彭罗斯:《企业成长理论》，上海三联书店、上海人民出版社 2007 年版。

190. 易纲、林明:《理解中国经济增长》,《中国社会科学》2003 年第 2 期。

191. 易纲等:《关于中国经济增长与全要素生产率的理论思考》,《经济研究》2003 年第 8 期。

192. 银路、刘卫:《质量经济效益分析》，成都出版社 1992 年版。

193. 雍红月、李松林:《评价服务业发展状况的几个指标》,《内蒙古统计》2005 年第 2 期。

194. 于红英:《西部地区经济增长质量的综合评估研究》，西安建筑科技大学，2006 年。

195. 余林徽等：《解构经济制度的影响》，《经济学（季刊）》2013 年第 1 期。

196. 余美芬、林修齐：《企业质量成本管理》，北京理工大学出版社 1989 年版。

197. 余淼杰：《中国的贸易自由化与制造业企业生产率》，《经济研究》2010 年第 12 期。

198. 余伟萍、陈维政、任佩瑜：《中国企业核心竞争力要素实证研究》，《社会科学战线》2003 年第 5 期。

199. 喻志军、姜万军：《中国对外贸易质量剖析》，《统计研究》2013 年第 7 期。

200. 袁堂军：《中国企业全要素生产率水平研究》，《经济研究》2009 年第 6 期。

201. 袁瑛等：《系统考察经济发展质量的五个维度》，《经济研究导刊》2013 年第 8 期。

202. 袁渊、左翔：《"扩权强县"与经济增长：规模以上工业企业的微观证据》，《世界经济》2011 年第 3 期。

203. [美] 詹姆士·A. 道、史迪夫·H. 汉科：《发展经济学的革命》，上海格致出版社 2014 年版。

204. 张波、陈武耕、郑红军：《关于产品质量的内涵、特性及指标体系研究》，《学术研究》2001 年第 10 期。

205. 张成思、李雪君：《基于全球视角的中国金融发展指数研究》，《金融研究》2012 年第 6 期。

206. 张杰等：《出口促进中国企业生产率提高吗？——来自中国本土制造业企业的经验证据：1999—2003》，《管理世界》2009 年第 12 期。

207. 张金清、蒋水冰、陈卉和：《基于 VEC 模型的我国金融发展影响因素实证分析》，《世界经济情况》2010 年第 10 期。

208. 张来武：《科技创新驱动经济发展方式转变》，《中国软科学》2011 年第 12 期。

209. 张曙光：《重视贸易质量和服务贸易》，《中国海关》2007 年第 2 期。

210. 张维迎等：《高新技术企业的成长及其影响因素：分位回归模型的一个应用》，《管理世界》2005 年第 10 期。

211. 张晓文、于武、胡运权：《企业竞争力的定量评价方法》，《管理评论》2003 年第 1 期。

212. 张新：《从上市公司绩效看中国经济增长的可持续性》，《经济社会体制比较》2003 年第 1 期。

213. 张毅：《创意产业评价指标体系探索》，《产业与科技论坛》2007 年第 12 期。

214. 章韬：《空间外部性、企业水平外部性与异质性企业生产率——来自中国的宏观、微观证据》，《产业经济研究》2014 年第 1 期。

215. 章祥荪、贵斌威：《中国全要素生产率分析：Malmquist 指数法评述与应用》，《数量经济技术经济研究》2008 年第 6 期。

216. 赵莉晓：《创新政策评估理论方法研究——基于公共政策评估逻辑框架的视角》，《科学学研究》2014 年第 2 期。

217. 赵胜来、陈俊芳：《金融结构指标及其类型演进》，《上海金融》2005 年第 12 期。

218. 赵彦云：《对中国企业国际竞争力的基本评价》，《开放导报》2002 年第 9 期。

219. 赵彦云、刘思明：《中国专利对经济增长方式影响的实证研究：1988—2008 年》，《数量经济技术经济研究》2011 年第 4 期。

220. 赵英才、张纯洪、刘海英：《转轨以来中国经济增长质量的综合评价研究》，《吉林大学社会科学学报》2006 年第 46 期。

221. 郑京海等：《1980—1994 年期间中国国有企业的效率、技术进步和最佳实践》，《经济学（季刊）》2002 年第 3 期。

222. 郑开焰：《企业增长有效性：基于资产结构质量的研究》，《福建行政学院学报》2011 年第 4 期。

223. 郑伟腾、庄惠民：《东南沿海三省一市经济发展方式比较和评价——基于福建视角》，《云南财经大学学报（社会科学版）》2009 年第 6 期。

224. 郑梓桢：《社会保险覆盖面人口基数测算与城市化质量评估》，

《广东社会科学》2003 年第 5 期。

225. 中国人民大学竞争力与评价研究中心：《中国国际竞争力发展报告——21 世纪发展主题研究（2001）》，中国人民大学出版社 2001 年版。

226. 钟水映、简新华：《人口、资源与环境经济学》，科学出版社 2011 年版。

227. 周国富、胡慧敏：《金融效率评价指标体系研究》，《金融理论与实践》2007 年第 8 期。

228. 周黎安等：《企业生产率的代际效应和年龄效应》，《经济学（季刊）》2007 年第 4 期。

229. 周丽萍：《中国人口城市化质量研究》，浙江大学 2011 年博士学位论文。

230. 周其仁：《城乡中国（下）》，中信出版社 2014 年版。

231. 朱翠华、张晓峒：《经济发展与环境关系的实证研究》，《生态经济》2013 年第 3 期。

232. 朱洪祥：《山东省城镇化发展质量测度研究》，《城市发展研究》2007 年第 5 期。

233. 朱蕾：《基于主成分分析方法的扬州市生态环境质量评价》，扬州大学，2013 年。

234. 朱启荣、言英杰：《中国外贸增长质量的评价指标构建与实证研究》，《财贸经济》2012 年第 12 期。

235. Accemoglu, D. and Cao, D., "Innovation by Entrants and Incumbents", *Nber Working*, 2011.

236. Aghion, P. and Howitt, P., "A Model of Growth through Creative Destruction", *Econometrica*, No. 2, 1992.

237. Akeigit, U. and Kerr, W., "Growth through Heterogeneous Innovations", *Nber Working*, 2010.

238. Amore, M. D. and Schneider, C. and Žaldokas, A., "Credit Supply and Corporate Innovation", *Journal of Financial Economics*, No. 3, 2013.

239. Banerjee, A. and Newman, A., "Occupational Choice and the Process of Development", *Journal of Political Economy*, 1993.

240. Barro, R. J., "Inequality and Growth in a Panel of Countries", *Journal of Economic Growth*, No. 1, 2005.

241. Barro, R. J., "Quantity and Quality of Economic Growth", *Working Papers from Central Bank of Chile*, 2002.

242. Bartelsman, E., Scarpetta, S. and Schivardi., F., "Comparative Analysis of Firm Demographics and Survial: Evidence from Micro-level Sources in OECD Countries", *Industrial and Corporate Change*, No. 3, 2005.

243. Benfratello, L., and Schiantarelli, F. and Sembenelli, A., "Banks and Innovation: Microeconometric Evidence on Italian Firms", *Journal of Financial Economics*, No. 2, 2008.

244. Bruton, G. D. and Rubanic, Y. Resources of the firm, "Russian high-technology startups and firm growth", *Journal of Business Venturing*, No. 6, 2002.

245. Chava, S., and Oettl, A. and Subramanian, A., and Subramanian K. V., "Banking Deregulation and Innovation", *Journal of Financial Economics*, No. 3, 2013.

246. Chemmanur, T. J. and Fulghieri, P., "Entrepreneurial Finance and Innovation: An Introduction and Agenda for Future Research", *Review of Financial Studies*, No. 1, 2014.

247. David, C., and Jochen K., and Andrea W., "Active Labour Market Policy Evaluations: A Meta-Analysis", *Economic Journal*, *Royal Economic Society*, No. 11, 2010.

248. Feigenbuam, "Total Quality Control", *Harvard Business Review*, No. 6, 1956.

249. Forbes and Kristin, J., "A Reassessment of the Relationship between Inequality and Growth", *American Economic Review*, No. 4, 2000.

250. Fumio, H. and Edward, C. P., "The 1990 in Japan: A lost Decade", *Review of Economic Dynamics*, No. 1, 2002.

251. Galor, O., and Joseph, Z., "Income Distribution and Macroeconomics", *Review of Economic Studies*, 1993.

252. Goldsmith, R., " Financial Structure and Development ", Yale University Press, 1969.

253. Henderson, V.,"The Urbanisation Process and Economic Growth: The So-what Question", *Journal of Ecnomic Growth*, No. 8, 2003.

254. Holli, B., " Chenery. Patterns of Industrial Growth ", *American Ecoomic Review*, 1960.

255. Holz, C., " The Quantity and Quality of Labor in China 1978 - 2000-2025", *Working Paper*, 2005.

256. Hsu, P., and Tian, X., and Xu, Y., " Financial Development and Innovation: Cross-Country Evidence ", *Journal of Financial Economics*, No. 1, 2014.

257. Islam, N.,"Growth Empirics: A panel Data Approach. Quarterly", *Journal of Economics*, 1995.

258. Jordi, G.,and Mark G.,"Macroeconomic Modeling for Monetary Policy Evaluation", *Journal of Economic Perspectives*, *American Economic Association*, No. 4, 2007.

259. Klette, J., and Kortum, S., " Innovating Firms and Aggregate Innovation", *Journal of Political Economy*, No. 5, 2004.

260. Levine, R.," Finance and Growth: Theory and Evidence", Elsevier Science Press, 2005.

261. Mankiw, N. G.,Romer, D. and Weil, D. N. "A Contribution to the Empirics of Economic Growth", *The Quarterly Journal of Economics*, 1992.

262. McKinnon, R. I., Money and Capital in Economic Development, Published by Brooking Institution Press, 1973.

263. Mguyent, T.,and Vandijk, M.,and Corruption, A., "Growth, and Governance: Private vs. State-owned Firms in Vietnam", *Journal of Banking & Finance*, No. 4, 2012.

264. Murphy, K., and Shleifer, A., and Vishny, R., " Income Distribution, Market Size and Industrialization ", *Quarterly Journal of Economics*, 1989.

265. Quinn, R., and Dennis, P., "The Correlates of Change in International Financial Regulation", *American Political Science Review*, 1997.

266. Scherer, F. M., "Size of Firm, Oligopoly and Research: A Comment", *The Canadian Journal of Economics and Political Science/Revue Canadienned Economique et de Science Politique*, No. 2, 1965.

267. Soininen, J., and Martikainen, M., and Puumalaiene, K., et al., "Entrepreneurial Orientation: Growth and Profitability of Finish Small and Medium-Sized Enterprises", *International*, No. 2, 2012.

268. Solow, "Technical Change and the Aggregate Production Function", 1957.

269. United Nations Human Habitat, *The State of the World's Cities Report 2001*, New York: United Nations Publications, 2002.

270. United Nations, "Division for Sustainable Development", *Hidicators of Sustainable Development: Guidelines and Method logics*, No. 3,, 2003.

271. Vinod Thomas, Ramón López, Yan Wang:《增长的质量》, 中国财政经济出版社 2001 年版.

272. Weiss, C., *Evaluation* (*2nd. Edition*), Upper Saddle, River, Prentice Hall, 1998.

273. World Bank, *Finance for Growth: Policy Choices in a Volatile World*, Oxford University, 2001.

274. World Bank, "World Bank Develops New System to Measure Wealth of Nation", *Washington D. C.*, 1995.

后　记

质量是时代的最强音，中国经济社会发展经历了长达三十多年的数量追赶之后，进入了质量效益时代。党的十八大报告 9 次提到“质量”，2012 年中央经济工作会议 8 次使用“质量”，2013 年《政府工作报告》14 次出现“质量”，2013 年中央经济工作会议 7 次提及“质量”，2014 年《政府工作报告》中 10 次说到“质量”。2015 年党的十八届五中全会 19 次提到“质量”。纵观党的十八大以来我国经济社会发展的几大重要会议，“质量”成为我们这个时代的最强音。

质量是兴国之道、富国之本、强国之策。党中央、国务院历来高度重视质量，每一代领导人也都对质量作出过无数重要的论述。毛泽东说：“数量不可不讲，质量要放在第一位，要提高质量、规格，增加品种。”邓小平强调：“质量第一是个重大政策。这包括品种、规格在内。提高产品质量是最大的节约。在一定意义上说质量好就等于数量多。”江泽民指出：“质量第一是我国在经济建设方面的一个长期战略方针。”胡锦涛表示：“把质量看作生命线，坚持安全至上，做到精益求精。”①

党的十八大以来，党中央、国务院团结带领全党全国各族人民，坚持以科学发展为主题，以加快转变经济发展方式为主线，以提高经济增长质量和效益为中心，把质量放到了更加突出的位置，也让质量成为我们时代的一个强音。“切实把推动发展的立足点转到提高质量和效益上来”“中国经济已

① 中国质量新闻网：www.cqn.com.cn，《关于质量的断想》，2010 年 12 月 31 日。

经进入提质增效的第二季”“各级都要追求实实在在、没有水分的生产总值，追求有效益、有质量、可持续的经济发展”“标准决定质量，有什么样的标准就有什么样的质量，只有高标准才有高质量”。2014 年 3 月 18 日，习近平总书记在河南兰考调研时，以标准和质量的辩证关系，再次强调要用高标准引领高质量。党的十八大以来，习近平总书记、李克强总理不同场合关于中国发展的表述，“质量”已经成为党中央、国务院领导人发出的最强音，“提高质量和效益”，正成为党的十八大之后我国经济社会发展的重心。

从当前现实来看，质量经济学的地位已显得日趋重要，尤其是强调在我国经济发展中走质量效益型道路的今天，迅速建立和完善质量经济学，更显示出其迫切性，质量经济学将为我国走质量效益型道路提供重要的理论依据。

我们这个团队，在经历了 10 年研究经济增长质量理论与实践的基础上，在老师、学术界同行、学校领导、经济管理学院的同行鼓励和支持下，以我指导的博士生、博士后为核心，完成了这本《超越数量：质量经济学的范式与标准研究》。

这本《超越数量：质量经济学的范式与标准研究》的大纲是由我提出初步的纲要，魏婕、郭晗等组织大家进行了讨论，进一步地补充完善，同时吸收了学术界师长的建议之后而形成的。形成大纲之后，由我指导的分布于全国高校的博士生、博士后集体分工合作完成。具体分工如下：导论：西北大学任保平；第一章：西北大学任保平；第二章：西北大学经济管理学院郭晗博士；第三章：西北大学经济管理学院魏婕博士；第四章：西安理工大学王艳副教授；第五章：西北大学经济管理学院安树军博士；第六章：西北大学经济管理学院王津津博士；第七章：西北大学经济管理学院王竹君博士；第八章：西安财经学院李媛博士；第九章：陕西师范大学政治经济学院陈丹丹副教授；第十章：江苏科技大学汤向俊副教授；第十一章：西北大学数学系师荣蓉；第十二章：西北大学经济管理学院李勇；第十三章：西北大学经济管理学院钞小静；第十四章：西北大学经济管理学院宋文月；第十五章：南京金陵学院刘丽；第十六章：西北大学公共管理学院朱楠；第十七章：陕西师范大学商学院李娟伟；第十八章：西北大学经济管理学院刚翠翠。各章初稿完成之后，魏婕博士进行了最初的统稿，最后统一由我进行全面修改，加工润色。

在大纲征求意见的过程中，我的博士后导师洪银兴教授、博士生导师王忠民教授、硕士生导师白永秀教授都给予了积极的鼓励和支持。陕西省社科院院长任宗哲教授、西北大学校长郭立宏教授都提出了许多好的意见和建议。

同时本书的完成得到了学校领导和相关处室的关心和支持，敬向西北大学副校长贾明德、高龄、卓宇，党委副书记孙国华、雷忠鹏，教务处长曹明明教授、社科处处长刘丰、高层次人才办主任李振海、211办主任常江、社科处李丰庆博士表示感谢。

经济管理学院的茹少峰教授、何爱平教授、宋宇教授、高煜教授、师博副教授、杜勇副院长等都提出了好的意见和建议。特别是茹少峰教授和我进行了多次的讨论，在大纲完善方面提出了许多建设性的意见，再次一并表示感谢。

特别是要感谢我的家人，由于我多年以来全身心致力于学术研究，加上经济管理学院的行政事务，几乎很少顾及家庭事务，我的妻子赵小白承担了大量的家庭事务，包括父母的照料和女儿的教育等，才使我有精力和时间保证学术研究。

任保平

2017年4月于西北大学新村